金融创新与规范发展

Financial Innovation and Regulation

BR互联网金融研究院 主编

图书在版编目（CIP）数据

互联网金融报告.2017 / BR互联网金融研究院主编

北京：中国经济出版社，2017.3

ISBN 978-7-5136-4635-2

Ⅰ. ①互… Ⅱ. ①B… Ⅲ. ①互联网络—应用—金融—研究报告—中国—2017 Ⅳ.①F832.2

中国版本图书馆CIP数据核字（2017）第042083号

责任编辑 姜 静

责任审读 贺 静

责任印制 马小宾

封面设计 于 静

出版发行 中国经济出版社

印 刷 者 北京艾普海德印刷有限公司

经 销 者 各地新华书店

开　　本 889mm × 1194mm 1/16

印　　张 13

字　　数 317千字

版　　次 2017年3月第1版

印　　次 2017年3月第1次

定　　价 98.00元

广告经营许可证 京西工商广字第8179号

中国经济出版社 网址www. economyph.com 社址 北京市西城区百万庄北街3号 邮编100037

本版图书如存在印装质量问题，请与本社发行中心联系调换（联系电话：010-68330607）

发布

出品

Boao Review 博鳌观察

报告编委会

周文重　博鳌亚洲论坛秘书长

世界经济正处在新旧增长动能转换的关键时期，上一轮科技和产业革命提供的动能逐渐消退，新一轮增长动能尚在孕育。中国国家主席习近平2016年9月在中国杭州举行的二十国集团工商峰会期间指出，建设创新型世界经济，需要开辟增长源泉。而创新是从根本上打开增长之锁的钥匙。

据世界知识产权组织统计，近两年来，全球技术创新的成果有80%来自互联网领域。以互联网为核心的新一轮科技和产业革命蓄势待发，人工智能、虚拟现实等新技术日新月异，虚拟经济与实体经济的结合，正在给人们的生产方式和生活方式带来革命性的变化。

我们已经深刻体会到了创新为金融市场所带来的活力。以“互联网金融”为代表的新金融概念越发深入人心，以大数据、云计算、人工智能和区块链等技术为驱动的金融创新不断涌现，金融服务的基础设施也在发生改变。

但同时我们也看到，金融创新也面临技术、资金、法律等诸多方面的风险，对国家的金融治理能力提出新的挑战。当前，在金融市场环境、信用环境以及技术创新环境方面，中国仍与欧美发达国家存在较大差距。要实现真实、有效创新，避免“起大早、赶晚集”的局面出现，就必须与全球金融创新企业、相关学者以及监管者加强沟通、合作。

欧美国家的金融创新也不可能在一国、一地区范围内闭门造车，只有加强沟通，深化合作，共享金融创新成果，才能促进全球金融业优化升级。

金融治理能力的提升同样需要全球范围内的交流与合作。中国在2016年开展了对于互联网金融的专项整治工作，目前已取得阶段性成果。但如何建立长效监管机制，中国仍需借鉴国际先进经验，持续探索，并将中国经验带到国际平台上去讨论。

作为亚太地区最重要的高端对话平台，博鳌亚洲论坛立足亚洲，面向世界，以“促进和深化本地区内和本地区与世界其他地区间的经济交流、协调与合作”为宗旨，始终把金融创新作为重点关注领域，在历届年会均设置了相关议题，邀请全球政、商、学界代表深入探讨，贡献智慧。

从2013年起，博鳌亚洲论坛加大了对互联网金融行业创新与发展的关注，迄今已举办十余场与互联网金融、普惠金融、小微金融、共享经济相关的年会分论坛。未来，博鳌亚洲论坛还将继续关注互联网金融领域的创新发展和信息化技术为金融市场带来的积极改变，并在促进该领域的国际交流和推动行业健康发展方面发挥作用。

博鳌亚洲论坛官方杂志《博鳌观察》从2013年开始，连续四年就当年互联网金融领域的热门议题成立专项课题组，深入开展研究，并通过论坛年会发布具有前瞻性的互联网金融年度系列报告，主题分别是“通往理性繁荣”（2014年）、“聚集P2P网络借贷”（2015年）、“传统金融的互联网化”（2016年）。2017年度的主题，因金融科技的亮眼表现和互联网金融规范年的到来而确定为“金融创新与规范发展”（2017年）。互联网金融是博鳌亚洲论坛年会备受关注的话题之一，互联网金融年度报告已成为博鳌亚洲论坛深耕专业领域的标杆产品，为业界和广大受众所期待。

网络信息技术逐渐成为全球研发投入最集中、创新最活跃的领域，互联网日益成为驱动经济社会发展的重要引擎，世界主要国家竞相把互联网作为经济发展、技术创新的重点。我们欣喜地看到，中国正以自身的创新行动打造世界经济的“稳定器”和“助力器”，并提出“深化网络空间国际合作，携手构建网络空间命运共同体”的新主张。我们希望，依靠创新的力量，以信息化培育新动能，以新动能发展新优势，在国际社会的通力合作下，能够推动世界经济走上强劲、可持续、平衡、包容的增长之路。

周文重

2017年1月

谢平　清华大学五道口金融学院教授

回首2016年，互联网金融行业在发展与规范的合力下曲折前进。总体来讲，互联网金融获得了创新发展，并呈现出新的特点。互联网金融各个业态发展呈现不同的趋势，P2P网络借贷告别粗放式增长，互联网保险得到资本的持续青睐，股权众筹的发展受到挑战；传统金融机构、互联网巨头、创业公司、传统实业公司等从不同业态开始进行互联网金融产业布局，试图打造支付、借贷、征信等为一体的生态产业链；新技术促进商业模式的优化并逐步得到行业内的认可，智能投顾成为互联网金融行业的新风口，区块链技术开始作为金融系统底层架构被关注和探索。

与此同时，互联网金融的发展也为互联网金融的监管带来了新的挑战。2016年4月中下旬，由国务院决策部署、多个部委共同参与行动的互联网金融专项整治在全国范围内展开。2016年10月13日，国务院办公厅公布了《互联网金融风险专项整治工作实施方案》（以下简称《实施方案》），对互联网金融风险专项整治工作进行了全面部署，针对不同的监管对象，确定了监管分工。如果说2015年是互联网金融的监管元年，那么2016年则可称为互联网金融的规范元年。

互联网金融的发展迎来新契机，普惠特征凸显

2016年，全球局势处在不断变化当中，国际间贸易收紧，时局存在动荡因素，英国脱欧等“黑天鹅”事件发生，为市场和全球经济的发展带来更大的不确定性；中国经济运行进入结构转型的关键阶段，面临全面减速的压力，经济结构转型和发展方式的转变迫在眉睫，同时金融服务需求者数量结构发生着深刻的变化。在这样的背景下，保持国内经济稳步增长，提高金融效率助力实体经济的开展，互联网金融彰显出其发展新经济、培育新动能的重要且独特的优势。

互联网金融的普惠特征较往年更加明显，互联网金融机构业务触角延伸至更多种类的市场和更为广泛的受众人群。消费金融涉及更多的商品品类，从汽车消费、家电产品到日用百货，行业垂直细分更为明显；互联网金融产品设计同样呈现出多元化、个性化特征，从消费金融领域的白条到保险领域的分时险、航空延误险，场景化的互联网金融产品不断出现；互联网金融机构进入农村领域的数量也明显增加，互联网金融机构运用技术优势，建立起农民、农资的信用记录，并通过大数据及模型分析更好地甄别风险、资本化个人信用，为农村金融基础设施建设提供帮助。

新技术有效促进互联网金融的发展

以大数据、云计算、人工智能和区块链为代表的新技术促进了金融业务的快速发展。新技术强化了市场稳定性，提升了资源配置效率，优化了风险配置，进一步推进了互联网金融行业的精细化发展。

大数据在银行、证券和保险等传统金融领域以及互联网银行、互联网保险和互联网支付等互联网金融领域都有广泛的应用，包括用户画像、精准营销、风险管控、运营优化和市场预测等方面。

运用大数据统计分析和数据挖掘技术实时处理与风险相关的信息，建立风险预测模型以及时帮助金融机构有效识别流动性风险。

云计算的应用能够使金融机构的IT资源具备更大的可扩展性，并能够在多个不同物理位置布置IT资源，从而有效规避互联网金融机构内部IT资源配置不足或当内部IT资源出现系统故障时互联网金融机构可能丢失重要交易数据的风险，极大地降低了互联网金融机构的风险损失。

将人工智能应用到互联网金融领域中，能够有效缓解金融服务智能化不足的问题，驱动互联网金融行业的智能化发展。人工智能从用户提供和搜索到的大量信息中提取有用部分，对该部分信息进行分析并反馈给互联网金融机构，从而降低交易双方的信息不对称性和道德风险。

区块链技术更是为互联网金融的发展带来裨益。区块链技术的安全性、可追溯性、不可篡改性、透明性和隐私性和智能合约实现的协议自动执行，可以有效地解决信用创造问题、提高信息披露透明度、实现更好的隐私保护，不仅能提高整个金融系统的安全性，还能进一步减轻政府的监管负担。

互联网金融的快速发展给监管带来更大挑战

互联网金融为金融服务提供便利的同时，也带来了相应的风险。P2P网贷平台跑路事件的频发降低了消费者对互联网金融的信任度，信息泄露问题更是严重困扰着消费者。

与此同时，互联网金融并没有改变金融的本质，在继承传统金融风险的基础上，新技术与金融的结合又放大了金融风险的表现形式，加快了金融风险的蔓延速度。不仅如此，互联网金融也将科技特有的风险传播到了金融领域。

互联网金融给监管提出了巨大挑战。一方面，在互联网金融领域我国的法律法规和监管体系尚不完善，法律空白、监管缺失时有发生；另一方面，虽然金融监管人员对金融运行的规律和风险比较熟悉，但对新技术本身的架构、优势、局限性以及和金融业务的结合点，都需要一个观察和学习的过程，这在一定程度上导致了监管的时滞现象。

因此对于互联网金融行业的发展，应鼓励创新与适度监管并举，尽快完善相关的法律法规，通过新技术的应用丰富监管手段与方法，以更有效地助力监管。

事有合离，遵道而行。随着互联网金融行业整治进入尾声，合法合规的市场主体和有效合理的监管法则或会在2017年充分显现。市场和监管合力甄别出行业内的优质企业与劣质企业，期待技术的进步协同商业模式的创新能有效推动行业发展，惠及更多的中小企业和投资者，在更好地服务实体经济的同时带来新的经济增长点。

《互联网金融报告2017》总顾问

2017年1月

邓迪　太一云董事长

2017年1月17日，中国国家主席习近平在瑞士出席达沃斯世界经济论坛开幕式，这也是中国国家主席第一次出席世界经济论坛。时至当下，纵观全球，世界经济增长放缓、逆全球化思潮暗流涌动。也正因为如此，达沃斯论坛的主题定位为“领导力：应势而为、勇于担当”。全球期盼中国治理智慧。区块链作为金融科技最热的词汇，成为此次论坛现象级的议题之一，在达沃斯区块链论坛上，世界首个由政府、商业组织共同参与，由25个国家共同发起的全球区块链商业理事会(GBBC)宣布成立，中国区块链代表团作为主要发起成员国之一首次亮相，引起国内外媒体竞相报道。

当前，以美元为主导的全球金融秩序主要体现了美国的国家利益，在新常态下，我国已经成为全球最重要的经济体之一。目前，全球化出现了逆行的趋势，在中华民族伟大复兴的历史窗口期，摆脱美元霸权，重建国际金融新秩序，实现更加公平、更加合理的国际金融交易新规则，金融科技是中国可以依仗的力量。

金融科技风起云涌，大数据、云计算、人工智能和区块链等技术的发展孕育着第四次工业革命的到来。互联网金融行业里，金融属性依旧占据主导位置，风险定价能力、资金获取能力依然是行业最核心的竞争力。从根本上看，互联网金融只有回归金融科技的核心驱动力与金融风险控制的能力，才能浴火重生。

互联网金融不是简单的互联网+金融，而是把以区块链、大数据、云计算、人工智能等为代表的互联网技术应用到金融创新当中，该阶段被业界称为“金融科技3.0”，在这个阶段，金融业通过这些新的IT技术来改变传统的金融信息采集来源、风险定价模型、投资决策过程、信用中介角色，因此可以大幅提升传统金融的效率，解决传统金融的痛点。在区块链技术领域，中国已经幸运地和美国共同站在了第一梯队。中国作为全球贸易和经济大国，通过创新支付、结算、贸易等金融基础设施，为世界上的国家提供类似中国高铁的新金融服务，建立新的国际贸易标准，进而逐步重塑世界金融格局，成为未来的金融大国。

从2010年开始，我国互联网金融迎来发展的黄金期。互联网金融的发展进一步丰富了小微金融参与主体，优化了金融体系的供给能力，助推了普惠金融的践行。然而，2015年底，“e租宝”等事件的爆发为互联网金融的发展敲响警钟。2016年，互联网金融监管成为重点，国家出台一系列政策规范行业发展。互联网金融结束野蛮增长，国务院办公厅颁布《互联网金融风险专项整治工作实施方案》，标志着国家对互联网金融风险专项整治全面部署。在这样的整体氛围下，市场的监管政策同样日趋严苛，地方金融局对网贷平台进行排查，证监会出手规范地方性交易市场，央行约谈比特币交易平台。中国资本市场进入严监管时代。在此背景下，过去几年高歌猛进的互联网金融行业开始全面收缩，互联网金融亟待转型。消费金融、供应链金融，智能投顾……或是深耕垂直领域，或是回归金融科技的核心。

创新亟须监管，监管也亟待创新，既要通过治理整顿来规范互联网金融的发展，打击违法犯罪，保护投资者的合法权益，也要防止对政策的过度解读，将互联网金融妖魔化，抑制金融创新的活力。令人欣喜地看到，监管部门已经开始转变思路，监管理念已经从单纯被动的事件驱动型监管向主动预防型监管转变，谋求主动向市场提供适合创新的监管公共服务，提升优越的监管生态环境。英国金融行为监管局（FCA）所倡导“沙盒监管”为互联网金融监管提出了借鉴思路，其目标是为企业和监管机构建立一个灵活可控的法律监管框架，建设性地将创新与风险管控进行有效平衡。沙盒式监管作为社会风险防控阀门的同时，也成为了科技金融创新的苗圃和种子选手的保育员。

2016年被业界视为区块链元年，区块链技术独立于比特币成为人们关注和讨论的热点，这一深具潜力的颠覆性技术引起了各国政府和大型机构的高度关注。随着区块链技术所蕴含的开放、共享、平等的理念已经逐渐深入身心，人们开始探索其在金融、贸易、能源、工业制造、医疗教育、政府治理等各个领域巨大的创新和应用。2017年，在瑞士达沃斯，人们对于区块链技术的认识更加深刻，其理念甚至为新的全球治理框架，促进更加普惠公平的国际秩序的建立提供思路和借鉴，区块链产业和资本市场的热情被点燃，行业内企业纷纷发力。在此背景下，区块链被写入国家的“十三五”规划，央行对数字货币的重视、工信部可信区块链标准的制定，都标志着区块链和金融科技正在被纳入国家的战略发展轨道，一个全新的行业领域，正在形成。

太一云作为中国区块链领域的领军企业之一，始终以时代赋予的使命为己任，积极开展多层面开放融合的区块链资源合作，坚持“开放、联合、融通”的产业合作理念，积极开展区块链的普及培训、产业合作、国际标准交流，推动信息互联网向价值互联网过渡。

新年伊始，我们走出国门，在瑞士达沃斯，参与了全球区块链商业理事会（Global Blockchain Bussiness Council，GBBC）的发起。今天，我们有幸走近博鳌亚洲论坛，希望能进一步提高人们对区块链潜力的认可度。我们乐见互联网金融给金融行业带来创新和发展，也期待基于数字科技的新金融时代的到来。

2017年2月

唐军　团贷网创始人兼CEO

在经历了2015年行业乱象和2016年穿透式监管之后，我们能够对2017年互联网金融产生什么期待呢？从政策、市场来看，我仍然抱执着一个行业实践者的强烈信心，这不仅来自过去5年，我们自身的创业经历，更来自我们对于社会需求的清晰认知。

消灭不平等是人类进步的永恒命题，但核心是“什么要平等”。我们应该听从收入平等主义者、福利平等主义者、古典功利主义者，还是纯粹的自由至上主义者，研究平等和贫困问题的诺贝尔经济学家阿马蒂亚•森认为，要使社会安排具有合理性，须在某个极为重要的层面上对所有人给予起码的平等考量，否则这一理论难以自圆其说。

这位“经济学良心的肩负者”提到某个极为重要的层面包括可获得有价值的“生活内容”的能力。而我认为，这种生活能力一定包括以可以承担的成本获得金融服务、有效地参加社会经济活动的能力，即金融（融资和投资权）的平等。

无论这个行业是叫P2P、互联网金融还是FinTech，只要是它促进了人类的金融平等权，那这里就是全球的风口。2017年这个风口行业会发生哪些大的变化？

首先，政府风险专项整治工作后的备案管理（数量管理），加速行业进入有序高阶竞争。

我们看到第三方发布的数据，截至2016年12月底，P2P网贷行业正常运营平台数量为2448家，这是停业及问题平台数量连续5个月出现下降。占平台总数2%的前50家大平台，占据超过6成的市场份额。料想在2017年备案管理落实之后，这一“马太效应”将进一步显现。

随后的变化是，利润与风险管理取代用户与规模成为运营者最关心的问题。

“马太效应”下，最直接的一个表现是，大量客户自动脱离尾部劣质平台，涌入有备案管理的领头平台，此前以烧钱方式和非理性收益方式扩张规模的必要性和经营压力急剧降低，客观条件下，有利于促进平台运营者调整竞争策略，把利润和风险管理放在首要位置。

而备案管理下，全国互联网金融风险监测预警平台的建立和共享，也有利于监管者和运营者提高互联网金融的常态化监测和风险识别水平。

第三是，创业的大机会仍在，但重点转向金融科技化。

2013—2014年是这个行业的创业高峰期，国内数千新进者的背景和原因形形色色，其中不乏泡沫。2015—2016年创业方向与模式开始出现分野，偏金融的做大资产端，偏互联网营销的做大客户端，这两种路径或者两种路径的混合都需要一定的线下或者线上体量和实力，如今经过几年鏖战，巨头们的格局基本已定，很难有新的小型公司创业空间。但基于提升两端效率的金融科技仍然存在大量机会，这是因为金融科技有其复杂的交叉性和专业的特殊性。

第四个变化是，全球资本市场将迎来新一波中国互联网金融浪潮。

国内的以传统金融机构出身的陆金所，互联网出身的蚂蚁金服、京东金融，还有团贷网等其他领先互联网金融平台，都在尝试宜人贷相似模式的海外和国内资本突破。为什么需要这种突破？因为这是政策合规后，促进业务透明化、加快战略转型、占领价值高地的关键的一跃。

最后还有一个变化就是，互联网金融成为中国家庭重要的财富配置渠道之一。

中国家庭理财与美国有一个显著区别，就是资产组合风险两极分化。风险极高的股票类资产和风险极低的储蓄类资产占比非常高，随着宝宝类或者P2P类的中等风险金融产品不断推出，加之人们的移动投资习惯的养成，互联网金融会渐而扩展为更加丰富的综合理财产品渠道，成为中国家庭理财的重要甚至首要选择。

以上变化都会对这个行业产生长远的积极影响。

伟大的乔布斯说：“你现在所做的一切会在未来串成一条线。”2017年，我们为互联网金融共勉。

2017年1月

第一篇
PART Ⅰ

新动力与新趋势
New Dynamics and New Trends

第一章　2016—2017年互联网金融的创新发展、问题与趋势

2016年是互联网金融监管发力的一年，监管框架和层次愈发完善，为未来互联网金融的合规发展定下基调。

新形势下，互联网金融行业要在2017年找到发展新路径，形成发展新动力，探索发展新趋势，进一步改善金融服务供给侧结构性改革的能力和水平，开拓支撑实体经济发展的新领域和新机制。

促进互联网金融行业的健康发展，要加快征信体系和监管能力建设，优化中央和地方金融监管合作机制，通过规范发展和监管创新，提升中国互联网金融发展的国际化标准水平，使其成为促进中国与国际经济社会合作的主要创新驱动力之一。

第一节　2016—2017年互联网金融发展概况

一、宏观经济金融形势

（一）实体经济发展对互联网金融的需求变化

中国实体经济的发展对互联网金融提出了更高要求，即逐步从有效降低民间融资成本阶段向为实体经济提供差异化服务阶段过渡。

2007—2013年是互联网金融萌芽时期，主要服务群体为在正规传统金融体系中难以获得长期持续融资的边缘性企业客户；2014—2015年是互联网金融快速发展时期，在实体经济持续走低和金融改革日益深入的环境下，银行、证券等传统金融业进入结构性调整阶段，小微企业融资难问题日益突出，催生了专注中小微企业和消费金融领域的互联网金融，吸引了互联网巨头和实体企业纷纷加入，但也引来了一大批以此为名义的诈骗公司，导致了一定程度的金融乱象；2016年开始，中国互联网金融进入了规范发展与自我创新并重的新时期，以其强大的平台支撑和灵活的创新机制，成为金融行业的新业态，监管部门和行业自律要求坚持以普惠化和差异化的发展路线，真正服务好实体企业的内生需求。简言之，实体经济需要相对低成本、灵活便捷、风控措施得当的互联网金融支持。

（二）利率市场化加快互联网金融创新发展

利率市场化将有效扩大金融机构的自主定价权，避免金融抑制，加速金融产品多样化发展和差异化定价，也将加快互联网金融创新发展，优化资源配置，使其在服务实体经济过程中更加活跃和有所作为。

尽管利差空间缩小，但民间金融回归正常水平的过程将形成持续的融资需求，互联网金融通过创新的价格杠杆功能、有效的融资主体甄别、优化的金融资源配置手段，支持中小微企业和初创企业的发展，解决融资难、融资贵问题，推动金融资源流向真正有资金需求和发展前景的行业和企业，激发实体经济活力。

（三）汇率市场化有效促进互联网金融国际化

近年来，中国对外投资和境外人民币资产配置需求持续增长，人民币国际化和金融市场对外开放程度不断

本章作者：
倪经纬，国家开发银行上海市分行副处长
朱捷，富友金融服务集团公司市场营销中心副总经理
纪飞峰，国家开发银行研究院副处长
王立仁，北京人民汇金科技有限公司创始人
卢策，上海财经大学金融学院2015级金融专业硕士
研究助理：
路璐，上海财经大学金融学院2015级金融专业硕士

加快，人民币正式被纳入SDR更是汇率形成机制改革的里程碑式一环，汇率市场化进入纵深发展阶段。

当前，中国互联网金融发展水平与规模稳中有升，平台建设和资金运作均具备国际化水平，汇率市场化的深入推进将加速中国互联网金融平台与国际优质资产接轨，进一步拓展海外市场。中国与“一带一路”沿线国家及地区的基础建设、投资合作、经贸交流等都将为中国互联网金融进入国际市场打下良好基础，带来更为多元化的资产配置对象和境外资金来源，人民币资产作为国际高息品种对跨境投资者也有较大吸引力。

（四）互联网金融在供给侧结构性改革中的作用

供需错配现象不仅存在于钢铁、煤炭等高耗能、产能落后的产业，也存在于金融行业。互联网金融正是中国金融业供给侧结构性改革的重要突破口之一。互联网金融具有开放性、包容性和普惠性特点，专注中小微领域，引导并撮合资金流向更具有市场活力的实体经济，这与供给侧结构性改革着重强调的优化资源配置理念不谋而合。

经济新常态下，互联网金融不仅有望满足个人及中小微企业的非传统金融业务需求，为大众提供新的投资理财渠道，有效解决中小微企业及涉农商户融资难问题，也将从资产端和负债端唤醒“沉睡的资金”，切实改善金融市场有效供给短缺的现状，在科技创新、绿色生态、产业升级、国际合作、社会民生等方面助力金融支持供给侧结构性改革。

二、传统金融加快创新

（一）银行、保险、证券业

1. 传统银行注重创新互联网金融体验

互联网金融的兴起不断冲击传统银行，仅凭以往的存、贷、汇业务无法有力应对当下的挑战，传统银行只有主动转型，加快技术升级和改革创新，提升客户体验，才能实现商业银行与互联网金融的融合共赢。

例如，浙商银行专门设计了“增金财富池”手机互动AR游戏，设立了全国首家O2O服务体验银行；浙江网商银行构建了“自营+平台”的模式，推动芝麻信用体系建设，并将农村金融市场作为重要的战略布局；中国工商银行加快推动“融e购”电商平台、“融e联”即时通信平台和“融e行”直销银行平台建设；平安银行构建了“橙e网”“平安口袋银行”“平安橙子”“行e通”“金橙俱乐部”等面向公司、零售、同业、投行四大客户群体的互联网门户；微众银行注重社交数据的信用化，将其作为征信主要标准，推出“微粒贷”“活期+”“短期+”“定期+”等理财产品。

2. 互联网保险发展进入3.0版本

互联网保险的发展恰逢其时，不仅凭借其迅猛的发展态势成为互联网金融的一大亮点，而且潜在市场巨大。互联网保险透明度更高、中间成本更低、购买方式更便捷，靠产品优势吸引投资者主动了解并选择所需保险产品，是实现未来保险业转型升级的关键所在。

2016年上半年，互联网保险市场规模发展迅猛，累计实现保费收入1431.1亿元，是上年同期的1.75倍，与2015年互联网人身保险全年保费水平接近，占行业总保费的比例上升至5.2%，中小寿险公司互联网保险业务增速位居前列[1]。中国保监会原副主席周延礼指出，当前正进入以商业模式创新为中心的互联网保险3.0阶

1.2016年上半年，中小寿险公司互联网保险业务增速位居前列。增长排名行业前十名的公司为：天安人寿、信泰人寿、平安人寿、太平人寿、吉祥人寿、中英人寿、新华保险、弘康人寿、农银人寿、幸福人寿。其中，七家为中小寿险公司。

段，即基于互联网场景的广泛应用，整合大数据、保险、服务商等多方资源，构建多方位跨界融合的互联网保险产业生态圈，创新驱动行业升级，保障功能逐步增强。

随着区块链、物联网、人工智能、基因治疗等技术的不断涌现，互联网保险已经步入快车道。

3. 互联网证券加快跨界融合发展

2016年行业有两个明显新方向：一是转型金融科技，包括智能投顾、区块链技术等，这需要有很强的资金和技术实力；二是业务上更看好基于场景的消费金融，这对资源整合和风控能力要求更高。

当前，券商正以其雄厚的资金实力、完善的业务牌照以及熟练的资金运作管理加快进军互联网金融，如平安证券与海外知名投资社交平台eToro达成战略合作，平安证券旗下投资者在平台实现跟单交易，eToro提供相关的技术、平台和经验方面的支持。

很多券商也都已在微信端实现账户开立绑定、投资顾问、资产、行情、理财产品销售等服务。

与此同时，证券领域互联网社区平台、投资顾问平台等也纷纷加快与传统券商的资源整合。如东方财富2016年3月正式公告收购西藏同信证券后，加快推行互联网证券，边际效应较为显著，市场份额大幅提升；又如百度股市通主打智能投顾的概念，依据网民搜索热点来协助预判股市投资机会。

（二）互联网基金、互联网信托、资产证券化

1. 互联网基金创新“产品+平台”运作模式

互联网基金创新力度相对有限，主要是将由网银为主进行代销的基金产品转移至综合性互联网平台或者一些垂直细分的代销牌照平台上销售。尽管这有利于优化用户体验和提升投资管理效率，但“后端基金公司投研开发产品+互联网渠道销售”的实质并没有改变。

有一些较好的互联网基金则是以“产品+平台”为核心，发挥金融企业和第三方互联网企业的联合优势，积极拓展产品应用场景，根据用户需求个性化定制和推送产品，以期突破同质化瓶颈，提升用户体验和活跃度。例如，大成中证360“互联网+大数据”100指数基金作为“互联网+”领域的第一只基金，不依靠基金经理主观决策，基于360体系的“互联网+大数据”构造的基金产品在2016年动荡的市场行情中取得了较好成效，进入全市场偏股型基金前十，让业内侧目。

可以预见，未来互联网基金还会进一步扩展产品体系和内容，挖掘更多的大数据行为，提升对价值判断和市场机会挖掘的能力，增强跨界融合和应用多元的场景功能。

2. 互联网信托发展进入3.0阶段

信托行业受宏观环境整体下行、泛资管行业竞争加剧的影响，正处于转型突破期。互联网信托带来的业务和产品创新为信托业的转型和发展注入了活力。

目前，信托业的互联网化探索仍处于起步阶段，自建金融平台、创新营销服务模式、优化资产配置布局、与互联网金融资产交易平台对接等都将是尝试的转型方向。2016年，中国平安集团3.0时代全面开启，平安信托也主动迎接“互联网+”和“综合金融+”的信托3.0时代，继续做深做精零售、对公、同业、PE四大核心业务板块，在严控风险的前提下，打造差异竞争优势，实现资金端多元化、资产端专业化，并通过综合金融化和集团品牌、客户、渠道、资金、平台等优势，全面推进业务的转型升级。

值得注意的是，通过互联网进行跨界资管以及跨界金融业务，也是当前互联网金融整治的重点，但这种监管不是说要去打破跨界金融的趋势，而是主要采取穿透式监管，抓住跨界金融的本质和核心功能业务，采取兜底性监管方式防范风险。

3. 资产证券化成为互联网金融的突破方向

中国经济发展正在进入存量经济时代，这为互联网金融领域的资产证券化发展创造了巨大的潜在市场和开拓空间，其在降低融资门槛、缩短资金流转周期上都具有重大优势，但在资金风险、信用风险及信息披露等方面仍亟待提升。

目前，我国资产证券化尚处于初级阶段，但市场需求日益扩大且发展态势迅猛，互联网金融与之结合或将成为新的突破方向。例如，继互联网消费金融ABS、互联网保理ABS首开先河之后，2016年9月京东金融又推出国内首个专业服务ABS的云平台，主要包括三大引擎，分别是资产证券化服务商的基础设施服务业务、资产云工厂的资本中介业务和夹层基金投资业务，旨在降低融资企业的融资门槛和融资成本，提升资产证券化中介机构的服务效率和管理效率，降低ABS资产违约风险。为此，京东金融率先投入20亿元，联合外部投资机构合作成立夹层基金，先于优先级投资者承担资产证券化业务的风险。

未来，资产证券化将走向商业模式升级和多维度的联动，市场上将出现更多参与者，用投行的思维方式开展新型资管业务，带动整个ABS市场流动性，激活不同风险偏好的投资者多元化配置需求，进而提升金融资源配置效率。

（三）金融垂直搜索引擎“精选+分散”模式

近年来，垂直搜索领域悄然兴起，根据客户差异化需求开展数据检索模式受到广泛青睐。金融垂直搜索则是重要的细分领域之一，根据用户的金融需求和自身实际条件，金融流量分发网站会在数据库中找到可以满足客户需求的金融产品（目前覆盖贷款、信用卡、理财产品等），并在搜索结果中予以显示，客户再进一步选择完成交易。

当前金融垂直搜索主要有三大盈利模式：一是向金融机构推荐贷款客户，并收取推荐费；二是帮助用户完成整个贷款流程，收取0.5%~3%贷款额作为返佣；三是金融机构投往该网站的广告费。尽管处于资本寒冬期，但国内P2P领域的垂直搜索引擎“投之家”在2016年8月获得了8000万元的A轮投资。该搜索引擎创立于2014年9月，依托网贷之家的P2P门户平台优势获得大量资产信息和投资人流量，到获得投资时为止，共撮合成交量78亿元，用户数超200万人，为投资人共赚取收益1.88亿元。

（四）区块链技术加快驱动数字货币应用

区块链技术作为支撑比特币的核心技术，具有去中心化、共识机制、高透明度、无须依赖信任、不可回溯等特性，在解决金融层面的信息不对称、不确定性导致的信任问题方面做出了重大创新，将成为互联网金融服务体系的重要基础设施建设。

随着区块链技术的兴起，互联网货币也成为了中国央行的重点研究领域。截至2016年11月，中国人民银行发行法定数字货币的原型方案已完成两轮修订，未来有望在票据市场等相对封闭的应用场景中先试先行。但是，区块链技术在大规模运用、一国主权信用方面仍存在诸多问题。2017年1月11日，中国央行监管措施再次升级，多家监管单位组成联合检查组，进驻“火币网”“OKCoin币行”“比特币中国”等交易平台，旨在深入排查比特币交易平台可能存在的各类风险。下一步，可能讨论设立第三方比特币托管平台，确保比特币交易的安全。

三、新兴金融走向规范发展

（一）网络借贷行业加强规范

1. 总体融资规模仍然稳步增长

根据网贷之家的数据，截至2016年10月31日，正常在线上运营的网络借贷平台约有1850家，2016年1—10月累计成交量达到15998.12亿元，全行业历史累计成交量为29650.33亿元，行业累计贷款余额（存量）达7486.72亿元。到2016年底，全行业累计成交量达到3.2万亿元，贷款余额接近万亿元规模。

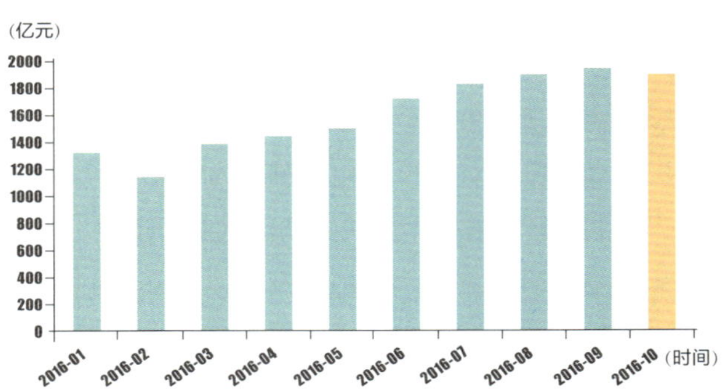

图1-1　2016年1—10月网络借贷行业月度交易量变化情况

资料来源：网贷之家

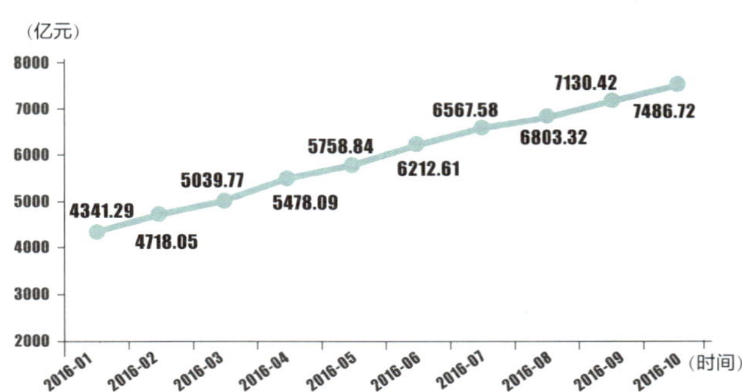

图1-2　2016年1—10月网络借贷行业月度交易余额存量变化情况

资料来源：网贷之家

2016年互联网金融进入专项整治期，许多网贷平台先后退出市场，但整个行业的交易量仍在上涨。主要原因有三：一是有实业背景的网络借贷平台开始进入行业，例如恒大金服、苏宁金融、国美金融等，由于有实体经济的支撑，带来颇为可观的交易量；二是2016年延续了2015年资产荒的环境，互联网金融机构的资产在收益、流动性上都比较有优势，如果能较好地解决安全性问题，将是投资的上佳选择；三是受经济和金融大环境影响，虽然市场需求依旧庞大，但投资理财的途径相对匮乏，尽管外部环境发生剧烈变化，网络借贷仍然处于业务上升期。

2. 成为互联网金融专项整治重点

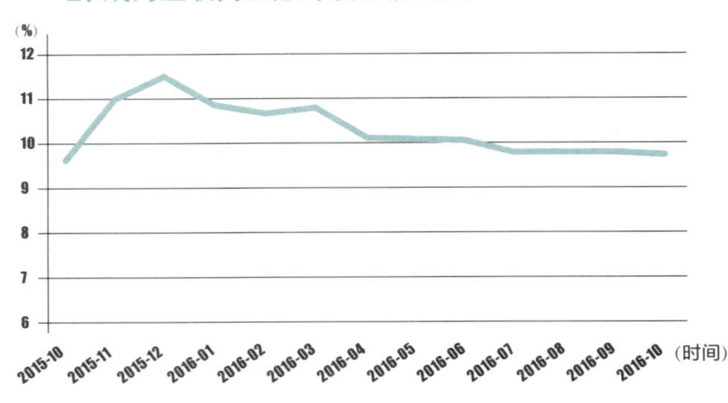

图1-3　网络借贷平台综合收益率走势图

资料来源：零壹财经

对网络借贷行业而言，2016年最重要的事情就是互联网金融专项整治。正式的专项整治从2016年4月就已开始，由国务院决策部署、17个部委共同行动，并在全国范围内展开。2016年10月13日，国务院办公厅发布《国务院办公厅关于印发互联网金融风险专项整治工作实施方案的通知》。专项整治的业态包括网络投资理财、互联网支付、网络借贷、股权众筹融资、互联网基金销售、互联网保险、互联网信托和互联网消费金融等。其中，人民银行负责整治互联网支付和互联网跨界资产管理；银监会负责网络理财、网络借贷、互联网信托、互联网消费金融；证监会负责互联网股权众筹融资；保监会负责互联网保险；工商总局等部委负责互联网金融企业的广告治理。从实际情况看，对支付领域的整治主要是无牌从事支付业务，互联网保险、互联网信托、互联网股权融资等业态尚处于发展初期，规模较小，因此，2016年专项整治的重点在于网络借贷、互联网理财等领域，特别是以金融创新为名从事线下理财业务的公司。

互联网金融企业应定义为通过网络技术与IT技术，在促进服务网络边际成本下降的同时，提升金融资源配置质量与服务效率。所以，互联网金融企业除了在商业模式和盈利模式上有创新以外，还需要具备先进的网络与信息技术，如生物识别技术（人脸识别等）、区块链、大数据挖掘等。当然，市场上也确实充斥着以“互联网金融”为旗号，却利用线下人海战术经营业务的类金融公司，甚至有大量的财富公司、理财公司开设“类银行网点”的经营网点，也有不少实质上就是诈骗公司，利用创新的幌子，在资金的管理和应用上却非常混乱，这些都是专项整治的重点领域。但是，如果采取“一刀切”式的粗暴整治，受到打击的往往是合法合规、具有技术创新和商业模式创新的互联网金融企业，以及互联网金融消费者。因此，专项整治不能搞“一刀切”模式，必须注重实质，合理有序规范。

3. 中国互联网金融协会正式成立

2016年3月25日，中国互联网金融协会在上海正式挂牌成立，并正式发布《中国互联网金融协会会员自律公约》。这是国内互联网金融领域自律工作的重要进展和里程碑事件。该协会是经党中央、国务院同意，由中国人民银行会同银监会、证监会、保监会等金融监管部门建立的国家级互联网金融行业自律组织。首批437名会员单位名单中，银行机构占84名，证券、基金、期货公司占44名，保险公司占17名，其他互联网金融新兴企业及研究、服务机构占292名。其中，网络借贷领域首批会员不足40家。

需要看到的是，中国互联网金融协会的成立对国内互联网金融发展是一个战略性考量与定位，这不仅仅是为了应对规范发展的需求，更是为了促进金融市场体系的不断深化改革和创新，更好应对金融混业经营趋势下的监管体系变革，实现有效、客观、自律、国际化的普惠金融合作体系。作为国内互联网金融领域规格最高的自律组织，该协会代表了国家层面对互联网金融这种新兴业态的认可和支持，从业者担忧的“一刀切”危机基本解除。同时，协会会员来自传统金融机构和新兴互联网金融企业，这为两者的融合交流提供了便利。传统金融机构寻求互联网化，优化经营模式和效率，降低经营成本；互联网金融寻求和传统机构合作，获取更优质的资金和更低的资金成本。例如，该协会在2016年组织了多场会员及非会员单位的培训，尤其是在对监管政策解读方面，有效降低了机构寻求合规运营的成本，对行业规范和自律有着积极意义。

2016年底，中国互联网金融协会开始逐步开放第二批会员单位的申请，预计2017年会员数有可能接近千家的规模，而以网络借贷、众筹为代表的新兴互联网金融企业的比例也将有所增加。当然，各省市自2013年以来也相继成立了P2P网贷相关协会，至今已有近20家，各省自律协会对网贷平台经营也制定了一些标准和规范，以更好地促进跨区域交流。

4. 明确网络借贷信息中介管理规则

2016年8月24日，银监会会同工业和信息化部、公安部、国家互联网信息办公室联合发布了《网络借贷信息中介机构业务活动管理暂行办法》（以下简称《网络借贷办法》）。该办法对网络借贷平台、司法界、媒体等提出的问题做了解读，如限额、电信业务许可、金融办备案、债权转让等，但也存在一定争议。

第一，网贷平台对《网络借贷办法》涉及的限额问题有疑义。

根据《网络借贷办法》，“同一自然人在同一网络借贷信息中介机构平台的借款余额上限不超过人民币20万元；同一法人或其他组织在同一网络借贷信息中介机构平台的借款余额上限不超过人民币100万元；同一自然人在不同网络借贷信息中介机构平台借款总余额不超过人民币100万元；同一法人或其他组织在不同网络借贷信息中介机构平台借款总余额不超过人民币500万元”。

许多平台从事相对大额的单笔融资业务，对此条有不同理解。银监会出台这一条主要是考虑到《最高人民检察院、公安部关于公安机关管辖的刑事案件立案追诉标准的规定（二）》，其中第二十八条规定：“个人非法吸收或者变相吸收公众存款数额在20万元以上的，单位非法吸收或者变相吸收公众存款数额在100万元以上的非法集资行为予以立案追诉。”这是银监会对网络借贷平台做出限额制定的依据，网络借贷平台借款人的额度不能超过现有司法对非法集资的额度界定。一方面，这个规定有利于发挥大数法则作用，有效分散投资人风险，也对网贷平台的违规风险进行了有效控制；另一方面，对于一些大额融资需求，也符合政策规定，但从网贷平台获取资金的融资渠道基本关闭，或者转化为互联网小额贷款公司的模式。

第二，电信业务经营许可存在一定难度。

《网络借贷办法》规定网络借贷信息中介机构在地方金融办备案登记后，应申请相应的电信业务经营许可，但是电信业务经营许可究竟是什么，《网络借贷办法》中却没有明确。因此，市场认为有两种可能：一是增值电信业务经营许可证即ICP证（可以发起网上交易）；二是在线数据与交易处理许可证，即EDI证。ICP经营许可证准入门槛高，且办理耗时长，存在不同省市办理难度不同的巨大差异。

据第三方不完全统计，截至2016年9月，约有211家互联网金融平台获得ICP许可证，这些互联网金融平台主要分布在北京、浙江、广东等地。上海仅有陆金所、新新贷两家公司顺利完成了ICP证的申请。上海颁发ICP证的上海通管局，认为互联网金融企业申办ICP证需地方金融管理部门出具前置审批，而市金融办的前置审批因为银监会刚出台备案管理办法，到具体落实还有一个过程，因此，上海的P2P平台办理ICP许可证需要有一段艰难等待时间。广东省要求与上海一样，但浙江省申办ICP证并不需要金融办前置审批，只需向浙江省通信管理局网站提交相关材料即可。

第三，地方金融办备案需要一定过程。

综观整个《网络借贷办法》，网络借贷平台需要申请的资质就是银行资金存管、电信业务许可、地方金融办备案三项。尤其目前工信部要求网络借贷平台申请电信业务许可前，需在地方金融办完成审前置批，这等于是网络借贷平台需完成金融办备案后，才可以申请电信业务许可。

2016年11月，《网络借贷信息中介备案登记管理指引》由银监会等三部委联合下发到各地金融办，这是对网络借贷行业的较大利好，有利于及时调整、完成合规转型。该指引对完成备案给予了时间限制，即新设立平台40个工作日内完成，存量平台50个工作日内完成。平台在专项整治后分为合规类和整改类两大类，合规类可以直接申请备案，整改类需提供整改材料，具体要看专项整治的进度。

第四，整改期限加快行业的自身规范。

《网络借贷办法》规定，“本办法实施前设立的网络借贷信息中介机构不符合本办法规定的，除违法犯罪行为按照本办法第四十条处理外，由地方金融监管部门要求其整改，整改期不超过12个月”。整改期限和过渡期有所不同，过渡期指的是管理办法在12个月后正式生效，平台有12个月的调整和过渡时间；而整改期指的是《网络借贷办法》发布的当天已经生效，如果平台存在明显的违规行为，依旧有可能在这12个月内被处罚，并不能因为整改期而豁免。

第五，债权转让存在一定合规风险。

《网络借贷办法》并不禁止点对点的债权转让行为，即并不禁止平台上投资人和投资人之间的债权转让，禁止的是债权转让时存在债权池并且按照一定份额进行拆分，甚至期限转换的类金融资产证券化行为。但是，2016年10月13日国务院办公厅发布的互联网金融整治方案中，明确提到网络借贷平台未经批准不得从事债权转让。这意味着，网络借贷平台上投资者之间的债权转让也面临着合规的风险。此外，《网络借贷办法》并没有禁止平台为投资者提供自动投标的工具，投资者的投资行为必须出于本人意愿。

因此，《网络借贷办法》中12个月整改期对网络借贷平台来说是一个重要的时间窗口，网络借贷平台在合规转型的过程中，需要完成银行存管、金融办备案、增值电信业务许可证申请，绝大多数网络借贷平台都将和时间比赛。2017年网络借贷平台间的跨平台合作将增强，为了应对限额问题，借款人的借款需求可能会以某种形式在平台和平台之间被打通。

（二）众筹行业发展方兴未艾

1. 总体概况

根据零壹财经发布的数据，截至2016年10月，中国互联网众筹平台至少有567家，其中仍在正常运营的众筹平台有348家，涉及股权众筹业务的有171家，占比49.1%；涉及产品众筹业务的有101家，占比29.0%；而新兴的汽车众筹平台达到99家，占比28.4%。

2. “领投人+跟投”模式趋于成熟

鉴于国内对众筹领域的监管相对空白，股权众筹基本都以私募形式展开。如京东金融的股权众筹平台“东家”的运作模式为领投人（GP）+跟投（LP）模式。领投人一般为风险投资、创投领域的知名人物，并且有成功

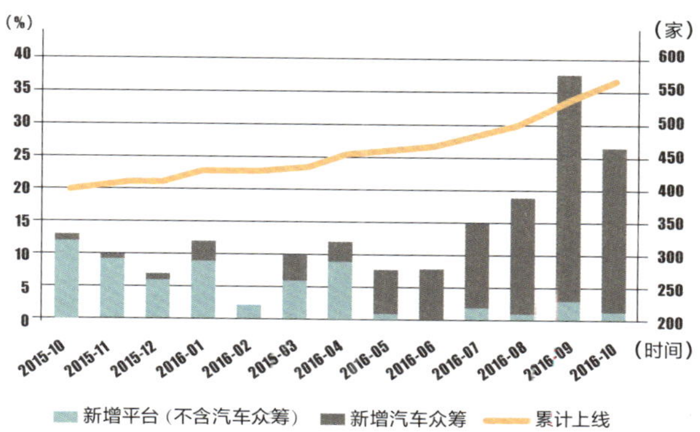

图1-4　2015年10月至2016年10月国内股权众筹平台数量变化

投资和退出的经验。领投人首先挑选想要投资的项目，挑选后的3天内可以随时弃投。如果确定投资，则以领投人身份对项目进行尽职调查，出具尽职报告或者领投理由，同时协助融资项目完善商业计划书，给出相对合理的估值、投资的详细条款和此次融资的额度，协助项目公司进行路演，然后跟投人对项目进行跟投。按照私募的管理办法，项目的股东方不超过200人。项目成功融资后，平台按照《融资人信息披露规则》完善融资项目的信息披露，同时接受跟投人的委托，设立有限合伙企业，领投人作为普通合伙人，跟投人作为有限合伙人，由领投人对项目做投后管理，选择合适的时机以公允合理的价值退出。

京东“东家”的盈利模式为融资人按照融资项目协议上约定的金额向京东支付服务佣金；同时京东也可以将收取的服务佣金按照本轮融资后融资人公司估值，折价入股融资项目公司，即京东获得融资项目的股权。在京东“东家”的运作模式中，京东类似于一个创投融资中介，即FA，主要作用是帮助领投人筛选投资项目，节约领投人筛选项目的时间。

3. 退出机制是持续经营的关键

类似的互联网非公开股权融资平台对于投资人要求普遍较高，合格投资人应满足年收入不低于30万元，

或资产达到100万元等条件，但是很多平台实际操作时，并未遵循这一条件筛选投资人。目前，股权众筹的项目投入大，回报周期长，在没见到收益前，投资人很难产生多次投资。在风投领域，投后管理是各个成熟机构的重要内容和能力比拼。同样，在股权众筹的融资中，投后的退出机制也是一个平台能否做大并持续经营的关键。

4. 大机构仍处于布局初期，未来有两大主流

股权众筹目前仍处于发展初期，大机构都在布局初期，尤其以券商和互联网巨头为主。券商布局股权众筹，源于其在新三板上的项目积累和相关经验，众筹可以视为消化部分新三板项目的渠道。互联网巨头中，奇虎360、小米、百度、乐视、清科创投等先后在股权众筹上做了布局。

未来股权众筹的发展趋势首先是监管的落地，证监会需制订定详细的管理办法，而有监管的基础以后，股权众筹将会有两大主流：一是以传统金融机构为代表的平台，通过股权众筹做小型项目的募资，类似于一个五板市场；二是创投的互联网化，即创业型公司通过股权众筹平台，完成天使轮、A轮、B轮、C轮的募资，如36氪。

（三）互联网消费金融即将进入爆发期

1. 模式特点

与其他互联网金融模式同时聚焦资金和资产获取不同，互联网消费金融主要聚焦于资产的获取，而且定位于消费金融，即结合某一场景，为消费者提供小额中短期的贷款。由于消费金融一般额度小、期限相对于企业经营贷款要短得多，而消费金融的机构或平台有一定的成本压力，故消费金融的利率较其他贷款产品要高，如银行信用卡的分期购物产品，年化利率一般在18%左右，如算上手续费和年费，利率可能更高；而互联网消费金融的利率与此相当，例如微信上的微众银行提供微粒贷的产品，日利率在万分之四点五左右，实际年化利率为18%。

2. 总体分类

目前，市场上从事互联网消费金融业务的可大致分为五类：一是银行的消费金融业务的互联网化；二是银监会批准成立的消费金融公司，持有消费金融合法牌照；三是依托于互联网平台的消费金融，例如蚂蚁金服花呗、借呗的产品，以及与网商银行的合作，腾讯的微信有微众银行提供的微粒贷，京东金融有白条；四是网络借贷平台类型的互联网消费金融公司，如拍拍贷、米么金服，以及趣分期、分期乐等；五是国外称之为发薪日贷款（Payday loan）[2]，由放贷人提供小额、短期、无担保贷款，借款人以此维持下一个发薪日前的开销，并在发薪日还款，这部分群体也叫提前月光族，以“80后”“90后”为主，国内已有案例，如闪电借贷、现金巴士等，单笔借款1000元以下，还款周期14天以内。

3. 模式比较

互联网消费金融的兴起，一是由于国家政策层面的支持；二是大型互联网电商企业的数据积累和大数据运用能力得到了发展；三是场景为入口的资产获取模式成本相对较低。在原本的消费金融模式中，消费金融机构或平台必须与线下实体商店合作，共同为消费者授信，这种商业模式在成本和风控上都存在短板，效率较低，且易被银行信用卡替代。相较之下，在互联网消费金融模式中，消费金融机构或平台可以与支付公司合作，在商户处布置智能终端设备，消费者的消费授信、资料上传、支付划拨和还款行为都可以通过终端完成，

2. 以美国为例，目前已有1000多家提供发薪日贷款的私人企业，业务规模前三家市场占有合计不超过20%，业务规模20亿~50亿美元/年，费率100%~300%，借款人大多有短期资金周转需求，要求产品具有便利性、连续性。

例如基于美容、健身、整形等场景的消费金融模式，平台方大大降低了经营成本。

总体看，互联网消费金融在2017年将迎来行业爆发期，垂直化的细分场景消费金融平台将会取得较好的发展机遇，例如聚焦于美容、婚庆、旅游等场景的消费金融平台，依托自身场景，做精做细，会是中小型消费金融平台的较好出路。

四、基础设施逐步完善

（一）互联网支付规范要求日趋严格

1. 总体状况

根据艾瑞咨询统计数据显示，2016第二季度中国第三方互联网支付交易规模达到4.6万亿元，同比增速61.9%；传统行业互联网支付比例继续下降，新兴行业占比超50%。网络购物、网络游戏、电信缴费等传统行业的互联网支付比例均出现不同程度的下降。不过，互联网理财等新行业的交易规模持续上升，支撑起互联网支付的增幅。

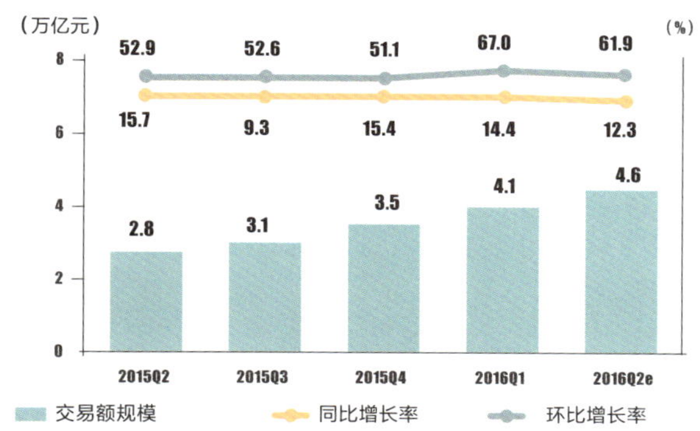

图1-5 2015年第二季度至2016年第二季度中国第三方互联网支付交易规模

注：①互联网支付是指客户通过桌式电脑、便携式电脑等设备，依托互联网发起支付指令，实现货币资金转移的行为；②统计企业中不含银行、银联，仅指规模以上非金融机构支付企业；③艾瑞根据最新掌握的市场情况，对历史数据进行修正。

资料来源：综合企业及专家访谈，根据艾瑞统计模型核算

总体来看，2016年第二季度互联网支付增幅继续维持在10%~15%，属于较正常水平。从交易规模结构看，基金占比19.8%，网络购物占比13.4%，航空客票占比6.6%，电商B2B占比4.1%，电信缴费占比3.0%，网络游戏占比1.3%，其他（包括互联网理财和其他新行业）占比51.9%。

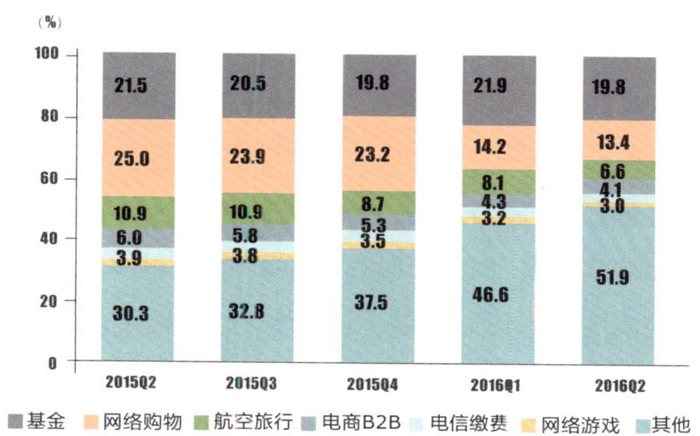

图1-6 2015年第二季度至2016年第二季度中国第三方互联网支付交易规模结构

注：①互联网支付是指客户通过桌式电脑、便携式电脑等设备，依托互联网发起支付指令，实现货币资金转移的行为；②统计企业中不含银行、银联，仅指规模以上非金融机构支付企业；③2016年第二季度中国第三方互联网支付交易规模为45564亿元；④艾瑞根据最新掌握的市场情况，对历史数据进行修正。

资料来源：综合企业及专家访谈，根据艾瑞统计模型核算

此外，根据中国人民银行2016年第三季度支付运行报告，银行业金融机构共处理电子支付业务 364.88 亿笔，金额 519.69 万亿元。其中，网上支付业务 116.07 亿笔，金额433.93 万亿元，同比分别增长41.34%和0.26%；电话支付业务9316.04 万笔，金额5.67万亿元，同比分别增长19.10%和19.18%；移动支付业务66.29亿笔，金额35.33万亿元，同比分别增长45.97%和94.45%。非银行支付机构处理网络支付业务440.28亿笔，金额26.34万亿元，同比分别增长106.83%和105.82%。因此，可以看到移动支付和非银行支付增长

是最迅猛的。

2. 支付规范要求

2016年7月1日，中国人民银行《非银行支付机构网络支付业务管理办法》正式生效，核心内容是禁止支付机构为金融类机构提供账户及结算服务，同时对第三方支付机构用户的年支付金额做了限制，即余额付款年交易不超过20万元。该管理办法实施不久以后，支付宝、微信支付相继宣布用户账户余额支付不能超过20万元，且对用户收取余额提现管理费用。

中国人民银行对第三方支付监管的总体思路是让支付机构回到小额便民的支付业务上，例如打击第三方支付间接跨行清算业务，要求银行不得给支付机构的备付金结算利息，避免出现洗钱的漏洞。在具体做法上，中国人民银行设立网联，让所有支付机构接入网联的通道，而不再与银行直连，这也是提升支付公司合规、回归支付本质的重要方法。此外，备付金利息是支付公司的主要收入来源之一，如果必须严格执行央行规定，意味着支付公司将提高支付通道的成本以维持经营，最终可能转嫁给实体经济的商户和个人消费者。2016年8月央行先后发布两批共计44家（第一批27家，第二批17家）非银行支付机构支付业务许可证续展决定的公告，续牌期为五年。

3. 账户分类管理

2016年12月1日起，央行规定同一人在同一银行只能开一个Ⅰ类账户，已开立Ⅰ类账户，再新开户的，应当开立Ⅱ类账户或Ⅲ类账户。其中，Ⅰ类账户是基本无功能限制的“全能型”账户，需通过银行柜台开立，现场核验身份；Ⅱ类账户则是可储蓄理财、限定金融消费支付的“限制级”账户，最高消费和支付单日限额为1万元，年度累计消费、转账限额20万元；Ⅲ类账户则为专门用于快捷支付、免密支付等用途的“小额消费”账户，账户余额不超过1000元，通过绑定账户消费日累计进出各5000元。需要指出的是，后两类均通过电子渠道开立，不得进行现金存取。这一政策的总体目的是为了保护消费者权益，防止诈骗行为，让互联网支付（包括移动支付）回归小额便捷的本质需求，但也对互联网金融的产品创新和支付体验给出了限制边界，需要吸引更多通过Ⅰ类账户操作的投资人。

（二）第三方存管仍处于缓慢推行中

根据2015年7月《关于促进互联网金融健康发展的指导意见》要求，网络借贷业务要将客户资金存在银行业金融机构。在此之后，网络借贷和银行的合作及谈判就已展开，第三方支付公司也曾推出联合存管，希望和银行合作一起为网络借贷服务，但总体看进展不大。目前已上线银行存管方案，大致可以分为三种：

1. 银行直连模式

这种模式下，用户不需要开立平台的支付账户，没有充值和提现的行为，也就是资金的沉淀既不在平台账户，也不在存管银行，资金的划拨直接通过银行卡进行。但是这类账户和支付的模式仅有极少数平台支持，江苏有国资背景的开鑫贷就是这样的模式。在美国，P2P账户和支付却普遍采用这种模式，例如Lending

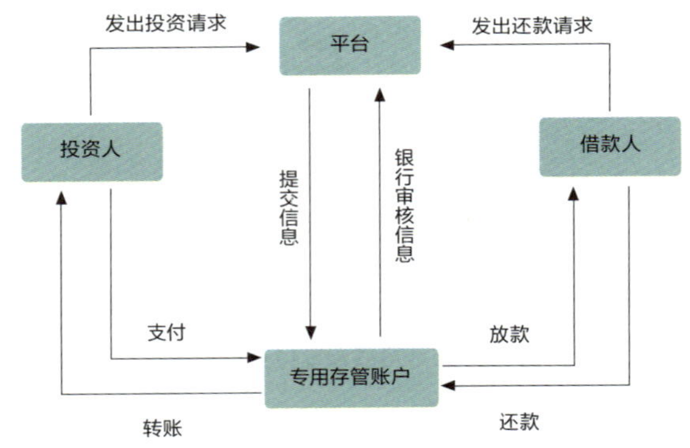

图1-7 银行直连模式业务流程示意图

资源来源：盈灿咨询

Club、Prosper等，均属这类模式。值得一提的是，美国企业的破产法执行比较完善，故银行敢于给网贷平台提供这样的通道服务。

2. 银行直接存管模式

这种模式下，平台的用户依旧有充值和提现的行为，平台需要在银行开设存管专户，客户的沉淀资金实际上进入该账户，平台上的用户还需开立单个独立子账户，即虚拟账户。资金的划拨必须由用户本人发起，平台确认指令，银行进行资金的划拨。民生银行、徽商银行、浙商银行、厦门银行等上线的存管服务，皆属于这种模式，大多用直销银行的账户系统来完成。银行在与平台合作的时候还会要求平台在银行开设自有资金账户和风险准备金账户，风险准备金账户根据沉淀资金量一定比例收取。银行的收费模式有存管年费和存管费率，也有银行提供包年的存管封顶费用。

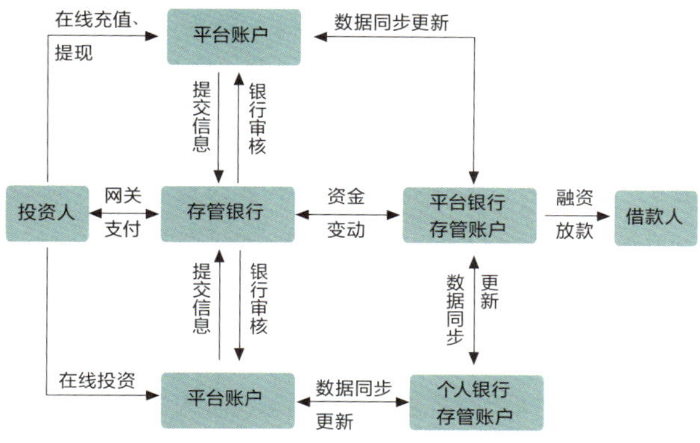

图1-8 银行直接存管模式业务流程示意图

资源来源：盈灿咨询

3. 联合存管模式

联合存管最早由第三方支付公司提出，主要用意是联合银行做存管，提供技术支持、平台审核、营销推荐、支付通道结算等服务，可理解为银行存管的辅助服务。经过银行和第三方支付的多次沟通及磨合，也可理解为银行直接存管的衍生模式。在这种模式下，并未改变银行存管主体（存管人）的地位，支付公司扮演的是技术服务商和支付通道的角色，并没有真正介入存管。

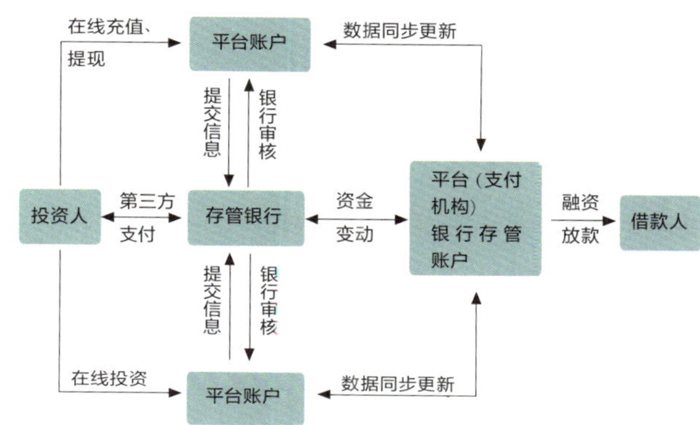

图1-9 联合存管模式业务流程示意图

资源来源：盈灿咨询

总之，由于不同的银行存管不能相互兼容，一家平台不能选择两家以上的银行做存管，竞争性效果还未出现。目前，绝大多数网络借贷平台都无法接入银行存管，主要是银行对合作平台的要求极高，包括对平台股东背景、高管团队履历、资产情况及风控能力、舆情负面信息、平台成立时间、体量规模都有严格的要求，以至于符合门槛的平台被多家银行争抢，而稍不符合门槛的平台则对接进度非常缓慢。银行内部对存管业务也存在分歧，多家银行和平台签约后实际没有启动技术的对接。银行存管是监管层对平台的硬性要求，作为平台转型合规的基础条件，网络借贷平台需要与时间赛跑，但总体上仍然步履维艰，推进缓慢。

（三）大数据风控仍处于尝试阶段

1. 大数据风控成为金融科技的重要组成

2016年金融科技（FinTech）成为了热词，围绕这一概念，许多金融领域的技术被热捧，如区块链技术、智能投顾、大数据风控等。其中大数据风控是伴随互联网金融发展起来的重要关键词之一，很多互联网金融公司都开发了大数据风控模型，业界也涌现了很多专门做大数据风控技术的IT公司。

大数据风控可以理解为通过收集和整理用户的全方位数据信息，进行建模和不断更新，对用户信用状况进行实时评价，决定是否给用户提供放贷，并且提供符合其数据特征的授信额度、贷款利率、贷款期限等。这是为传统金融机构所不能服务的人群提供的普惠金融服务，降低了授信成本，帮助更多有小额贷款需求的人通过互联网获得金融服务。但是，大数据风控目前仍处于尝试阶段，金融风险有滞后性，需要时间去给予其进一步拓展的空间。

2. 大数据风控呈现多元化发展市场格局

大数据风控的有效性，需要通过两个维度进行评估：一是大数据风控降低的授信成本能否覆盖坏账损失，如果节约的成本不能覆盖坏账损失，则大数据风控无效；二是大数据风控的方式能否在一定时间期限内有效，由于金融风险具有滞后性，需要看未来一段时间内风险是否会集中爆发，特别是数据不能及时更新或出现道德风险因素时，需要通过更新用户数据和不断迭代模型两种方式进行及时调整。

在大数据风控的市场格局中，蚂蚁金服、京东金融等以电商平台为背景的公司，拥有数据闭环优势，且平台本身具有授信客户的黏性，无疑成为了第一阵营；拍拍贷、麦子金服、点融网、信而富、闪银奇异、米么金服等以网络借贷平台为基础，通过外部合作方（如征信公司）提供的数据以及自身数据挖掘能力，逐渐完善大数据风控模式，这些平台数据开放，但尚不具备数据闭环的优势，在大数据的风控能力上位居第二阵营。此外，还出现了一些专注于提供大数据风控技术的金融科技公司，开发大数据反欺诈模型和信用评估模型，向金融类企业输出技术，如51信用卡、同盾科技，等等。

（四）征信体系建设取得一定进展

1. 多套互联网金融征信系统已经陆续上线

截至2016年9月30日，央行征信中心下属上海资信公司的网络金融征信系统（NFCS）累计签约机构957家，报数机构415家，共收录自然人1341.4274万，其中有信贷记录的自然人454.8149万，累计信贷账户总数为1195.8760万笔，累计信贷金额2438亿元，累计成功入库记录2.4172亿条，已为180家机构开通了查询权限。

央行支付清算协会的“互联网金融风险信息共享系统”于2016年2月完成了第二批互联网金融企业的系统对接，包括捷越联合、京东金融、美利金融、借贷宝、小诺理财、乐钱等50多家企业。至此，央行针对互联网金融和支付行业的两套信息共享系统均已上线，实现了从出借端到投资端的有效监控，让不良信用借款人和套利者“无处可躲”，真正保护网贷平台和投资者利益。中国互联网金融协会也于2016年9月上线了“互联网金融行业信用信息共享平台”，蚂蚁金服、京东金融、开鑫贷等17家平台首批接入。

2. 互联网企业在征信系统领域有较大潜力

目前我国的征信分为两部分，一部分是个人征信，一部分是企业征信，个人征信业务的许可证非常稀缺，属于审核制。2015年初，央行发布《关于做好个人征信业务准备工作的通知》，要求芝麻信用、腾讯征信、深圳前海征信、鹏元征信、中诚信、中智诚、拉卡拉、华道征信等八家机构做好个人征信业务的准备工作，准备时间为6个月。但截至2016年11月，八家公司仍处于准备阶段，未正式获得央行颁发的征信牌照。

根据易观智库数据，截至2016年4月底，央行金融信用信息基础数据库共收录8.9亿自然人信息，其中有信贷记录的自然人4.0亿，收录企业及其他组织2146万户，其中597万户有信贷记录。尽管央行征信中心已经是全球最大的征信机构，但个人征信数据覆盖率仅为35%，而美国的个人征信覆盖率已经达到了92%。由此可见，中国征信业的发展还停留在初级阶段，这也给许多新型互联网公司提供了创业机会。

总体而言，互联网企业在征信领域有其优势，可以利用自身平台的闭环数据优势分析用户行为，尤其是交易记录，从而给用户做出授信。对于数据端不具备优势的互联网企业，则主要通过数据挖掘能力，或接入多家征信数据平台的方式，降低征信的试错成本，形成自己在数据来源和模型上的优势。例如，拍拍贷2016年3月成立了“拍拍信”公司，通过拍拍贷十年的数据积累，从事互联网信用评估工作；蚂蚁金服的芝麻信用服务于淘宝和支付宝的消费者，通过每月更新和信用积累可以获得出国免签证等应用场景的增值服务；维氏盾征信通过线上大数据“闪读”+线下产品“征查蜂”，为金融机构提供获客、贷前、贷中、贷后等全流程服务。

（五）金融资产交易平台方兴未艾

1. 金融资产交易所

金融资产交易所需要一行三会部际联席会（2013年8月经国务院授权）批准，目前国内仅有十家取得了资质，包括北京、深圳前海、河北、大连、天津、重庆、武汉、四川、海峡金融资产交易所等。主要从事的资产交易类型为不良资产、信贷资产、信托资产、保险资产、应收账款、实物资产私募债权以及金融类国有企业股权转让、各类收益权、债券融资工具等交易，以及其他投融资工具及互联网金融产品等。

2. 金融资产交易中心

金融资产交易所的资质很难获批，因此各地纷纷成立了金融资产交易中心，对此目前监管尚属空白。鉴于资产交易中心有地方政府的背书，且合规性远强于普通网络借贷模式，并可以引入低成本的资金，所以互联网巨头纷纷涌入这一领域，或直接成立金融资产交易中心，或与金融资产交易中心合作，将各种场外金融产品直接卖给个人金融消费者。

早在2014年底，蚂蚁金服已成为浙江互联网金融资产交易中心的创始股东。百度金融、京东金融、恒大集团，均在2016年发起成立了互联网金融资产交易中心：4月，百度金融参与设立“西安百金互联网金融资产交易中心”；6月，京东金融参与设立“西安合众互联网金融资产交易中心”；10月，由恒大互联网金融服务（深圳）有限公司于2016年4月21日注册的“恒大金融资产交易中心”正式启用。同时，以网络借贷或第三方支付为主营业务的企业，也纷纷布局金融资产交易中心，如开鑫贷，经江苏省金融办批准，于2016年11月发起设立了江苏开金互联网金融资产交易中心，升级为开鑫金服，打造互联网金融综合服务集团，交易中心除了与开鑫贷主营业务高度相关的企业定向融资产品，还有另一大类主流产品“收益权转让”，这也是加强平台用户资产流动性的重要方式。2016年9月，第三方支付平台汇付天下参与设立“成都金融资产交易中心”，定位于固定收益类资产的交易平台，并推出资产证券化相关服务。截至目前，粗略统计国内已有41家金融资产交易中心。

互联网巨头自身拥有数据和流量优势，且目前金融资产交易中心仍在监管真空期，相对于网络借贷平台，业务合规性和可操作性更强。自银监会发布网络借贷的管理办法后，原本从事网络借贷的平台，也希望通过金融资产交易中心，规避监管对融资限额及流动性两项负面清单的限制。不过，金融资产交易中心要盘活互联网金融平台的各种非标准资产也有较大难度，资金成本和收益、期限、流动性等方面存在较大矛盾，难以在短时间内实现规模化。

2017年1月，清理整顿各类交易场所部际联席会议第三次会议在北京召开。会议指出，一些金融资产交易场所将收益权等拆分转让变相突破200人界限，涉嫌非法公开发行，证监会将牵头对各地金融资产交易中心开展整顿。这一整顿可能与招财宝、广发银行、浙商财险等涉及的侨兴集团资产收益违约有关。因监管部门对各地金融资产交易中心开展整顿，与互联网金融相关的业务部分，尤其涉及大额资产拆分转让的相关业务可能会受到较大影响。

五、金融科技成为焦点

金融科技（FinTech）以数据和技术为核心驱动力，正在改变金融行业的生态格局，影响人们生活的方方面面。2016年3月，国际金融稳定理事会首次发布了关于金融科技的专题报告，对“金融科技”进行了初步定义，即金融科技（FinTech）是指技术进步所带来的金融创新，它能创造新的业务模式、应用、流程或产品，对金融市场、金融机构或金融服务的提供方式造成重大影响和变革。但本质上讲，金融科技仍然要遵从金融的一般规律。具体看金融科技有五个方面的特点：

（一）金融科技应用加快推广和深化

金融科技以“脱媒”（dis-intermediation）、“去中心化”（decentralization）和“定制化”（customization）为主要特征，包括互联网和移动支付、网络信贷、智能金融理财服务以及区块链技术等方面，呈现跨群、跨业、跨区域、跨境特点，客户覆盖面广，为P2P、证券、保险、基金、众筹等不同类型的金融服务提供技术发展平台，投资者主要来自相对发达地区，融资方则主要来自相对欠发达地区，资金可以实现跨境运作和多元化资源配置，解决传统金融技术难以解决的问题。

例如，智能投顾是一种结合人工智能、大数据、云计算等新兴技术以及现代投资组合理论的在线投资顾问服务模式，依托量化交易决策模型，将投资者的风险偏好、财务状况及理财规划等变量输入模型，生成自动化、智能化、个性化的资产配置建议，并提供交易执行、资产再平衡、税收筹划、房贷偿还、税收申报等增值服务，截至2016年2月底，领先智能投顾公司Wealthfront的资产管理规模近30亿美元，在短短一年内翻了近一倍；美国富达基金近期也上线了智能投顾服务Fidelity Go，基于问卷对客户的刻画，通过人工智能算法提供资产组合配置建议。又如，融360平台五年内积累了3000万信贷用户，2015年推出“天机”大数据风控系统，通过学习掌握信贷申请的历史数据，并整合40余家外部机构的数据，引入了人脸识别等技术手段，可在10秒钟自动识别“坏人”，10分钟实现放款，比人工审核的放款成本降低了30%。

（二）风险投资力度和增长趋势明显

根据花旗集团的研究报告，FinTech近5年来吸引的投资额累计达到497亿美元，增长超过10倍，从2010年的18亿美元增长至2015年的191亿美元。毕马威和CB Insights共同发表的《金融科技行业脉动》季报数据显示，在2016年第一季度，由风投支持的中国金融科技公司吸引了24亿美元的投资，涉及九宗交易，占到全球投资规模（49亿美元）的近半。2016年第三季度，金融科技风险投资总额环比下降17%至24亿美元，交易量环比下降12%至178笔。亚洲是第三季度唯一一个金融科技投资额增加的大洲，北美和欧洲的交易额都有所下降。但是，要看到这种下降并不是趋势性的，更多是在快速增长之后的一个适度调整。例如，下一代支付在2016年吸引了超过12亿美元的融资，包括Affirm、Mobikwik和One97等20个规模最大交易，获取了前三季度支付科技领域67%的融资额。

在股权投资方面，宜信2016年发起成立了宜信新金融产业投资基金，在全球范围投资金融科技优秀企业，包括支付、P2P网贷平台、众筹、保险科技、智能投顾、区块链以及比特币等，如美国区块链技术创新企业——Circle[3]和全球最大采购商、供应商互联平台Tradeshift[4]；在债权投资方面则成立了非银信贷基金，评估筛选美国主流的、有实力的网贷平台上的债权资产，将其与国内投资者对接起来，满足高净值客户的理财需求。

此外，2016 年1月，陆金所宣布完成12.16亿美元融资，融资完成后估值达到185亿美元；京东金融3月完成融资，融资规模66.5亿元，估值466.5亿元；蚂蚁金服4 月宣布完成B轮融资，融资规模45亿美元，估值达600 亿美元；微众银行6月定增融资12亿元，投后估值为320亿元（50亿美元），原有股东中仅腾讯投资3.65亿元，维持近30%股权比例，其他投资方均为人民币PE。预计未来的12个月到18个月，全球或将会迎来一轮金融科技公司的上市潮，促进行业发展再上一个台阶。

（三）监管部门开始重视并推动发展

2016年3月金融稳定理事会（FSB）召开第16届全会，首次正式讨论了金融科技的系统性风险与全球监管问题，通过金融科技的全景描述和分析报告，提出了一个总体的监管评估框架，使得该领域迈入全球监管协调协作新阶段，成为金融稳定的重要考量因素。

2016年6月，央行行长周小川与IMF总裁拉加德对话时也提到：“我们鼓励互联网公司发展，但当它们开展金融业务时，在当前的情况下，它们需要遵守现有规则。”央行条法司副司长刘向民明确指出，要划清互联网金融和FinTech的界限，FinTech要与持牌机构合作才能从事金融业务，并抛开表面属性，从业务模式出发进行穿透式监管。

2016年7月，G20各国财长和央行行长会议制定了《G20数字普惠金融的高级原则》，包括八项主要原则和六十六条行动建议，9月G20中国杭州峰会上获得正式审议通过，这是中国推动及参与制定的规则，被业界称为是世界范围内推动普惠金融的“新里程碑”，将在相当长时间内对全球各国监管实践产生重要影响，意味着全球各国监管当局有了可以对话的共同语言。英国、新加坡、澳大利亚、阿联酋、中国等国家都对FinTech表现出了浓厚的兴趣，并有一些相应的制度安排来推动金融科技的发展。

中财办经济四局廖岷局长指出，在全球对FinTech

3.2016年6月23日，美国应用区块链技术的支付公司Circle表示，公司已获得由中国投资方领投的6000万美元D轮融资。领投方为IDG资本，布雷耶资本（Breyer Capital）、General Catalyst Partners、百度、中金甲子（CICCALPHA）、光大控股有限公司、万向和宜信参与跟投；IBM前任董事长兼首席执行官彭明盛（Sam Palmisano）以及银湖资本（SilverLake）联合创始人格伦·哈钦斯（Glenn Hutchins）作为个人投资者参与投资。Circle同时与百度、中金甲子、中国光大投资、FenbushiCapital和宜信公司达成新的战略合作伙伴关系。该公司成立于2013年，基于比特币的区块链技术能让消费者立刻完成支付，还能实现低成本兑换货币及跨国汇兑，目前支持美元、英镑和比特币的兑换，即“从英国支付英镑，美国用户就能收到美元”。此外，App还支持虚拟货币比特币的存储和兑换。

4.2016年6月，Traedshift的D轮投资由DCVC、汇丰银行、美国运通、淡马锡和宜信旗下的新金融产业投资基金等机构共同投资，总投资金额为7500万美元。Tradeshift于2009年创立，从欧洲丹麦起家，总部位于美国的旧金山，主要提供一个免费平台，允许客户通过Tradeshift追踪汇率的动态发票系统，在汇率最为适合时进行交易和转账。其独创的CloudScan技术，能将PDF格式，或者E-mail中的发票直接转变为格式化的表单数据存储在系统中，大大降低了录入成本，还可根据不同的企业需求，进行个性化系统定制，加速交易进行。此外，TradeShift还提供追踪工具以及存储所有当前和过往发票的永久存储库，用户可以在5秒内找到此前发票。

高度重视的情况下，中国有两个任务，一方面要搞好专项治理，另一方面也要考虑FinTech未来的行业发展，如何让真正的创业者能够有生存和规范的发展空间，确保这个行业市场参与各方都有比较明确的预期。

根据德勤报告，从营商环境来看，全球前十大FinTech中心只有中国上海位列其中，排在第十名。因此，中国在监管理念、监管路径、监管规则和监管能力上还有很大改进空间，无论是监管沙盒，还是创新加速器，都值得借鉴学习。

总体讲，金融科技企业要推动任何一项新的金融技术应用，都必须对风险有完全的理解，并且要承担风险管理的责任。

（四）创新融合与风险管控成为关键

科技和金融的融合创新将成为金融科技获得长远发展的关键。我们要看到金融科技并不能成为互联网金融平台躲避监管的“避风港”，其两大核心要素是数据和技术，这是支撑行业不断向前发展的基础。金融科技公司需要始终坚持以技术革新为方向，专注于金融产品与服务价值链上一部分或多部分，在改变传统金融市场规则的同时，更好服务于在小微金融领域难以获得正规金融体系支撑的客户需求，在遵从金融本质的前提下有力推进创新，以数据为基础，以技术为手段，帮助金融行业提升效率、降低成本、增强公平性。

事实上，FinTech并非简单地在“互联网上做金融”，而是基于移动互联网、云计算和大数据等技术，实现金融服务和产品的发展创新和效率提升，借助市场需求和科技发展的驱动，使得智能性、便捷性、低成本、网络化、去中心化成为金融科技的显著特点，覆盖到越来越多的人群，逐步引发一场全球性的金融变革。正如清华大学五道口金融学院吴晓灵院长所说：“互联网金融与金融科技的本质都是信息技术在金融领域的应用。”

与此同时，金融科技的自身风险管控能力和服务监管应用，也是一个重要因素。例如，监管沙盒模式就是要在深入研究金融科技风险管控边界的目标前提下，所进行的有效创新和规则试验，这需要监管部门充分吸收各方面意见，尤其是对参与试验的消费者需求及其风险承受能力进行合理有效评估，为在创新融合模式下的金融科技寻找到一条稳健可持续的发展道路。

（五）区块链技术引起各界广泛关注

区块链是基于共识机制构建的分布式共享数据解决方案，具有分中心化、去中介化、无须信任、集中维护、不可篡改、安全透明、不可逆、匿名可追溯和交易留痕等优点，可以有效地以集体方式运转，绕开诸多中介，降低交易和时间成本，提高交易效率，快速地为交易双方建立信任关系，真正实现信息对称[5]。

当前，区块链正在推动信息互联网向价值互联网转变，有望改变财税金融、贸易流通、生产制造、社会管理等人类社会活动形态，将对能源交通、金融银行、医疗保健、政府治理、城市建设等多方面产生新的影响。

区块链的思路实际上是为了实现一种媒介，即通过分布式加密、分布式路由、分布式存储，实现“区块链”这个媒介的真实可靠、不可篡改、保护权益所有者隐私和交易秘密。为此，各国政府都已开始关注并加强研究，积极出台相关的政策措施，力争在全球发展大势中抢占先机，重构竞争新优势。

例如，英国政府对区块链进行了研究并提出将会投资区块链技术；日本经济贸易产业省发布了有关区块链技术的新调查结果；美国国土安全部、国防部、卫生部门和邮政管理局分别开展区块链在国防、金融和物

---

5. 深圳前海翰德互联网金融研究院.区块链金融[M].北京：中信出版社，2016.

流等领域的研究和应用推动工作。相应地，中国人民银行、工信部等都已开始投入资源，指导成立相关论坛，推动行业加快发展，如2016年8月，全球共享金融100人论坛、《当代金融家》杂志联合主办的中国区块链产业大会在北京召开；以北京、上海、广州、深圳为代表的一批地方政府也迅速投入精力去研究和落地区块链资源，或者指导成立社会性协会；以贵阳为代表的后起之秀则迅速发展大数据合作网络。

可以看到，全球范围内已涌现出各种区块链应用系统的发展。截至2016年11月，全球区块链系统的总市值为145亿美元，五种区块链系统的市值超过1亿美元，22种区块链系统的市值超过1000万美元。其中，区块链在数字货币支付、清算领域应用的典型——比特币的市值约124亿美元。

在中国，一是国内区块链领先企业（如Onchain小蚁、BitSE、布比、OK Inc.等）的技术储备虽处于全球第一梯队，并不亚于海外同行，但限于人才以及市场认知不足，开发和拓展进展稍慢，在应用端尚处在“跟随阶段”；二是供应链金融在技术、合规、利益关系领域都不存在障碍，有望率先落地；三是场外交易、记账和审计、实时支付结算等领域在技术上不存在障碍，监管合规、市场教育等问题有待克服；四是证券发行、交易清算等应用尽管前景广阔，但在技术、合规、产业成熟度、利益关系等方面还存在很多障碍，尚需大量工作；五是在消费金融领域，更加高级的区块链技术应用形式（如“以太坊（Ethereum）”[6]），将会引入基于区块链技术之上“智能合同”概念以及自动化的商业规则，在降低成本、改善用户体验、减少欺诈和降低其他风险方面产生积极影响。

第二节 2016—2017年互联网金融发展中存在的问题

一、征信体系和统计平台建设仍较为薄弱

征信体系是互联网金融发展中不可或缺的基石和安全保障。目前，国内所有商业银行、信托公司、财务公司、租赁公司、资产管理公司和部分小额贷款公司，都已和央行征信系统连接，基本覆盖各类正规放贷机构。然而，这一征信系统主要依赖过往的银行信贷数据，虽然增加了社保、公积金、民事裁决与执行、公共事业和通信缴费记录等，但征信对象中大部分是大型国有企业，并未覆盖广大中小型民营企业，有信贷记录的个人也仅占总人口的1/4。而互联网金融的服务对象正是难以获取银行贷款的中小企业和个人，且互联网金融机构尚不能接入央行的征信系统。

总体看，互联网金融征信系统处于发展初期，互联网征信企业和互联网风险信息共享平台已经开始建设，但系统的覆盖率、信息数据的完备性等尚不够健全，特别是很多信息数据由于涉及隐私或信息安全，尚难以获取，难以辨别，还需要相关配套法律制度。同时，央行的互联网金融统计监测系统也仍处于起步阶段，实时掌控全局信息的效果尚未很好显现，需要建立通畅的渠道和平台。但是，相信随着各方的共同努力，未来互联网金融征信体系将不断发展和逐步完善，并有可能接入央行征信系统。

6. 以太坊（Ethereum）是一个平台和一种编程语言，使开发人员能够建立和发布下一代分布式应用，用来编程、分散、担保和交易任何事，包括投票、域名、金融交易所、众筹、公司管理、合同和大部分的协议、知识产权，还有得益于硬件集成的智能资产等。以太币（ETH）是以太坊（Ethereum）的一种数字代币，开发者们需要支付以太币（ETH）来支撑应用的运行，和其他数字货币一样，可以在交易平台上进行买卖。通俗而言，以太坊是开源平台数字货币和区块链平台，它为开发者提供在区块链上搭建和发布应用的平台。目前，中国比特币交易平台（CHBTC）已开通以太币交易功能，支持ETH/CNY交易和以太币（ETH）3倍杠杆，支持免息借贷，手续费低至0。

二、监管规范与政策执行有待进一步完善

互联网金融的出现，带给原有金融秩序的冲击是多方面的，除了跨界融合、用户定位以及风险管理三方面的影响以外，更重要的是对固有的传统监管理念、制度、方法和手段的冲击。因此，中国互联网金融经历了野蛮生长后出现了一系列问题。2015—2016年，“e租宝”“中晋资产”“大大集团”等一系列重大互联网金融风险事件相继发生，暴露出互联网金融监管的滞后与不足，同时也促使政府下定决心，加快监管政策的出台，促使2016年成为互联网金融监管年。

《网络借贷办法》再次重申了平台“信息中介”的法律地位，列出了包括不得吸收公众存款、不得设立资金池、不得提供担保或承诺保本保息、不得发售金融理财产品、不得开展类资产证券化等形式的债权转让等13类禁止性行为在内的负面清单。规定实行客户资金由银行业金融机构第三方存管制度，防范平台道德风险，保障客户资金安全，严守风险底线。但这些监管规范要求的落地，还需要一套具有可操作性的体制机制和大数据平台进行有效监控和管理。

专项整治则对P2P网络借贷、股权众筹、互联网保险、第三方支付、通过互联网开展资产管理及跨界从事金融业务，以及互联网金融领域广告等重点领域进行整治，并要求整治工作至2017年3月底前完成。该方案进一步明确了监管分工，尤其是对非持牌互联网金融机构将由地方省级政府统一组织采取“穿透式”监管方法，方案还提出了严格准入管理、强化资金监测、加强内控管理等综合整治措施，以提高整治效果。

据网贷之家不完全统计，截至2016年10月24日，有145家P2P平台与银行签订了直接资金存管协议（不含前期谈判、协议签订中），其中，正式上线银行直接存管系统的P2P平台超63家，约占同期网贷行业正常运营平台数量的不到3%，绝大多数平台需要整改。

因此，一方面，不能迷信银行存管签约对风险防范的兜底保障作用；另一方面，也要看到从政策执行层面看，希望短期内通过专项整治实现规范运作尚存在较大不确定性，尤其是资金银行存管机制有一定的时间周期，如果不能慎重对待和合理评判风险，则无疑会使得这一措施大打折扣，需要循序渐进予以考虑。

总体看，《网络借贷办法》与专项整治方案从互联网金融的业务类型、风险底线、监管分工到具体措施都进行了较明确、具体的规定，为互联网金融的监管打下了良好基础。然而，与传统金融机构持牌经营、监管手段成熟不同，互联网金融作为一个新生事物，一方面准入门槛较低、数量庞大、良莠不齐，另一方面模式不断创新、难以清晰地识别分类，尤其是面对一些模糊、跨界或革新性的互联网金融模式时，这将给监管政策执行带来极大挑战。

三、行业自律与创新有待找到一个平衡点

创新是推动互联网金融发展的主要动力，互联网金融企业没有创新就不可能发展甚至难以生存。但同时也要正确处理规范与创新的关系，规范是互联网金融企业发展的基础和创新的保证，要努力做到在规范中推进创新，在创新中提升金融服务效率。因此，互联网金融企业需要在规范和创新中把握好尺度，不能为了创新而触及法律法规的底线，也不能失去积极革新、崇尚自由、打破传统的互联网精神，需要找到一个发展的平衡点，这对企业自身、行业组织和监管部门而言都是一个现实的挑战。

当前，互联网金融监管尚处于初级阶段，相关政策制度难免不尽完善。作为一个尚处于不断创新发展中的新兴行业，互联网金融监管规则的研究制定难以一蹴而

就，为保持行业的健康发展，当前阶段的行业自律就显得十分重要和必要。2016年10月28日，中国互联网金融协会正式发布《互联网金融信息披露——个体网络借贷》标准（T/NIFA 1—2016）和《中国互联网金融协会信息披露自律管理规范》，定义并规范了96项披露指标，其中强制性披露指标逾65项、鼓励性披露指标逾31项，分为从业机构信息、平台运营信息与项目信息等三方面，以期通过信息披露使行业达到"三个透明"，即通过披露从业机构、年度报表、股东高管与平台经营等信息，达到机构自身透明；通过披露资金存管、还款代偿等信息，达到客户资金流转透明；通过披露借款用途、合同条文、相关风险以及借款人信用等信息，达到业务风险透明。

总体看，互联网金融自律组织加强行业自律，无疑是对政府监管的一种有效补充。协会可以更密切地同行业的会员企业进行常规沟通，提前发现问题、解决问题，促进业界交流共享，共同提升风险抵御能力，营造良好的互联网金融生态环境和产业链建设。一是在监管尚不全面的情况下，自律组织可提出更高的要求，帮助行业向更健康的方向发展；二是可以根据行业发展情况及时地发布自律条款并组织相互监督约束，弥补监管的滞后性；三是自律组织可以提前为各类监管政策进行市场验证和压力测试，待验证可行有效后再通过监管加以实施。

盈灿咨询数据显示，《网络借贷办法》及专项整治之后，平台数量并没有出现锐减的情况，还有大量平台在调整中继续坚守，规范中寻求创新。截至2016年11月底，P2P网贷行业的成交量为2197.34亿元，环比增长16.53%；正常运营平台数量为2534家，相比10月底减少90家。因此，在通过监管刚性约束、实施底线管理的同时，充分调动行业自觉自发的自律行为，是保障互联网金融行业规范、健康发展的有效途径。

可以预见，随着监管部门对小额普惠原则的贯彻落实，行业监管更加规范，平台间将加速开展深入合作和产品创新，同时，更多的监管细则会逐步落地，加速行业洗牌和优胜劣汰，有效推动互联网金融行业合规、健康、有序发展。

四、市场化运作的动力机制保护存在挑战

随着规范发展要求日益明确，互联网金融公司面临如何继续通过有效合规创新和市场化运作推动传统金融市场体系规则加快变革的困惑。这一市场化运作动力机制保护问题需要引起监管部门和行业协会的重视。互联网金融机构急切盼望政府能有一个正确的引导，让广大社会投资者看到互联网金融行业整体的积极一面，而不是仅仅被片面地理解成为金融诈骗公司或者需要有一个刚性兑付机制和牌照管理限制。

具体而言，有三方面的挑战：

一是监管限制较多。尽管是负面清单管理模式，但在一些具体规则设定上与市场实际情况存在一定的偏差，如地方金融监管、资金银行存管机制、单笔融资限额等。简单地将风险防范责任交予地方金融监管部门是难以从整体进行全局性系统考虑的，需要有顶层设计、制度安排和操作平台。银行存管机制并没有在主流银行中积极展开，这存在一种市场认为的增信作用，但实际上会扭曲存管要求的本意。融资限额尽管有利于保护互联网金融机构不与非法集资问题出现政策冲突，但实际上却限制了互联网金融的服务功能，只会导致更多的变相规避政策限定行为，使得额度限制的小微金融导向难以落实。

二是市场化创新条件具有不确定性，众多平台选择

了向"金融科技"这一时髦概念靠拢，以寻求市场监管空白和规避政策风险。互联网金融的"监管沙盒"机制在英国、新加坡和澳大利亚都得到了尝试[7]，允许市场试错的创新运作机制存在，但在中国国内目前尚未建立这一有效的监管框架，使得互联网金融机构在推动行业变革创新上具有较大的政策潜在风险，一旦触碰可能的红线，就会导致平台挤兑或倒闭。因此，亟待由监管部门和地方政府给予实际的创新鼓励和引导，明确长期的政策方向和创新边界，以确保中国互联网金融的先发优势得以继续保持，否则可能出现倒退或滞后于国际发展水平的情况。

三是市场化运作的有效保护机制尚未很好建立起来。这一机制的首要本质要求就是保护互联网金融消费者，而不是仅仅满足于信息披露和行业规范的标准制定。要看到规范发展互联网金融仍然是着眼于解决实体经济需求，破解大中型传统金融机构不能解决的市场融资缺口和瓶颈领域，不是为了监管而监管。

五、国际合作与国家战略结合度有待加强

互联网金融的国际合作在促进服务国家战略方面还有很大发展空间，需要政府、监管部门及有关大中型实体企业加以引导。2016年4月，蚂蚁金服国际事业部总裁彭翼捷预测，未来三年蚂蚁金服的用户将有30%来自海外，根据其近期国际战略目标，未来10年的用户量增加至20亿，其中60%的用户来自海外。例如，蚂蚁金服2015年年初投资了印度最大移动支付和商务平台Paytm，截至2016年3月，该平台在印度已经拥有1.2亿移动电子钱包用户，是2015年1月的近5.6倍。同时，蚂蚁金服还将启动一项"全球商户共享平台"计划，希望通过移动平台和大数据技术连接全球的餐饮、购物、娱乐和交通等服务，让用户在境外可用手机获得当地"吃喝玩乐购"优惠和便利。

总体看，互联网金融的国际合作主要有三方面不足：

一是广大中小型互联网金融机构还没有形成自身国际化发展的动力基础，缺乏国际合作的网络平台和经验积累。对于实体经济在"一带一路"沿线国家或地区的发展模式还处于摸索阶段，对国家有关政策导向了解深度不够，尚未找到合适的投融资合作机制。

二是互联网金融机构在参与"一带一路"建设等方面存在较大的信息不对称性，需要有一个开放和高效的项目库筛选公共服务平台，为沿线国家或地区从中国互联网金融平台获得融资提供信息服务。尤其是如何利用好上海国际金融中心构建与沿线国家或地区开展互联网金融合作的平台，发挥中国金融储蓄资源较为丰富和人民币国际化加快的战略优势，需要有关各方深入思考和研究。

三是对于服务双边或多边合作的模式需要加强创新。尽管有一些行业（如纺织等）领域已经在利用区块链技术探索搭建互联网金融平台，但还不成熟，有很多不确定性，不能构成商业闭环，需要政府、企业、互联网金融机构之间加强交流，探讨可行的国际化运作机制，为双多边的国际产能合作提供可操作的案例模式和流程。

---

7. 监管沙盒项目主要是为金融科技、新金融等新兴业态提供"监管实验区"，支持初创企业发展。监管沙盒以实验的方式，创造了一个"安全区域"（Safe Place），适当放松参与实验的创新产品和服务的监管约束，激发创新活力。具体来看，首先，英国金融行为监管局（FCA）对拟参与监管沙盒的企业进行筛选，筛选条件包括企业的规模和产品是否具有创新性、创新的产品或服务能否促进消费者福利提升等；其次，FCA根据拟参与企业测试的创新产品和服务选取合适的消费者，并要求拟参与企业设定消费者保护计划，包括适当的赔偿等；最后，在筛选条件合格的前提下，FCA允许参与实验的企业向客户推出创新产品和服务，测试期一般为3~6个月。FCA将根据测试的结果进行监管政策的制定或完善，在促进Fintech等新兴业态发展的同时，积极有效防范金融风险。

第三节 互联网金融的发展趋势

一、金融创新与规范发展将逐步成为统一体

尽管从市场角度看，互联网金融专项整治已经深入开展，加快了行业洗牌和市场出清，但这并不是为了遏制金融创新，而是在规范发展基础上更好实现其为实体经济服务的功能。

首先，实体经济转型发展在供给侧结构性改革推动下将进入真正的提质增效阶段，这将对互联网金融创新提出更为丰富细致的要求。如基于大数据风控的供应链金融、跨境电商汇率兑换与融资匹配、“一带一路”市场拓展下的跨区域信用合作等，需要在规范发展中不断开发设计新产品。

其次，监管与自律要求的不断提升，将使得互联网金融机构在优化投融资系统解决方案、加强市场信用体系建设等方面，提出对增强外部政策支撑环境的内生需求。希望规范发展的政策边界和管理范围应进一步加以明确细化，进而形成有利于互联网金融创新发展的外部环境。

最后，在每一个创新都有规范要求的前提下，互联网金融将与现实经济发展的薄弱环节之间产生自然对接，寻找内生的可持续创新基础。这对监管和自律的规范性标准提出了更高要求，唯有与时俱进，加强互动交流，才能真正支撑互联网金融的创新发展，实现相互融合与和谐统一。

二、金融科技与科技金融将呈现差异化发展

金融科技尽管正在如火如荼发展，但与科技金融之间将日益呈现不同的发展趋势，在服务对象、支持方式、融资机制和市场深化等方面都有差异化特征。

首先，金融科技作为互联网金融的升级发展，将更进一步增强其在技术领域的应用能力，成为改造传统金融的重要尝试，服务对象将以金融作为主要方向。科技金融将以科技创新和科技应用作为主要对象，在互联网金融服务模式上加强创新，成为实体经济的重要推动因素。

其次，金融科技对实体经济的支持方式和融资机制将日益呈现大数据支撑、区块链构架和分布式网络三者融合的特点，对信息基础源头的真实性要求日益提高。科技金融则将在政府引导和市场孵化的基础上，逐步展开自身投融资服务模式的创新机制设计与安排，在观念和方法上打破传统金融运作模式，为更好促进科技发展形成新的突破性机制，对互联网金融的进一步发展提出新要求。

最后，从监管层面看，金融科技仍然面临难以跨越的监管约束，须在规范的基础上实现创新，避免重蹈覆辙，并且对诚信体系的建设提出迫切需求。科技金融则面对一个更为宽松的外部环境。随着2016年7月国务院发布《“十三五”国家科技创新规划》，在政策和体制上都会有一个更加容忍失败的试错机制安排。银监会推动银行业投贷联动试点将为下一步探索科技创新融资模式积累经验，尤其为互联网金融条件下的科技金融服务模式带来发展新机遇和新优势。

三、市场整合与自我出清过程将明显加快

在规范发展和综合整治的要求下，存量与增量两个层面的互联网金融机构都将加快市场化整合和自我出清，以更好提升互联网金融服务的质量和安全性。

首先，欺诈性的名义或假性互联网金融平台将加快出清。因为监管和自律的一系列制度要求使得这些平台无法继续生存，鱼龙混杂的互联网金融市场将得以逐渐滤清。

其次，地方金融监管部门引导规范、第三方存管制

度严格审核及银行业自身互联网金融业务发展，将使得一批中小互联网金融机构选择合并或出售，退出市场。而具有科技或技术支撑的互联网金融平台将加快谋求获得新的市场化生存空间。行业内或跨行业的整合趋势将日益显现，尤其是实体产业部门将加快向互联网金融领域的渗透与整合。

最后，从国内外发展竞争合作的趋势看，传统金融机构的互联网化将进一步深入，现有互联网金融机构的格局也将加快调整。原有大型互联网金融平台的传统模式受到挑战，不得不转移发展重点，开发新渠道，构建更为综合的资产交易平台，寻找新兴的服务领域。互联网金融平台走向差异化发展阶段，在更大范围内促进行业整合与市场出清。

四、中国标准输出将成为国际化发展竞争力

在互联网金融领域，中国发展优势仍然较为明显，无论在基础技术力量储备，还是在市场发展深度等方面，都具有较好内在实力，产品和服务标准具有向国际输出的潜力和国际竞争力。

首先，在网络支付和融资环节，互联网金融的运营效率与风险控制手段都具有较好的国际化发展基础，在发展中国家可以更好发挥优势，尤其在"一带一路"沿线国家或地区，有利于促进合作国加快金融资源供给，与当地金融机构联合提供优质服务。

其次，中国标准输出并不是一成不变地简单照搬，而是需要与国际合作竞争的实际情况相结合，更好融入当地金融服务需求体系。这一点将是中国互联网金融国际化发展的重要原则，只有充分尊重合作国文化才能实现更好的竞争合作。

最后，中国与"一带一路"沿线国家或地区的合作，将构建起新型国际贸易投资关系，为中国互联网金融的标准输出创造了难得的历史性机遇。可以依托跨境供应链金融、区块链与数字货币、市场化货币兑换与支付、资产证券化交易平台、联合风险分担机制建设等，设立一套符合实体经济合作要求的融资规范标准，提升中国企业参与国际竞争合作的能力和水平。

五、监管政策落地为行业自律创新打开空间

在监管规则没有落地之前，由于缺少足够的内外部压力，行业自律始终难以推动落实。当前监管政策要求陆续明确，为行业自律划出了规则边界，有利于互联网金融机构更好开展产品与服务创新。

首先，标准创新将成为行业自律的一个重要方面。各家互联网金融平台均将推进自身产品标准体系的建设，并将其作为监管新规下的合格模式加以推广。谁先建立了行业公认的合规产品标准，谁就拥有了自律创新的先发优势。

其次，平台创新将成为市场出清的主要方式。过去简单的信息披露规则将不再具有可复制优势，互联网金融平台需要创新风险控制机制，提供更好的信息披露、风险分担和债务追索安排，便于投资者从更为清晰和便利的角度做出投资决策和进行风险处置，达不到客户风控要求的平台将自然市场出清。

最后，服务创新将成为差异化发展的动力源泉。单纯以理财和销售为目的的互联网金融平台，将在服务创新上缺乏足够的吸引力，坚守行业自律的市场优势将难以显现。唯有将客户综合服务需求，尤其是将涉及多场景应用模式下的生活体验和消费金融需求纳入平台整合范畴，才能形成不断创新和发展的后劲。同时，互联网金融平台在科创金融、供应链金融、跨境金融、绿色金融、养老金融和慈善金融等方面也拥有巨大的创新空间。

第二章　科技驱动金融新发展

纵观金融行业的发展历史不难发现，在每次金融领域获得重大突破的背后，科技创新都起着重要的推动作用。印刷术改变了商品交易的支付方式，电报技术成为了资金转账服务系统的重要基础设备，互联网技术更是对金融机构的服务模式和风控方式产生了重大影响。从某种层面上来说，金融的发展史是一部科技的变革史。

近年来，各国政府不断加大对科技创新的重视程度和支持力度，投资机构也青睐于投资科技企业。科技创新的步伐不断加快，并逐步与金融业务深度融合，以大数据、云计算、人工智能和区块链等为代表的新技术已逐渐成为驱动金融发展的新动力。

第一节　大数据

随着互联网、物联网和社交媒体的快速发展，全球数据存储量呈爆炸式增长，大数据时代已经来临。国际数据公司（International Data Corporation，IDC）发布的研究报告《数字宇宙》称，预计到2020年，全球新建和复制的数据量将会超过40ZB，中国的数据量将会超过8ZB，增长率维持在50%左右。

金融机构在业务开展的过程中能够获取海量高价值数据，基于这个特性，金融行业天然地具备将数据价值变现的巨大潜力。目前，大数据在银行、证券和保险等传统金融领域以及互联网银行、互联网保险和互联网支付等互联网金融领域都有广泛的应用，包括用户画像、精准营销、风险管控、运营优化和市场预测等。

一、大数据发展概况

国务院2015年9月印发的《促进大数据发展行动纲要》将大数据定义为数据集合，具有海量数据规模、快速数据流转、多样数据类型和价值密度低四大特征。大数据不仅仅是指数据容量大，与过去的数据源相比，大数据的流转速度、复杂度和多样性都有所增加。

大数据的处理流程一般包括数据采集和存储、数据导入和预处理、统计分析以及数据挖掘。大数据作为一个数据集合并没有价值，但是通过采集、存储、导入、预处理、统计分析以及数据挖掘等由浅入深的数据处理流程后，大数据的价值逐渐显露，提炼出的分析和预测结果是大数据真正的价值所在。

1.大数据的技术成熟度

大数据产业发展初期，对大数据的认知仅限于数据采集、数据存储或者简单的数据分析，该阶段大数据技术对其他行业的发展和推动作用十分有限，业内称之为“管理数据”阶段。但随着大数据技术的提高，特别是数据可视化技术的提升，以及海量信息智能化处理、自然语言理解、多媒体内容理解和机器学习等高端技术的不断进步，机器对于数据的理解能力和学习能力有了重大突破，进入了“理解数据”阶段[1]。在该阶段，大数据可以更广泛、更深入地被应用到更多的领域，例如，在

本章作者：
吕雯，南湖互联网金融学院研究部负责人
杨鑫杰，南湖互联网金融学院学术研究组主管
研究助理：
林禹攸，南湖互联网金融学院

1.高丹,向阳.中国大数据市场的特点与趋势[J].中国工业评论：工经论坛,2016(7)：50-55.

金融领域中，随着大数据技术的发展，金融风险评估更为精确，金融产品也逐步实现了定制化。

在全球范围内，大数据技术在2014年已经步入Gartner新兴技术曲线的下降通道，且没有在2015年的Gartner新兴技术曲线中出现，说明大数据已经从概念热潮的峰值滑落，步入产业实施部署的“低调期”。大数据企业更加注重如何应用大数据创造价值，实时的数据分析能力日益成为企业的核心竞争力。在国内，大数据产业已经从初期探索阶段步入市场高度认同阶段，大数据企业也已经从初期小规模探索阶段发展到业务应用拓展阶段。

2.大数据的市场概况

Statista公司发布的数据显示，全球范围内的大数据服务行业已经步入平稳增长阶段，2015年全球大数据市场规模接近1500亿元，同比增长24.2%。在国内，大数据市场规模为160亿元，虽然仅占全球总市场规模的10.7%，但同比增长率达到65.3%，是全球增长率的2.7倍，预计到2018 年，国内大数据行业规模将超过500亿元。

大数据领域的投资规模持续增长。根据Gartner 2015年度统计报告，在全球范围内共有75%以上的公司计划在未来两年内投资或计划投资大数据领域。在国内，投资者普遍看好大数据市场的发展前景，投资热度不断提高，投融资金额持续增加。2015年大数据领域投融资金额接近160亿元，总计超过120起，2016年仅上半年就有超过80起融资，其中投资阶段也由天使轮及A轮向B轮及之后发展，说明大数据公司的商业模式已逐渐成型[2]。

2.2016—2022年中国大数据行业市场运营态势及发展前景预测报告[R]. 智研咨询，2016-07.

案例2-1 IBM

国际商用机器公司（International Business Machines Corporation，IBM）于1911年在美国成立，是全球最大的信息技术和业务解决方案公司，其具体产品包括服务器与存储硬件、数据库软件、分析应用程序以及相关服务等。IBM定位于商业智能分析软件，在围绕大数据开发出的产品中，DB2、Informix 与InfoSphere数据库平台、Cognos与SPSS 分析应用最为知名。同时，IBM也为Hadoop开源数据分析平台提供支持。

IBM的智能分析软件业务遍布全球160多个国家和地区，雇员总数超过30万，其核心商业价值在于为企业提供完整的大数据分析解决方案、挖掘企业内部数据的价值、帮助企业解决业务难题，形成突破性构想、拓展企业业务模式、提高企业运营管理效率。在金融领域中，IBM的大数据和分析产品组合为金融机构，尤其是保险公司，提供从数据资源中获取洞察所需的能力。

案例2-2 百度大数据+

百度大数据+是百度开放的新商业“能源库”，平台基于百度海量的用户数据，与行业垂直数据结合，运用模型算法，帮助企业实现行业趋势的深入洞察、客群的精准触达、分群精细定价和风险防控。

截至2017年1月，百度大数据+平台为O2O、零售、旅游、房地产、金融和保险六大行业提供行业洞察、客群分析、营销决策、舆论监控、店铺分析、推荐引擎、数据开放平台和选址分析共八项服务。以保险行业为例，百度大数据+保险主要面向保险公司，为其提供精准受众营销、差异化产品定价和客户欺诈骗保预警，有助于保险公司提高营销转化率、降低保险赔付率和风控成本[3]。

3.百度大数据+官网，http://bdp.baidu.com/.

二、大数据对金融领域的影响

大数据在金融领域的应用场景正在逐步拓展，在全球范围内，大数据已经在金融行业的风险控制、运营管理、利润创造和监管等领域得到全面应用，对整个金融领域产生了重大影响。在国内，金融机构对大数据的应用还处于起步阶段，数据整合和部门协调等仍是阻碍金融机构将数据转化为价值的瓶颈[4]。

1. 降低风险损失

风控是金融行业稳健发展的基石，借助大数据技术对金融行业积淀的海量数据进行分析，能够有效降低信用评估、产品研发、机构运营和决策制定等环节的金融风险，大幅降低金融行业的风险损失。

用户准入环节需要对用户的信用情况进行评估，对风险进行事前控制。金融机构的传统风控方式是通过搜集分析用户以往的相关业务数据，识别风险用户，但这种分析方式具有局限性，不能全面反映用户的信用情况。大数据具有数据体量大、数据类别繁多的特征，大数据风控不仅仅考虑用户相关业务的历史数据，还会将多个与业务相关的弱变量加入风控模型，例如，将用户水电费的缴纳情况纳入大数据风控模型中，从而更加细致准确地判断用户的信用情况，在用户准入环节对用户进行筛选，提高用户质量，降低金融机构的风险损失。

产品研发环节需要对用户需求进行精准分析，降低产品研发失败的风险。用户需求分析是金融机构产品研发的核心环节。大数据产品研发通过实时持续地从金融机构官网的用户反馈系统、论坛、社交网站以及新闻等信息源，搜集用户需求的相关信息，分析整理收集到的半结构化数据，为金融机构提供更为精确的用户需求分析，从而提高产品研发成功率，降低金融机构产品研发环节的风险损失。

运营环节需要规避流动性风险，一旦金融机构的运营过程中出现流动性风险，其公信力将不复存在。大数据具有处理速度快的特征，运用大数据统计分析和数据挖掘技术实时处理海量与风险相关的信息，使风险预警模型能够及时识别流动性风险，向金融机构发出预警信号，帮助金融机构有效规避流动性风险，降低风险损失。

决策制定环节需要提高决策精准度，减少由人为干扰引起的决策失误风险。传统决策系统注重关键数据，而忽略其他相关数据，做出的决策存在片面性。将大数据引入决策支持系统，以实时、横向、纵向三维模式广泛收集数据，对海量多维数据进行整合提炼，推进决策权力分散化、自动化，从而保证金融机构决策制定的科学性和精准性，降低决策制定环节的风险损失。

2. 提高运营效率

运营效率是金融行业发展的内生动力。传统运营

案例2-3 Bankinter

银行识别企业用户违约风险的传统方式大多基于历史营业数据和信用情况，未能考虑行业整体状况，导致评估结果不够全面。借助大数据技术，银行能够突破传统评估方式的桎梏，全面系统地对用户情况进行分析。

Bankinter是西班牙十大银行之一，该银行借助大数据对影响行业发展的主要因素进行识别后，分别进行模拟，测试提炼所得的影响因素对企业用户业务发展的潜在影响，从而得到每个企业用户违约风险的综合评价，进而给出全面的企业用户信用风险分析，帮助Bankinter剔除信用风险高的用户。

4. 回归“价值”本源：金融机构如何驾驭大数据？[R].BCG，2015-02.

模式下，信息不对称、市场调研成本高昂等因素导致金融机构的运营效率低下，无法做出实时有效的运营决策。面对瞬息万变的金融市场环境，金融机构的运营效率亟待提高。大数据具备数据面广泛、处理速度快的特点，能够高效快速地提炼海量数据中蕴含的有效信息，提升金融机构的运营效率。

大数据有助于金融机构实现精准营销。传统金融机构通过电话访问、直接谈话等调研方式无法确保获取信息的真实性，而海量的互联网行为数据能够提供用户的喜好、未来购买意向以及购买动机等真实信息，通过挖掘分析网络行为数据，不仅能够帮助金融机构快速洞悉用户购买产品的真实想法，还能发掘影响用户购买决策的关键因素。在此基础上，金融机构能够及时为用户推送符合其购买意愿的个性化产品，提升产品营销的精准度，缩短产品营销周期，提高金融机构的运营效率。

大数据有助于完善金融机构的服务体系。金融机构的服务体系需要随着时代的变迁和技术的发展不断完善改进，大数据已成为优化当前金融机构服务体系的关键之一。一方面，从各个信息源广泛采集用户的反馈信息，对这些海量信息进行分类分析，由此提出的改进方案能更好地从根源上解决当前服务体系存在的问题，建立更为高效的服务机制。另一方面，大数据是金融机构自动化服务系统的技术支撑，自动化服务系统能对用户服务需求进行实时有效的分析，比对成功自动进入服务程序，比对失败则转入人工服务系统，相应的服务需求将会被分析研究，与之匹配的服务机制能够迅速添加到系统中，优化服务系统，推动金融机构服务体系实现高度自动化，显著提高金融机构的运营效率。

3. 提高营业利润

营业利润是金融机构发展的源泉。营业利润的提升一方面有赖于成本控制，另一方面有赖于产品销售。

案例2-4　中信银行

中信银行是一家全国性的商业银行，在数据存储、系统维护和有效利用用户数据等方面面临巨大压力。为了解决上述问题，中信银行信用卡中心在2010年4月开始实施EMC Greenplum 数据仓库解决方案，使信用卡中心能够获得用户画像，从而更为清晰深入地了解用户的价值体系，在此基础上开展具有针对性的营销活动，缩短产品营销周期，提高银行的运营效率。此外，中信银行信用卡中心基于数据仓库从风控、服务、交易等多个层面进行数据分析，识别用户价值度的高低，为用户提供与银行整体经营策略相符的个性化服务。

Greenplum 数据仓库解决方案的使用让中信银行信用卡中心每年减少大约500万元的数据库维护成本。此外，中信银行信用卡中心借助大数据，发卡量也迅猛增长，其信用卡发行量早在2013年末就已突破2000万张。

下面从成本控制和产品销售两方面入手，分析大数据帮助金融机构提高营业利润的具体途径。

大数据有助于金融机构降低成本。第一，金融机构借助大数据，能够获取全面细致的用户画像，由此获知真实有效的用户偏好、未来购买意向以及购买动机，在此基础上进行产品个性化推荐和实时营销。与传统营销方式相比，大数据营销能够有效降低金融机构的获客成本。第二，金融机构运用大数据建立高效快速的决策支持系统。一方面，能够及时根据金融市场变动调整运营决策，更好地规避因决策支持系统时滞而带来的经济损失；另一方面，由于市场情绪在很大程度上能左右金融市场的价格走势，通过分析挖掘海量社交媒体数据中蕴涵的市场情绪信息，金融机构能够较为精准地预测未来的市场走向，更好地规避因错误判断市场走向而引起的经济损失。

大数据助力金融机构的产品销售。一方面，金融机构借助大数据能够获取更为全面细致的用户画像，由此得到更为精准的用户需求分析，从而及时推送符合用户需求的金融产品，提高产品销售精准度。另一方面，借助大数据，金融机构能在用户意识到自己真正需要什么金融产品之前，分析出用户的潜在需求，向用户推送相应产品，将用户与他们感兴趣的产品进行捆绑，由此提高用户的忠诚度。产品销售精准度以及用户忠诚度的提高，将扩大金融机构的产品销售量，带动营业利润的增长。

案例2-5 荷兰全球人寿保险公司

荷兰全球人寿保险公司（AEGON）成立于1983年，是世界上最大的人寿保险集团之一。公司为全世界20多个国家提供完整的金融保险服务，拥有超过1500多万用户，持有大量的原始用户数据，但缺乏将其转化为洞察和交叉销售机会的能力。

AEGON与IBM展开合作，利用 IBM 客户关怀与洞察解决方案，通过强大的统计分析和建模解决方案，将用户生活事件和情况与保险需求关联起来，根据总档案和行为预测模型，AEGON能够针对个体要求精心准备保险产品。此外，AEGON还使用SPSS Modeler软件开发出用户扩展建模模块，为销售团队提供额外的洞察力。

基于此，AEGON公司能够快速、高效地分析大量用户数据，增强对用户行为和需求的洞察，从而提升服务的价值，提高用户的忠诚度，同时还能降低销售成本。此外，在运作过程中，公司能够得到更高质量、更结构化的数据，通过广泛的程序和测试，使公司能够更好地进行市场分析[5]。

4. 提供监管便利

金融监管是金融行业健康运行的保障。金融行业随着技术进步发生重大衍变，传统的金融监管模式难以对互联网保险、互联网信贷等新业态进行有效监管。将金融监管与大数据结合，有助于实现金融监管的及时性和有效性。

大数据有助于提高金融监管的及时性。受制于监管成本高昂、监管技术有限等因素，传统的金融监管能够获得的信息资源具有一定的滞后性，导致传统金融监管部门难以及时开展监管活动。监管部门借助大数据技术，可实现监管渠道电子化，降低监管机构的搜索成本，在此基础上，金融监管部门还能够及时监测金融行业的经营活动，提高金融监管的及时性。

大数据有助于增强金融监管的有效性。传统的金融监管部门受制于资源有限、信息不对称等因素，只能依据几个主要指标对金融行业进行监管，导致监管措施的有效性不高。大数据金融监管能显著增强监管的有效性：一方面，多样化的信息数据来源降低金融监管面临的信息不对称程度；另一方面，金融监管部门能够基于大数据技术，构建智能监测系统，提高监管措施的精准性。

三、大数据在金融领域的发展趋势

随着大数据平台安全可信性和软件通用性的提高、大数据共享交换标准的建立以及大数据挖掘和分析能力的增强，大数据在金融领域的重要性将会进一步凸显。

5. 驾驭大数据和分析的威力为保险业所用[R].IBM，2013.

1．金融大数据共享程度进一步提高

想要大数据在金融领域产生更大的商业价值，数据孤岛问题是横亘在金融机构面前必须跨越的一道坎。数据孤岛问题之所以存在，一方面是因为当前缺乏大数据共享交换的统一标准，大数据基础设施不完善，存在数据泄露、数据丢失风险；另一方面是因为部分数据涉及商业机密，即便应用数据脱敏技术处理敏感信息能够大幅提高数据安全性，但各个金融机构出于审慎考虑，还是选择将涉及商业机密的数据留存于机构内部。

案例2-6　IBC

加拿大保险局（Insurance Bureau of Canada，IBC）成立于1964年，是一家全国性质的保险行业协会，其成员公司占加拿大财产险和意外险90%的市场份额。IBC致力于提高民众购买家庭保险、汽车保险和商业保险的意识。

保险欺诈严重损害了保险公司的利益，作为全国性质的保险行业协会，为维护保险行业利益，IBC的调查服务部门对可疑保险欺诈案件展开大量专项调查工作，但往往需要耗费数年才能获取调查结果。

为探索提高诈骗识别效率的方法，IBC采用了IBM的大数据解决方案。IBC与IBM合作在加拿大的安大略省实施概念验证（POC），通过分析过去六年中出现的23.3万余起汽车保险索赔案件，发现IBM的大数据解决方案成功识别出2000余起可疑诈骗索赔，由此减少了近4100万加拿大元的骗保损失。此外，概念验证的分析结果表明，IBM的解决方案显著提高了IBC识别潜在欺诈的速度和精确性。IBM和IBC估计，IBM的解决方案每年至少可帮助安大略省的汽车保险行业减少2亿加拿大元的骗保损失[6]。

根据各项关于促进大数据产业快速发展的公文，可以预见金融大数据的行业共享程度必将得到大幅提高。数据流通与交易方面，发改委发布的《国家发展改革委办公厅关于请组织申报大数据领域创新能力建设专项的通知》（以下简称《专项通知》）中明确提出要建设大数据流通与交易技术创新平台，用以支撑开展政企数据资源共享交换、公共数据开放流通、云上公共大数据分析与处理、跨系统公共大数据共享交换标准以及大数据资源与服务确权估值建模等技术的研发和工程化。数据安全方面，《专项通知》中指出要建设大数据协同安全技术创新平台，以支撑开展数据源可信验证、大流量数据安全传输、非关系型数据库存储安全、数据汇聚隐私保护、非结构数据动态脱敏、数据防泄露、软件系统漏洞分析、大数据系统风险评估和安全监测等技术的研发和工程化。由此可见，随着大数据基础设施日趋完善、大数据共享关键技术的不断攻克，金融领域的数据孤岛问题将逐渐被解决，金融大数据共享程度提高是大势所趋。

2．大数据助力金融产业转型升级

随着金融大数据共享程度的提高，金融机构可以更加充分地了解用户需求，这不仅有助于实现金融服务的场景化，还有助于更深层次的产品开发，推动金融产业的转型升级。

一方面，大数据作为金融行业服务创新的驱动力，将进一步推动金融行业拓宽产品销售的场景。从用户需求出发，运用大数据将若干场景联结，在此基础上形成某个场景下的闭环，从而更加全面精准地挖掘用户痛点，真正实现精准化、个性化营销。

6．驾驭大数据和分析的威力为保险业所用[R].IBM，2013.

另一方面，大数据作为金融行业产品创新的驱动力，将进一步拓展各金融业态的触角。当前，国家大力支持建设大数据分析技术创新平台，随之而来的是大数据挖掘以及智能知识获取算法等技术的研发和工程化，金融机构能够更深入地洞察用户的潜在需求，实现更精准的产品定价和更深度的产品开发，进一步拓展业务范围，推动金融产业转型升级。

3. 大数据将重塑金融领域监管方式

当前金融业还处于相对初级的阶段，由于受制于资源有限、成本因素和信息不对称，金融监管具有一定的滞后性，监管部门很难采取及时的监管措施。发改委发布的《专项通知》中明确提出建设社会安全风险感知与防控大数据应用创新平台，支撑开展社会安全防控大数据信息感知探测、多源异构信息融合理解、海量多维信息关联分析、社会安全风险预测预警等技术的研发和工程化。

由此可以预见，随着大数据安全标准的落地、社会安全风险感知与防控大数据应用平台的建成，金融领域的监管方式将发生变化，基于大数据的信息化监管将成为金融监管的主要方式，这是技术驱动下金融监管现代化的必然趋势。金融监管机构能够在合法合规的前提下，借助先进的信息化技术，构建新型信息化金融监管方式，实现对金融市场和企业动态大数据的实时智能监测，金融监管机构将能够更为及时精准地打击违法犯罪行为，更好地维护金融行业持续健康发展。

以北京市已建成的非法集资监测预警平台为例，非法集资预警平台的设计包括两个子平台：一是对正规金融产品登记的前台；二是发现非法集资线索的后台。前台为消费者提供信息，后台打击非法集资，利用互联网搜集信息，运用大数据挖掘、云计算技术，通过两次比对、一次干预、最后确认等一系列步骤，对疑似非法集资的企业进行不同级别的处置应对[7]。

7. 霍学文.大数据重塑未来金融监管方式[N].经济参考报,2016-06-24.

第二节 云计算

在全球信息化大潮的驱动下，云计算正在成为新经济的引擎，受到学术界、产业界和政府机构的高度重视。云计算作为推动信息技术能力实现按需供给的技术手段，与金融领域进行深度结合，有助于促进信息技术和金融数据资源的充分利用，是互联网时代下金融行业可持续发展的必然选择。

一、云计算发展概况

美国国家标准与技术研究院（National Institute of Standards and Technology，NIST）将云计算定义为一种模式，通过云计算，用户可以随时随地按需从可配置的计算资源共享池中获取所需资源，资源包括网络、服务器、存储器、应用程序及服务等。共享池的资源可以被快速供给和释放，将管理的工作量和服务提供者的介入降低至最少。

云计算按IT资源组合的类型可以分为三类：基础设施即服务（Infrastructure as a Service，IaaS）、平台即服务（Platform as a Service，PaaS）和软件即服务（Software as a Service，SaaS）。云计算按照云用户的所有权大小及访问方式可以分为四类：公有云、私有云、社区云和混合云。

1. 云计算的技术成熟度

在Gartner发布的《2015年度新兴技术成熟度曲

线报告》中，原来的云计算技术转变为混合云计算技术，表示以公有云技术为主体的云计算技术已经基本成熟，结合私有云的混合云计算到达新兴技术成熟度曲线幻灭期的中点，在《2016年度新兴技术成熟度曲线》中，不再包括混合云计算技术，表示混合云计算也基本达到成熟，开始进入产业部署阶段。

2015年，国内的公有云市场呈爆发式增长，公有云基本走向成熟。在私有云方面，由于政府机构大力推进"互联网+"发展战略，推动云计算、大数据、物联网和移动互联网等技术的普遍运用，政府、企业、医院等机构普遍选择在本地建设云平台或选择本地云平台服务商建设专有云，作为其应用系统的承载层，即使有机构使用公有云平台，也是将公有云平台作为远端备份或者双活系统，成为混合云平台。

2. 云计算的市场概况

全球范围的云计算市场总体平稳增长。中国信息通信研究院公布的《云计算白皮书》显示，2015年全球以IaaS、PaaS和SaaS为代表的典型云服务市场规模达到522.4亿美元，增长率为20.6%。SaaS仍然是全球公有云市场的最大构成部分，2015年SaaS市场规模达到317亿美元，远超IaaS和PaaS市场规模的总和。预计2020年云服务市场规模将达到1435.3亿美元，年复合增长率保持在22%。国内的云计算市场总体保持快速发展态势。2015年，国内的云计算整体市场规模达378亿元，整体增速为

案例2-7 Amazon Web Services

Amazon Web Services(AWS)是亚马逊公司旗下的云计算服务平台，从2006年开始以Web服务的形式向企业提供云计算服务，帮助用户构建、保护和部署大数据应用程序。借助 AWS，用户无须购买硬件，也无须维护和扩展基础架构，即可将资源集中用于企业核心业务。AWS在金融领域也有广泛布局，纳斯达克每天将平均55亿行的数据迁移至Amazon Redshift，Capital One正在将 AWS 服务的可用性、速度和弹性用于其关键任务型应用程序。

AWS作为全球云计算市场的领跑者，为用户提供大量基于云平台的全球性产品，包括数据存储、数据库、信息分析、互联网、移动产品、开发人员工具、管理工具、物联网、安全性和企业级应用程序，是当下拥有最全面存储产品的云计算服务提供商。目前，AWS在全球13个地理区域内运营着35个可用区，为全球190个国家或地区内成百上千家企业提供支持。AWS发布的2016财年第二季度财报显示，其净营收为28.86亿美元，同比增长58%，运营利润为7.18亿美元，同比增长136%。

案例2-8 阿里云

阿里云计算有限公司创立于2009年，在杭州、北京和硅谷等地区都设有研发中心和运营机构。公司专注于云计算领域的研究和研发，致力于为政府、企业等组织机构提供最安全、最可靠的计算和数据处理能力，让计算成为普惠科技和公共服务，为万物互联的Data Technology（DT）世界提供源源不断的新能源 。阿里云推出的金融云解决方案，为金融行业提供量身定制的云计算服务，帮助金融机构实现从传统IT向云计算的转型。

阿里云拥有庞大的用户群体，目前阿里云生态中已经有超过230万用户。此外，阿里云具有强大的计算能力，能够在377秒内完成100TB数据排序，比世界纪录快三倍。阿里云公司的增长速度也大幅领先全球云计算行业。在2016财年，阿里云营业收入超过30亿元，全年增幅达138%，2016年第一季度，阿里云营业收入为10.66亿元，同比增长175%，已经是连续四个季度保持三位数增长。

31.7%。其中私有云市场规模为275.6亿元，年增长率27.1%，预计2016年增速仍将达到25.5%，市场规模将达到346亿元左右。国内公共云服务逐步从互联网向行业市场延伸，2015年市场整体规模约102.4 亿元，增长率45.8%，相比2014年略有下滑。预计2016年国内公共云服务市场仍将保持高速增长态势，市场规模可望达到近150亿元[8]。

二、云计算对金融领域的影响

1. 降低风险损失

传统金融机构需要构建并维护机构内部的IT资源，在这种IT资源配置模式下，金融机构主要面临两大风险损失。一方面，当金融市场波动引起突发性的用户需求暴增时，传统金融机构内部IT资源可能会配置不足，将无法响应所有的用户请求，甚至导致系统崩溃，这种情况不仅会降低金融机构的交易量，使金融机构蒙受损失，还会影响用户体验度。另一方面，当内部IT资源出现系统故障时，金融机构可能会永久性地丢失部分重要交易数据，这不仅严重影响金融机构的正常运营，还会使金融机构的公信力下降。

云计算能够帮助金融机构规避上述两大风险损失。一方面，云计算使金融机构的IT资源具备更高的可扩展性，使金融机构能够随时随地动态地获取所需的IT资源，可以根据实际需求的波动自动或手动调整云平台上的IT资源。云计算具有提供可灵活扩展IT资源的天然特性，当出现不可预知的爆发式用户需求增长时，金融机构将有足够的IT资源应对突发情况，由此避免使用需求达到阈值时可能出现的损失。另一方面，云计算也使金融机构IT资源的可压性和可靠性大幅提高，通过在多个不同物理位置布置IT资源，使得云平台上的IT资源具备可恢复性，当某个IT资源出现系统故障时，相应任务即刻便转移到其他平台上处理，从而显著降低金融机构的风险损失。

案例2-9 银河证券

银河证券于2007年成立，是国内领先的综合性金融服务提供商，提供证券经纪、证券交易、证券投资咨询和投资银行等综合证券服务。银河证券有近800万用户，每天有近亿次的行情查询需求，同一秒钟登录用户端查询行情信息的用户峰值达百万。以优质的带宽保证网站响应速度，为用户提供快速行情查询服务成为公司的重中之重。

银河证券引入阿里金融云作为现有站点的扩展，不仅增加了IT支持业务变化的灵活性，提升了IT与业务的融合度，还能进一步降低IT部门的工作压力。阿里金融云采用波峰波谷弹性计算+带宽随需而动的工作机制，可根据行情的变动随时调整计算资源与带宽资源。当市场出现剧烈波动时，银河证券也有足够的IT资源应对爆发式的用户查询需求，可以有效避免使用需求超出阈值时可能出现的风险损失。

此外，阿里云为银河证券提供同城灾备、安全防护等服务，借助同城灾备服务，企业数据可自动在同城机房进行备份，若一处机房出现故障，备份机房可实现分钟级切换。阿里云还具备全球级的安全防护能力，银河证券可采用云盾、安骑士等安全服务，保障业务的稳定运行。

8.云计算白皮书[R].中国信息通信研究院，2016-09.

2. 提高运营效率

传统金融机构获取信息化能力的主要方式是，向外部供应商购买大规模计算基础设施及人力服务，内部技术团队在此基础上开展集成运维和二次开发等工作，由此形成机构自身的信息化能力，从而支撑金融机构开展各项服务业务。

云计算极大地简化了金融机构的IT运营管理。云计算服务提供商将信息资源打包，直接为金融机构提供现成可用的解决方案，相较于金融机构内部技术团队提出的解决方案，对信息资源进行开发管理的时间大大缩短。

3. 降低运营成本

传统金融机构不仅需要购买大量IT基础设施，雇用专业技术人员维持内部IT环境的正常运转，还需要为此安排行政和财务人员追踪相关许可证。IT部门的巨额花销对金融机构来说是个相当沉重的负担，金融机构必须在业务性能和IT成本之间做出抉择。

云计算的应用能够极大地降低金融机构的运营成本：一方面，出于规模效应和专业化分工，云计算提供者能以更低廉的价格向金融机构提供服务，安排专业人员对基础设施进行集体维护，金融机构无须再耗费大量财力人力在机构内部配置维护大量计算基础设施；另一方面，金融机构根据实际需求使用云上的IT资源，并按实际使用量进行付费，由此规避过度配置（IT资源利用率不足）和配置不足（IT资源过度使用）的问题，提高金融机构IT资源的使用效率，降低运营成本。

案例2-10 AFG

澳大利亚金融集团有限公司（Australian Finance Group Ltd.，AFG）是澳大利亚最大的抵押贷款经纪人服务提供商，与40多家银行有业务往来，主要提供住房贷款、商业金融、证券类和保险类产品。AFG凭借贷款快速拨付能力树立行业领跑者地位，高效运营成为其核心竞争优势。

AFG通过将本地应用程序迁移至甲骨文企业资源规划云、甲骨文销售云、甲骨文计划和预算云服务以及甲骨文文档云服务中，实现AFG的商业模式和技术平台转型升级，使其具有更强的创新能力和更快的服务交付速度。具体表现为在自动化财务处理流程下，创新能力由24%增至48%，每个月处理抵押贷款60万元起，处理速度比未使用云服务时快5倍，创建代理速度快近6倍。AFG在运用甲骨文企业资源规划云后，员工无须再进行数据录入和验证等劳动密集型工作，能够专注于业务改进，员工的工作效率和工作质量显著提高。此外，甲骨文提供的云服务使得AFG的高级管理层具备更快的业务性能洞察能力和决策制定能力，并通过快速的信息共享机制增进AFG与银行及经纪人的合作关系。

三、云计算在金融领域的发展趋势

1. 金融云计算安全保障体系不断完善

云平台的数据是否安全是影响金融机构是否接入云平台的核心因素。数据安全主要可以分为两个方面：一是保证数据的完整性，云平台需要保证数据不会丢失；二是对数据隐私的保护，云平台上的数据不会被非法访问。相比于传统的数据保存方式，云计算平台的虚拟化、多租户和动态性会加剧金融机构的数据安全问题。

随着云计算和移动互联网的普及，越来越多的数据将在云端存储，越来越多的金融业务将在云端开展，用户数据丢失或泄露是云计算企业面临的巨大威胁。从行业层面来看，云计算安全将会成为云计算服务商之间

案例2-11　浙江网商银行

浙江网商银行于2015年6月25日正式开业，是中国第一家核心系统架构在云上的银行。网商银行系统由蚂蚁金服专家团队自主研发，将最先进的核心银行系统思想与互联网金融理念相结合，采用全分布式的金融架构，完全基于蚂蚁金服和阿里云自主研发的金融云计算平台、移动互联平台、金融大数据平台和OceanBase数据库开发。在不到半年的时间里，网商银行通过蚂蚁金融云技术成功地自主研发网商银行系统，充分证明蚂蚁金融云具备高度的业务扩展性，足以支撑银行核心级别的复杂金融级业务。

网商银行搭建在蚂蚁金融云上，所有的底层和系统都采用阿里云计算的技术。蚂蚁金融云覆盖金融业务系统研发、运行与管理所需要的整套技术服务，包括金融级的云计算基础设施平台IaaS、平台即服务PaaS、数据即服务DaaS、移动互联即服务MPaaS等，未来还会推出面向各个金融行业的业务基础组件云服务平台BPaaS。这些服务能够极大地降低分布式环境下金融系统的研发与管理难度，融合金融级系统标准的安全性、一致性、连续性、可靠性等特性，并将移动互联网时代所需要的高度并发、随时在线、实时互动能力，集成为技术平台的基础能力。

进行竞争的主要领域，云计算服务商会不断加大对云安全产品的投入，提高产品的可用性、智能性、安全性，防范黑客的攻击。从政府层面来看，政府会出台云计算安全相关的法律法规，以法律的形式明确云服务提供商与用户之间的责任和义务，减少由于云服务提供商管理不当或者用户操作不当带来的数据安全问题。

2. 金融信息系统迁移至云平台

金融信息系统迁移至云平台是金融业发展的必然趋势。金融信息系统迁移至云平台，不仅能够借助云平台弹性计算的能力，节省服务器等硬件资源的一次性投入成本和IT运维人员的投入费用，还能方便地整合和利用互联网上的各种云服务资源。金融机构还可以将高成本、非核心的外围系统或者同质化的基础金融服务，借助互联网实现业务外包，使自己专注于核心金融业务的持续创新以及运营管理。

3. 云计算将会提升中小型金融机构的竞争力

与中小型金融机构相比，大型金融机构在市场上往往具有更强的竞争优势。随着云计算的发展，中小型金融机构能够低成本地在云计算平台上获取和大型金融机构同等先进的基础设施服务。此外，中小型金融机构也可以借助云计算平台将自身不太擅长的业务外包给其他专业的公司，或者是接入应用程序编程接口（Application Programming Interface，API），利用云计算平台上的资源提高相关业务处理效率。随着云计算平台提供的服务不断优化，大型金融机构的规模优势将逐渐消失，中小型金融机构的竞争力将上升，金融机构之间的竞争将主要集中在核心业务领域。

第三节　人工智能

在大数据技术日益成熟的基础上，随着大规模低成本并行计算的实现和深度学习算法的出现，人工智能进入加速发展阶段，开始渗透到生活的各个领域。将人工智能应用到金融领域中，能够有效缓解金融服务智能化不足的问题，驱动金融行业的智能化发展。

一、人工智能发展概况

人工智能这一概念源于1956年的达特茅斯会议，在会议上第一次正式使用了人工智能这一术语[9]。关于人工智能的定义，美国斯坦福大学的尼尔逊教授提出“人工智能是关于知识的学科——怎样表示知识以及怎样获得知识并使用知识的科学。”美国麻省理工学院的温斯顿教授则认为：“人工智能就是研究如何使计算机去做过去只有人才能做的智能工作。”两个定义虽然在表达方式上有所不同，但所反映的基本思想和基本内容是一致的，即人工智能是研究如何模拟人类智能活动以延伸人类智能的科学。

1. 人工智能的技术成熟度

在Gartner公司发布的《2016年度新兴技术成熟度曲线》中，共有16项新兴技术首次进入成熟度曲线，其中人工智能技术占比超过50%，包括通用机器智能、情景经纪和神经形态硬件等。此外，随着智能手机语音助手使用率的快速增长和智能机器人领域的大规模并购，虚拟个人助理和智能机器人在新兴技术成熟度曲线上的位置明显前移。

随着深度学习算法应用的普及，图像处理技术有很大提升，已经接近人眼视觉能力；语音识别准确率达到95%，已经接近人类听觉能力；开放领域的语义理解准确率达60%~70%、垂直领域的语义理解准确率达95%，这意味着专用人工智能已经基本成熟。但是，真正意义上完备的人工智能系统应该是通用智能系统，而非专用智

9. 林尧瑞，马少平. 人工智能导论[M]. 北京：清华大学出版社，1989.

案例2-12 Google DeepMind

DeepMind是一家机器学习算法公司，公司的算法源于两种机器学习算法的结合：第一种是深度学习，能够从大量的非结构化数据中获取复杂信息；第二种是增强学习，通过模拟动物大脑的神经递质多巴胺奖励系统，不断通过试错来学习。

DeepMind自2011年在伦敦成立以来，一直致力于“破解智能，用它来让世界变得更好”。2014年，Google以4亿英镑收购该公司，并更名为Google DeepMind。2015年10月，DeepMind公司开发的AlphaGo围棋程序以5：0完胜欧洲围棋冠军樊麾，又于2016年3月以4：1击败韩国围棋冠军李世石，自此之后，Google DeepMind名声大噪。2016年7月，Google DeepMind采用深度强化学习技术，综合分析Google数据中心设备的运转状态和天气等因素，优化冷却设备的设定，开发出使冷却设备的功耗达到最小的人工智能系统，成功帮助Google数据中心的冷却系统节电40%。

案例2-13 科大讯飞

科大讯飞成立于1999年，是一家专业从事智能语音及语言技术、人工智能技术研究、软件及芯片产品开发、语音信息服务及电子政务系统集成的国家级骨干软件企业，于2008年在深圳证券交易所挂牌上市。

科大讯飞是国内最大的智能语音技术提供商。公司的智能语音核心技术主要包括语音识别技术、语音合成技术、自然语言理解技术、语音评测技术和声纹语种技术等，目前主要用在电信、金融机构和政府等行业的呼叫中心系统，以提供传统人工服务难以满足的海量、动态信息播报和自动菜单查询等服务，已占有中文语音技术市场70%以上的市场份额。

2014年，科大讯飞启动能够比肩世界人工智能领域最高水平的“讯飞超脑”计划，旨在不断改进感知智能的基础上实现认知智能的突破，研发出具有深层语言理解、全面知识表示、逻辑推理联想和自主学习进化等能力的高级人工智能系统，让计算机也能够像人一样思考。

能系统，而从专用人工智能到通用人工智能还有很长的路要走。

2. 人工智能的市场概况

在Google、IBM和Facebook等领军企业的带领下，全球对人工智能的关注度不断提升。截至2015年，全球人工智能市场规模为1683.9亿元，预计2018年将达到2697.3亿元，增长率达到17%。国内的人工智能市场受益于政策的支持和下游的需求带动，其规模在2015年已经达到203.9亿元，预计2018年将达到361亿元，复合增长率为21%，高于国际市场的平均增长率。[10]

从投资规模来看，截至2015年，全球人工智能的投资规模为484亿元，BBC预测人工智能投资市场在近年仍会有高速发展，预计到2020年，全球人工智能市场将会达到1190亿元。2015年，国内投资人工智能的机构数量达到48家，投资额达到14.2亿元，同比增长率分别为71.4%和75.7%，在投资总额中，语音识别占60%，视觉识别占12.5%，图像处理和机器学习等其他种类占27.5%。预计到2020年，国内的人工智能投资规模可达到91亿元。

案例2-14　AlphaSense

AlphaSense是一家智能金融搜索引擎公司，于2008年在加利福尼亚成立，被称为“金融界的谷歌”。公司在2010年推出面向专业投资者的智能金融搜索引擎AlphaSense，该搜索引擎通过专有的自然语言处理和机器学习算法，帮助投资者透过噪音，筛选出关键性、有效性的数据信息，为专业人士解决信息碎片化的问题。目前AlphaSense在全球范围内拥有450个企业用户，其中包括JP Morgan、Credit Suisse和Pfizer等知名金融机构。

AlphaSense的搜索对象来自1000多个卖方调研提供者和35000多个上市公司，包括券商研究报告、证监会文件以及新闻稿等公开或授权的金融信息。AlphaSense搭载能分辨金融术语语义的功能，当用户搜索“Revenue”时，界面提供的文档除“Revenue”以外，还包括“Sales”或“Top line”等相关的文档。

传统金融机构的从业员工平均每天花费36%的时间调查和整理信息。AlphaSense把网站和数据库上的资料聚集在一起，加上智能搜索功能，能够节省金融从业人员花在信息搜索上的时间，从而将更多时间用于复杂的逻辑判断和分析。

二、人工智能对金融领域的影响

1. 提高运营效率

人工智能能够替代金融机构业务操作中的重复劳动和冗余服务，以智能化的方式提升服务的质量和效率。以虚拟客户服务为例，传统的客户服务以电话呼叫为主，通过设置人工座席或者自动语音应答满足用户业务咨询、信息查询、交易处理和业务推广等需求。传统的客户服务建设成本高，客服人员流动性大，专业知识难以积累，导致客户服务效率低下。基于人工智能的虚拟服务，相比于传统的人工服务，拥有更为丰富的知识库和更为高效的处理速度，能够根据用户提供的情况，快速给出解决方案。此外，虚拟服务能够同时服务多个用户，成倍提高服务效率。

人工智能在数据信息处理方面具有天然优势，不仅能够高效处理大量级数据，而且能够将非结构化数据有效地转化为结构化数据进行分析。此外，人工智能还具有自然语言处理能力，能够从语义层面上对数据信息进行分析，而不仅仅是停留在符号处理上，能够帮助

10. 2016中国人工智能产业演进及投资价值研究[R].赛迪研究院，2016-08.

金融从业人员从数以亿计的新闻中筛选出具有较强相关性的新闻，还可以帮助从业人员从中提炼有价值的信息，提高从业人员的信息搜索效率。

案例2-15 PayPal运用人工智能降低欺诈率

PayPal是eBay旗下的一家支付公司，致力于让个人或企业通过电子邮件，安全、简单、便捷地实现在线付款和收款。2015年，PayPal共处理由1.7亿名消费者发起的40亿次交易，金额流动达到2350亿美元。

公司曾经深受欺诈问题的困扰，为防止犯罪分子利用PayPal洗钱，公司开发出一套安全系统，通过人工智能的深度学习，从消费者十多年的购买历史中挖掘有用信息，除了审查储存在数据库中疑似欺诈的信号模式——还能够辨别可疑的交易账单是否为失误操作。在现有人工智能系统的帮助下，PayPal依赖密集、实时的分析交易，将交易欺诈率维持在0.32%，远低于行业内平均1.32%的欺诈率。

案例2-16 Rebellion Research

Rebellion Research成立于2005年，是一家资产管理公司。公司的人工智能系统通过自我学习全球53个国家的股票、债券、外汇和大宗商品的交易数据，评估各种资产组合的未来收益和潜在风险，帮助用户合理配置资产。

公司于2007年推出的第一个人工智能投资基金，基于贝叶斯机器学习，结合预测算法，对历史的金融和贸易数据进行分析之后，成功地预测2008年的股市崩盘，并在2009年9月给希腊债券F评级，而当时惠誉的评级仍然为A， Rebellion Research比官方提前一个月给希腊债券降级。

2. 降低损失风险

人工智能不仅能够降低交易双方存在的信息不对称性，有效降低道德风险，还能对市场进行预测，为金融机构提供风险预警功能，让金融机构能够提前采取预防措施。

金融机构很难查证用户提供的私人信息是否真

案例2-17 招商银行信用卡中心

招商银行信用卡中心成立于2001年12月，是国内首家真正意义上完全按照国际标准独立运作的信用卡中心。招行信用卡中心在引入智能客服之前，服务渠道只有400个电话和邮件系统。招行信用卡用户拨打客服热线后，首先会进入互动式语音导航系统，然后用户需要输入数字选择服务菜单，接着用户输入信用卡号或者身份证号以及密码进行身份认证，最后用户还需要等待系统转接到人工客服。即使输入全部正确而且顺利接通，整个流程也至少需要1分钟，用户还会遇到卡号或密码错误、客服占线等问题，严重影响用户体验。

为了提升用户体验，让用户能够得到更好的服务，招商银行信用卡中心与小i机器人开展合作，共同打造了智能微信账号“小招”，“小招”不仅可以开展服务咨询和业务查询，还可以通过银行卡号或者身份证号绑定账号，开展还款、转账以及积分兑换等复杂业务。“小招”不仅使用户获取服务的时间缩短，而且能够以文字和配图的方式提醒用户，相比短信，这种形式更加符合用户的视觉体验。此外，由于“小招”能够提供7×24小时不间断的服务，用户完全可以利用碎片时间来办理业务，拥有更大的自主选择权。

据统计，“小招”可自主完成信用卡90%的业务，上线后半年内捆绑用户量就超过180万。招行信用卡中心平均每天接听量为40万~60万通，其中95%由“小招”自动回复处理，问题解决率高达98%。

实，交易双方信息不对称，容易发生逆向选择，产生道德风险。人工智能能够从用户提供和搜索到的大量信息中，提取出有用部分，对该部分进行分析并反馈给金融机构，从而降低金融机构和用户之间的信息不对称性。此外，人工智能通过知识图谱，可以将用户之间隐含的关系网络梳理清楚，能够有效识别组团欺诈。

人工智能对网络上的各种新闻事件、政府报告以及经济数据等资料进行分析，能够预测市场的走势和风险等级，为金融机构提供风险预警，使金融机构能够事先采取预防措施，控制交易规模，降低风险损失。

案例2-18 Insurify

Insurify于2016年在波士顿成立，是美国第一家以数据为驱动的网上汽车保险销售平台，目前已经与800多家线下保险经纪公司开展合作，覆盖的保险公司将近100家，包括Progressive、AIG以及Farmers等大型保险公司。Insurify的用户只需要提供个人信息和汽车信息，平台就能在3分钟内将用户的风险特征和保险公司的偏好进行智能匹配，为用户提供准确的汽车保险报价，使汽车保险的购买更加便捷。

Insurify的核心竞争力是智能匹配。美国汽车保险市场存在差异化定价的现象，因为汽车保险公司的风险评估模型有所差异，所以对于同一用户，即使保险产品的覆盖范围基本相同，不同保险公司给出的报价也会存在差异。Insurify通过获取各个汽车保险公司的报价信息，为用户提供汽车保险的比价搜索服务，在此基础上向用户推荐最合适的汽车保险。此外，Insurify还推出了Evia（Expert Virtual Insurance Agent，虚拟保险代理专家）人工智能虚拟保险代理平台服务，可根据用户的个人信息和驾驶记录为用户推荐合适的车险。

3. 提升用户体验

人工智能能够改善金融领域的支付方式和服务模式，为用户提供更优质的体验。

模式识别技术能够使支付方式更加多样化和个性化。用户根据情况，既可以选择指纹支付，也可以选择虹膜支付。相比数字密码，指纹和虹膜等生物信息具有唯一性、稳定性和难以复制等特点，能有效提高支付安全性，减少密码泄露的风险，同时提升用户体验。

智能机器人能够使客服服务更加人性化。一方面，智能机器人能够为用户提供7×24小时不间断的全方位服务，用户可以随时随地获取服务，此外，智能机器人在并发接待量上的优势有助于降低占线率给用户带来的不便，减少用户的等待时间；另一方面，智能机器人在提供服务时，能够对用户的声波和表情进行分析，感知用户情绪，根据用户情绪判断服务紧急程度，从而为用户提供最合适的服务。

4. 拓宽销售渠道

金融产品现有的销售渠道缺乏智能化，在销售过程中需要耗费大量人力资源。以保险销售为例，传统的保险销售渠道主要是通过保险公司和保险代理人销售，随着互联网金融的普及，保险公司官网直销也成为保险销售的重要渠道。但无论哪一种销售方式，由于智能化程度较低，销售时都需要保险销售人员提供服务，耗费公司人力资源，提高公司人力成本。

将人工智能应用到保险销售中，可以用智能机器人代替保险销售人员进行销售，拓宽保险销售的渠道。智能机器人通过智能算法对保险人的整体情况和保险需求进行分析，根据分析结果为用户推荐最为合适的保险产品。

5. 提高普惠程度

人工智能有利于金融长尾市场的发掘，为以往无法

案例2-19 Wealthfront

Wealthfront公司于2008年在美国加利福尼亚州成立，原名为Kaching，在2011年12月更名为Wealthfront。公司使用计算机算法和标准投资模型为投资者提供资产配置服务，是美国最大的智能投顾平台之一。截至2016年11月，公司管理的资产规模已经超过40亿美元。

Wealthfront通过在线平台为投资者提供资产管理服务。Wealthfront基于投资者的风险容忍度和投资目标为投资者量身定制资产配置组合。当投资者决定使用定制的资产配置组合进行投资后，投资者的资金会转入Apex Clearing进行托管，以保证投资者的资金安全。在托管期内，Wealthfront会随时监控该投资组合的动态，并定期对投资计划进行更新，以便合理控制风险，使之始终落在投资者的容忍范围内。

Wealthfront的投资种类包含11种ETF基金：美股、海外股票、新兴市场股票、股利股票、美国国债、新兴市场债券、美国通胀指数化证券、自然资源、房地产、公司债券、市政债券。这么多种类的ETF基金一方面有利于分散化投资，降低风险；另一方面有助于满足不同风险偏好类型投资者的需求。

Wealthfront提供税收损失收割服务，会自动为投资者卖出亏损的ETF基金，同时买入风险收益高度相似的ETF基金，将资本亏损部分用于抵消资本增值以降低投资者的收入税。Wealthfront网站的资料显示，税收优化直接指数化服务让每个账户每年平均能够提高2.03%左右的税后投资收益。

此外，Wealthfront还为投资者提供单只股票分散投资服务（Single-Stock Diversification Service），即将单只股票逐步以无佣金、低税的方式卖出，并重新投资到投资者的资产配置组合中。

享受金融服务的用户提供金融服务，提高金融服务普惠程度。以财富管理为例，在财富管理领域有一个“10万美元困境”，是指拥有10万美元的用户，很难从传统金融机构得到所需的财富管理服务。对于传统金融机构来说，为拥有10万美元的用户提供财富管理服务，获取的收益和耗费的成本不匹配。

智能投顾的出现能够有效解决“10万美元困境”，提高财富管理的覆盖面。智能投顾基于用户填写的问卷，在线为用户提供专业的资产配置建议，在用户建立好资产配置组合之后，智能投顾还会实时对该组合进行追踪。由于整个流程主要由机器完成，智能投顾公司耗费的成本较低，所以对用户设立的准入门槛也较低，有的甚至不设立准入门槛，低净值用户也能像高净值用户一样获得智能投顾服务。

三、人工智能在金融领域的发展趋势

1. 人工智能在金融领域的应用程度将会提高

现阶段，人工智能在金融领域的应用程度较低。一方面，人工智能与金融业务的结合模式还处于初期探索阶段，还有诸多的结合模式尚未被挖掘。另一方面，人工智能的运行成本较高，以AlphaGo程序为例，AlphaGo程序运行时需要1920个CPU和280个GPU，下一场围棋仅电费消耗就高达3000美元，中小型金融机构难以维持人工智能高昂的运行成本。

随着人工智能技术和云计算技术的不断成熟，基于云计算的人工智能将会成为人工智能的下一个服务形态。金融机构对于人工智能技术的需求以及人工智能需要大规模计算资源投入的特点共同决定集中供应、按需收费的云计算模式将是人工智能提供服务最好的模式。云计算服务商在平台上提供人工智能服务，对于平台本身来说，能够通过开源收集的数据不断完善深度学习模型；对于大型金融机构来说，不仅能够免去人工智能技术的研发成本，还能够更加低廉地使用人工智能技术；对于中小型金融机构来说，人工智能技术可获得性的增强和使用成本的降低，为其接入人工智能技术提供了可能。基于云计算的人工智能通过降低人工智能的成本，将会提高人工智能在金融领域的应用程度。

2. 人工智能有助于提高金融机构的服务质量

一方面，人工智能与传统金融从业人员之间存在竞争，服务质量不如人工智能的从业人员将会被市场淘汰，从而提升行业的整体水平；另一方面，人工智能能够作为金融机构的辅助工具，帮助金融机构从业人员为用户提供增值服务。

以智能投顾为例，智能投顾能够在投资者购买基金时为他们提供免费的咨询建议服务，帮助投资者选择更加符合投资目的的基金，增强投资者对于公司的信任度和忠诚度。此外，投资者会在智能投顾提供的服务和传统投顾提供的服务之间进行选择，那些长期表现不如智能投顾的传统投顾会失去用户，被市场淘汰，未被市场淘汰的传统投顾也会保持学习，提高自己的投资能力，防止投资收益被智能投顾超越，从而使得投资顾问行业的整体服务水平上升。

3. 人工智能将会影响金融产品的定价模式

现阶段金融市场上的金融产品对于不同用户一般采取统一定价，或者按照用户分类情况对不同类别的用户制定不同的价格。以健康险为例，健康险一般按年龄段和性别进行分类，对不同类别的用户收取不同的保险费用。健康险定价存在的弊端在于定价时只考虑了用户的年龄段和性别两个因素，而未能全面分析每个用户的具体情况，忽略了用户的吸烟情况、饮食习惯以及运动频率等重要因素。

人工智能的应用有助于实现金融产品的个性化定价。同样以健康险为例，人工智能通过对保险公司拥有的大量个人信息和保险数据进行学习，可以从中得出保险定价的规律。当用户购买保险时，人工智能就可以通过分析用户穿戴式设备上传的运动频率以及医院就医记录等信息，更加全面地分析每个用户的健康状况，并以此作为依据，结合保险定价的规律为用户设计最符合用户需求的保险方案，实现保险方案的个性化定价。

第四节 区块链

区块链技术的安全性、可追溯性、不可篡改性、透明性和隐私性以及智能合约实现的协议自动执行，可以有效地解决信用创造问题、提高信息披露透明度，以及更好地实现隐私保护。区块链在金融领域的应用，不仅能提高整个金融系统的安全性，还能进一步减轻政府的监管负担。

区块链技术深化了“金融脱媒”的趋势，降低了交易成本，为构造令人信任的交易组织形式建立了适宜的基础设施框架。它是分布式的，实现了点对点、多中心的组织结构；它是数学化的，实现了无中介、低摩擦的自治管理；它是一体化的，实现了风险管理、收益分享、权责分担的全流程业务模式；它是智能化的，实现了价值转移、可编程的智能金融。

一、区块链发展概况

区块链技术是维护一个不断增长的数据记录的分布式数据库，这些数据通过密码学技术与之前被写入的所有数据关联，使得第三方甚至是节点的拥有者难以篡改。区块（Block）包含数据库中实际需要保存的数据，这些数据通过区块组织起来被写入数据库。链(Chain)通常指的是利用Merkle Tree等方式来校验当前所有区块

案例2-20　以太坊

Ethereum（以太坊）是一个区块链平台，开发者可以创建并发布去中心化的应用程序（Dapp），最终实现去中心化。以太坊创建于2014年9月，通过42天的预售，募集到31531个比特币，根据当时的比特币价格，以太坊成功募集超过1800万美元。在募集期，前两周一个比特币可以买到2000个以太币，随后兑换比率开始下降，到最后一周，一个比特币可以换到1337个以太币。这次预售最终一共出售60102216个以太币，另有占总数9.9%的以太币用于分配给比特币融资或其他确定性融资成功之前参与开发的早期贡献者，以及占总数9.9%的以太币留存给以太坊内部研发单位，募集后市场上的以太币数量为72002454个。

以太坊自身更像一个孵化器，已经与R3和微软Azure合作，提供良好的编程环境和硬件集成的智能资产，供开发者编写各类App。截至2016年11月29日，以太坊内共有318个App。App的应用涉及广泛，包括P2P保险、虚拟货币、去中心化投票、智能合约等。

案例2-21　R3CEV

R3CEV公司于2015年9月在美国纽约成立，R3联盟是由其发起成立的区块链联盟，联盟创始成员包括摩根士丹利、富国银行、高盛、汇丰银行、瑞银、美国银行、花旗银行等国际大型金融机构，其中高盛和桑坦德等银行已经宣布退出R3联盟。R3联盟共吸引全球70多位成员加入，来自中国的成员有平安集团、香港友邦、招商银行、民生银行和中国外汇交易中心。

2016年1月，11位R3联盟成员完成了以太坊网络私人版本的测试。2016年3月，R3联盟开启了第二轮应用服务供应商合作，逐渐向非银行机构、清算机构和交易所开放。2016年4月，R3联盟宣布正式与科技巨头微软建立合作关系，微软为联盟提供云工具及人才支持，并在同月推出Corda，为传统金融机构提供一个分布式账本的解决方案。R3联盟在2016年11月30日将Corda代码开源，期望将区块链解决方案打造成全球银行的运作标准。2016年8月，R3联盟为新项目Concord申请分布式账本技术专利。Concord旨在加速证券交易过程的清算与结算功能，登记各种资产并跟踪现金余额。

案例2-22　Hyperledger

超级账本项目（Hyperledger）是一个推进区块链数字技术和交易验证的开源项目，由Linux基金会发起，联合全球40多家金融、科技和区块链技术公司，共同致力于加速推动分散式分类账技术的开源区块链专案，通过为企业级的开源分布式账本创建一种跨行业开放标准，让自由开发人员专注于建设强大的特定行业应用、平台和硬件系统，实现几乎所有的数字价值交换，如房地产合约、能源交易和婚姻证书，都能够被安全且高效地跟踪和交易。

2016年4月，Hyperledger完成了关键领导岗位的部署，成立了由11个组织组成的技术指导委员会，由IBM出任主席，埃森哲、英特尔、区块链联盟R3、CME Group等10个组织任技术指导委员，主导整个开源区块链技术发展方向，确保讨论、开展与决策的过程开放透明，并负责评估、管理所有贡献至专案的程式码，借由开放社群的流程，建立出一套初期且统一的底层程式码。2016年9月，万达金融集团正式宣布加入，成为Hyperledger第一个来自中国的核心董事会成员。此后，华为集团、恒生电子、深圳前海招股金融服务公司以及深圳新国都技术股份有限公司也相继加入。

是否被修改。基于这种技术特性，可以将区块链理解为由节点参与的分布式账簿系统（Ledger），它不可篡改地、连续地、自动地记录、存储和表达了所有交易数据，从而构成一个诚实的交易系统。[11]

1. 区块链的技术成熟度

根据摩根士丹利发布的区块链报告，区块链的发展可分为四个阶段：2014年至2016年属于区块链技术评估阶段，各类技术公司团体、金融机构开始评估技术的应用价值；2016年至2018年进入区块链概念验证阶段，各类技术公司团体和中介机构开始在特定资产中应用区块链技术，判断技术是否可行及是否可扩展，同时判断区块链的性能、成本、速度和规模是否可以超越传统的金融体系；2017年至2020年，区块链基础设施进入形成阶段，开发全面的用户接口，充分利用API接口进行产品开发，实现更少的人力，并且通过共享基础设施来降低成本；2021年以后是资产扩散阶段，区块链技术得到全面应用，效用被充分证明，更多的资产采用了区块链技术。[12]

2. 区块链的市场概况

根据Coindesk发布的《2016年第三季度区块链行业报告》显示，截至2016年第三季度，比特币和区块链初创企业获得的风投资本总额已累计超过13亿美元，第三季度较第二季度有所回升，达到1.14亿美元，环比增加13%。在2016年第三季度，非货币类区块链公司的投资金额明显上升，占第三季度总投资资本的71%，这意味着资本市场从最开始关注比特币变成关注区块链技术本身，区块链货币之外的应用得到更多认可。

二、区块链对金融领域的影响

1. 提高信息透明度

互联网金融经营主体在市场信息的披露上存在不足，有的甚至进行虚假披露。区块链系统分布式账本解决了信息披露的透明度问题，实现信息“自披露”。每一次交易的变动在账本上都是可追溯且不可篡改的，各方都对该记录的完整性和可靠性在共识机制下达成一致。如果一个节点认为自身持有一定的价值，那么网络中的其他节点也应当认同这条消息，整个系统实现信息自动同步。例如股权众筹融资可以借助区块链实现跟踪募集资金的使用进度和支出明细，进行可视化的投后管理，切实保护好投资人的权益。

2. 实现隐私保护

随着业务互联网化的深入，用户身份识别和安全认证显得尤为重要。由于国内互联网金融交易平台的准入门槛较低，对用户信息的安全防范措施不足，容易导致用户信息泄露，隐私安全面临挑战。区块链技术通过密钥控制和权限管理，保证了交易过程和信息记录的隐私性。基于节点的授权机制，将私密性和匿名性植入到用户控制的隐私权限设计中，只有授权节点才有相应权限查阅和修改有关数据信息，完善用户个人信息保护制度，保证个人信息、财产状况、信用状况等一些私人且机密信息不被泄露。例如，P2P网络借贷平台上的借款人在区块链终端发起自己的借款需求，详细列出贷款总额、期限、利率、过往信用记录等基本信息，并说明自己可接受的借款跟踪检查项目，实际贷款人可以在不知道借款人身份信息的前提下持续跟踪贷款的使用方向和进度，较好地实现隐私保护。

11.区块链技术分为哪几方面？它们的优势和劣势是什么？[EB/OL].鸣金网，2015-11-19，http://www.mingin.com/btc/news/5208-1.html.

12.Global Insight.Blockchain in Banking:Disruptive Threat or Tool?[R].Morgan Stanley，2016.

案例2-23　Linq

纳斯达克通过与区块链初创企业Chain.com合作，已正式上线了用于私有股权交易的Linq平台。此前未上市公司的股权融资和转手交易需要大量手工作业和基于纸张的工作，需要通过人工处理纸质股票凭证、期权发放和可换票据，需要律师手动验证电子表格等，这可能会造成很多人为错误，又难以留下审计痕迹。通过纳斯达克Linq私募的股票发行者享有数字化所有权，同时Linq能够极大地缩减结算时间。Chain.com指出：现在的股权交易市场标准结算时间为三天，区块链技术的应用却能将效率提升到十分钟，这能让结算风险降低99%，从而有效降低资金成本和系统性风险。此外，交易双方在线完成发行和申购材料也将有效简化多余的文字工作，发行者因繁重的审批流程所面临的行政风险和负担也将大为减少。

目前已正式上线的Linq区块链私有股权交易平台为公司提供了管理估值的仪表盘、权益变化时间轴图、投资者个人股权证明等功能，让发行公司和投资者能更好地跟踪和管理证券信息。区块链技术替代原来经常采用的纸币和电子表格的记录方式，大大提高了交易和管理效率。

3. 提高系统安全

互联网金融建立在高度发达的计算机网络基础上，但由于现阶段互联网金融系统自身存在着应用技术不完善、安全系统架构不牢固、技术安全水平较低等问题，容易遭受黑客恶意攻击，造成业务交易数据被篡改、丢失，甚至出现宕机，增加了风险控制难度和成本，甚至影响业务的正常开展。

目前防止系统宕机主要通过多处备份或在异地建立灾备系统的方式来降低遭到攻击的可能性，而区块链技术的高容错性自动解决了系统的安全问题。区块链在分散的网络节点上运行，分布在区块链内的数据信息可以从成百上千的节点中访问，任何特定节点的故障都不会危及整个区块链的业务处理能力，这样的分布式账本从技术上更好地解决了系统安全性问题。

案例2-24　金股链

金股链是建立在布比区块链平台上的股权登记转让服务平台,为投资人提供高效、可信的资产流通环境和服务,实现对股权、债券的登记、认证、记录、流通等功能。金股链基于区块链技术多中心、分布式共享账本的特性为私人股权交易市场提供了一个全新的技术和业务解决方案，保障私人股权交易转让的参与方公开、透明、共建、共享、共监督。

金股链与合作机构联合发放基于区块链的可信数字股权凭证，相较传统的纸质凭证或电子凭证更容易流转、更安全。由于初始股权采用数字形态，股权流通过程中便于跟踪，对于股权的市场监管更加便利。每笔股权交易信息都会记录进区块链中，同时该节点将交易信息同步至网络中的其他合作节点，这样就形成了一个去中心化的分布式数据库，数据篡改的可能性几乎为零。整个交易过程没有第三方介入，完全实现了点对点、端到端的交易。这套信用机制完全基于算法实现，人与人之间的信任风险被消除。

4. 提供监管便利

金融监管存在一定的滞后。目前互联网金融监管的方法和手段落后于金融创新的发展，加之新兴互联网金融业态数据透明度不高、数据质量参差不齐、采集标准不健全等原因，监管机构检查的程序化、规范化程度较低，缺少行之有效的风险防范措施和手段。在我国一行三会的金融监管体系中，新的业务类型，如直销银行呈现“混业性”特点，其经营涉及央行、证监会、网络安全管理局等多个部门，如果没有良好的信息共享机制，这一行业的整体安全难以得到保障。

区块链技术为监管部门提供了新的工具，每一个区块记录都包含有完整的时间戳。由于采用通用共享的数据库，所有的数据都按照一个共同版本的要求进行记录和加密，监管部门通过授权节点进行实时观察、跟踪交易数据，并进行跨部门的协作管理，为政策的及时调整和制定提供依据。

5. 创造“无须信任的信任”

信任建立机制面临挑战。互联网金融是在虚拟网络中完成相关交易和服务，交易双方缺乏现实中的沟通和交流，没有传统金融实体机构的权威认证，信任建立过程较为复杂。例如资金贷出后，如何保证借款人按照承诺的用途使用资金，进而保障投资人的权益，是目前P2P网络借贷平台亟须解决的问题。从2013年起，P2P网络借贷平台已开始陆续出现了运作不规范、法人跑路、公司倒闭等问题，互联网金融网络信任关系的建立和保护迫在眉睫。

区块链最大的颠覆性在于信用的创造机制。区块链技术基于数学（非对称加密算法）原理进行了信用创造机制的重构：在系统中，参与者之间不需要了解对方的基本信息，也不需要借助第三方机构的担保，直接进行可信任的价值交换。区块链自身的技术特点保证了系统对价值交换的活动记录、传输、存储的结果都是可信的。此外，嵌于分布式账本上的智能合约可以把许多复杂的金融合约条款（多以外部事件为触发点）写入计算机程序，在条件触发时自动执行，解决履约时的逆向选择和道德风险问题。

6. 提升交易效率

传统金融机构在交易过程中会涉及多个中介环节。以股权交易为例，传统股权交易过程涉及托管机构、第三方支付平台、公证人、银行等，中间存在大量人工处理纸质材料信息，不仅容易出错，而且效率低下。此外，各个机构依赖于本身的IT系统和工作流程，往往需要多方进行数据的反复沟通、核对和发送等，交易成本较高。

区块链的共识机制使得部分金融领域的交易可以在短时间内完成，大大提升了金融交易的效率。通过工作量证明机制或者其他共识机制验证交易之后，新的区块就可以被写入分布式账本，所有节点的账本将同时更新，交易确认和清算结算几乎在同一时间完成，所有节点依然共享完全一致的账本。银行业可以充分利用区块链技术对当前中心化银行系统进行改进，使之成为改造银行后台、优化基础架构的工具，从而增强自身竞争力，为金融服务体系的现代化提供动力。

三、区块链在金融领域的发展趋势

1. 联盟链是共同选择

在金融领域，为了更好地保护数据隐私和安全，区块链较多采取联盟链的形式，对特定的机构和个体开放，通过节点权限控制，避免操作性风险。对各家金融机构来说，通过联盟链可以提高业务的互操作性，降低对

案例2-25 Overstock

Overstock创建的T0区块链交易平台能够让证券直接在区块链上完成交易，而无须通过纳斯达克等传统交易平台。对于Overstock而言，在其平台上发行公司股份，主要是为了证明区块链技术的优势。在传统股票交易市场，市场上的结算机制T+1是T天买入，T+1日后才可以卖出，其中证券交易流程需要一整天的时间才能解决。而在区块链上，结算可以瞬时完成，T0被评述为“交易即时结算”，结算与交易同时发生。

2015年7月，Overstock向FNY资本的子公司销售首个区块链上的加密债券，2015年10月，有五位用户通过该平台借出股票。2015年12月，美国证券交易委员会（SEC）批准在Overstock通过区块链来发行本公司的股票。公司利用区块链技术的安全、透明和可靠性，不仅大大减少了交易所的操作成本，也提高了交易效率。

账时间和成本，更好地发挥区块链的技术优势和规模效应，进而扩大影响力，帮助其扩大行业话语权。

2. 支付领域和贸易领域是突破口

大型金融机构积极致力于用区块链技术解决目前协调成本高、操作周期长的业务问题，例如，一直以高昂的手续费和漫长的转账周期为痛点的跨境支付业务和以往过于依赖手工、纸笔流程来进行业务流转的贸易金融。通过分布式账本技术，在授权用户信息共享的基础上，减少信息单项流动带来的时滞，实现业务操作流程的扁平化，实现更低费用和更快速度的业务操作，从而降低用户风险损失，提高业务效率、节省业务成本。

3. 科技类公司与金融机构合作推动区块链技术向金融领域渗透

自2008年金融危机之后，金融科技开始兴起，传统金融机构由于组织架构、风控制度以及激励考核体系的路径依赖，对新技术采取的是相对谨慎的态度，技术类公司由于深谙科技发展逻辑并拥有技术优势，更多地承担了促进科技向金融渗透与融合的任务。采取“由点及面”式的扩散发展促进科技与金融更加丰富和立体的融合。这一过程，伴随着资本的涌入和催化，区块链科技类公司也完成了最初的市场布道、应用场景探索和用户培养任务。

随着金融科技监管探索的逐步到位，以及区块链在金融领域应用场景的确定和拓展，科技类公司参与金融业务必须通过与持牌机构合作以更好地推进区块链技术向金融领域渗透。

4. 越来越多的央行对发行法定数字货币持肯定态度

央行发行法定数字货币的主要目的是替代实物现金，降低传统纸币发行、流通的成本，提升经济交易活动的便利性和透明度。当前全球主要经济体的央行，例如英国央行、美联储等，纷纷关注并投入到法定数字货币的研究实践中。乌克兰国家银行委员会从官方角度已经批准无现金经济的发展路线图，计划通过发行法定数字货币作为无现金支付工具，并创建一种银行卡支付副产品，该计划将会在2017年第四季度之前实施。中国人民银行的研究团队自2014年起开始持续关注法定数字货币的相关研究，已经发布了法定数字货币总体框架、技术与标准、法律问题、发行业务等多维度研究报告，原型系统正在研发、推进中。

第二篇
PART Ⅱ

风险与监管
Risks and Regulation

第三章　互联网金融的风险与监管

以大数据、云计算、人工智能和区块链为代表的新技术促进了金融业务的快速发展。新技术强化了市场稳定性，提升了资源配置率，优化了风险配置，进一步推进了金融业的精细化发展。然而，新技术的出现并未改变金融风险，也没有偏离传统金融的本质，反而使金融风险更加复杂化和隐蔽化，也涌现了诸多新风险。

首先，互联网金融提升了金融业的服务便捷性，但并没有改变金融的本质。互联网自身具有虚拟性强、传播速度快、参与人数多等特点，拓宽了传统金融的服务群体和服务内容，但并没有改变既有的金融业务风险。在继承了信用风险、流动性风险、市场风险等传统金融风险的基础上，新技术和金融的结合放大了金融风险的表现形式和传播方式，加快了金融风险的蔓延速度，使风险变得更为错综复杂，也更加隐蔽和难以评估。

其次，互联网金融也将科技特有的风险传播到了金融领域。黑客攻击、技术漏洞、网络故障、操作风险等问题变得愈加严峻和突出。

最后，由于投资者的风险承担能力较小、互联网金融业务的准入门槛更低等原因，使得金融的顺周期性更为明显，金融体系的整体风险偏好上升，容易引发大范围的系统性风险。

与此同时，互联网金融新风险对互联网金融的法律法规、监管体系、监管主体的专业能力均提出了更高要求。目前我国的法律法规和监管体系尚不够完善，法律空白、监管缺失在许多互联网金融模式中时有出现。虽然金融监管部门的工作人员对金融运行的规律和风险比较熟悉，但对新技术本身的架构、优势、局限性及其与金融业务的结合点，还需要有一个学习和熟悉的过程，这在一定程度上也导致了监管的时滞。

互联网金融发展至今，不能一味追求速度与高效，而应在效率与安全之间寻求一个平衡点。基于此，监管部门在监管方面已做出巨大努力，从《关于促进互联网金融健康发展的指导意见》对互联网金融的肯定，到各种相关法律法规的陆续出台，再到《互联网金融风险专项整治工作实施方案》及其配套实施方案的发布执行，无不显示了监管部门在促进互联网金融创新发展的同时，也在积极推进防范行业风险、维护行业健康稳健发展的措施。

新科技为金融领域带来了一系列风险，但通过技术本身的应用，也能够降低互联网金融中的风险损失并丰富监管手段和方法。

例如，运用大数据统计分析和数据挖掘技术实时处理与风险相关的信息，建立风险预测模型以便及时识别流动性风险，帮助金融机构有效规避流动性风险。将金融监管与大数据相结合，还将有助于实现金融监管的及时性和有效性。云计算的应用能够使金融机构的IT资源具备更高的可扩展性，并能够在多个不同物理位置布置IT资源，从而有效规避金融机构内部IT资源配置不足，或当内部IT资源出现系统故障时，金融机构可能丢失重要交易数据的风险，很大程度上降低金融机构的风险损失。

本章作者：
吕雯，南湖互联网金融学院研究部负责人
徐琳，南湖互联网金融学院学术研究组主管
研究助理：
夏玉洁，南湖互联网金融学院
陈雅静，南湖互联网金融学院
陈佳燕，南湖互联网金融学院

人工智能能够从用户提供和搜索到的大量信息中提取有用部分，对该部分信息进行分析并反馈给金融机构，从而降低交易双方的信息不对称性，降低道德风险。人工智能还能通过对各类新闻事件、政府报告以及经济数据等资料的分析，对市场进行预测，为金融机构提供风险预警，提示金融机构采取预防措施。

区块链技术也为监管部门提供了新工具，每一个区块记录都包含完整的时间戳，由于采用通用共享的数据库，所有的数据都按照一个共同版本的要求进行记录和加密，并且允许任何一个可信任方进行调用，因此可以满足监管部门的交易记录存档要求。同时该技术还可以帮助监管部门通过一个超级节点进行实时观察，跟踪交易数据，从而为政策的及时调整和制定提供依据。

随着法律和金融科技的进一步完善、社会安全风险感知的不断提升，金融领域的监管方式也将发生巨大变化，技术驱动下的新型金融监管方式将成为必然趋势。金融监管机构将能够在合法合规的前提下，借助先进的信息化技术对金融市场和企业动态进行实时智能检测，从而能够更加及时精准地打击违法犯罪行为，以更好地维护金融行业的持续、健康、稳步发展。

第一节　互联网金融的风险

一、传统金融的风险

1. 信用风险

互联网金融信用风险主要指互联网金融的交易参与方不及时履行义务所带来的风险，主要源于互联网金融平台的经营不合规以及信息不对称。近年来，互联网金融平台“倒闭”“老板跑路”事件频发，信用风险较为常见。

一些互联网金融平台由于缺乏正确的经营理念，盲目用“高收益”吸引消费者，最终导致资金周转困难，又由于缺乏完善的风险处置机制，不得不选择倒闭。而有一些互联网金融平台成立目的就不纯，一旦成功地进行“非法集资”或者“洗黑钱”，就会卷款跑路。另外，虽然监管部门明确规定某些互联网金融机构只能充当“信息中介”，但事实上这些互联网金融平台为了在激烈的市场竞争中获得一席之地，偷偷扮演着“信用中介”的角色，提供各种形式的担保，通过风险溢价来盈利，引发了信用风险，给互联网金融消费者带来了不小的损失。一些互联网金融模式中“无抵押、无担保”的借贷行为又使得交易双方完全不受约束，增加了违约现象。

信息不对称也是导致信用风险的一个主要原因。由于互联网金融具有虚拟性，参与者广且分布较散，交易双方不容易直接见面，加之我国征信体系并不完善，所以交易者之间缺乏充分了解，决策地位并不对等。虽然信息披露和信息共享有利于改善信息不对称，但是目前这两大制度的推进尚存在很大阻碍。互联网金融机构作为中介，有收集交易者信息、审核交易资格并进行信息披露的义务，但考虑到运营成本以及交易量，它们往往缺乏足够的动力进行披露。因此，互联网金融机构的实际准入门槛一般较低，个人信息数据披露不足，在项目融资过程中也缺乏完善的信息披露机制，缺少对交易方资金运用情况的监督，信用风险也正是在这样的环境下滋生出来的。

2. 流动性风险

互联网金融的流动性风险是指互联网金融机构由于资金短缺而无法实现消费者的提款指令。互联网金融的流动性风险可以从产品、网络、机构、投资者特性等方面予以关注。

资金错配问题、网络问题以及投资者不理性的投资行为等均会导致流动性风险的产生。

用户投入到借贷融资项目中的短期资金被投入到更为长期的项目中，从而产生期限错配问题，一旦消费者集中或大量提取存款，流动性风险就会暴露。

网络问题也会导致流动性风险，如系统瘫痪使得互联网金融机构无法及时得到足够的资金以支付到期债务、金融机构无法及时应对消费者集中赎回的行为等。

此外，投资者不理性的投资行为也可能引发流动性风险。互联网金融的投资门槛较低，对投资者的要求并不高，很多互联网金融投资者并不具备基础的投资知识，对互联网上的信息无法进行有效辨别和筛选，容易出现盲目更风、扎推投资和挤兑现象，加剧流动性风险。

3. 市场风险

互联网金融机构面临的市场风险主要是利率风险。互联网金融机构的收益率优势正在下降。

一方面，互联网金融产品的高收益率并不符合经济规律，互联网金融平台为吸引投资者而推出的高收益模式只能维持较短时间，并非长久之计。与传统的金融产品一样，互联网金融产品的收益率同样也受市场利率影响，因此，互联网金融平台上销售的产品最终还是会回落到合理的收益区间。

另一方面，利率市场化改革可能会给新兴的互联网金融机构带来一定打击。随着利率的放开，银行等传统金融机构可能会通过提高存款利率、降低贷款利率提高竞争优势。如果互联网金融失去了收益率优势，市场份额将急剧减少。特别对于“T+0”型的互联网货币基金来说，资金大量回流到银行，将引发互联网金融机构的流动性风险。除了收益率优势的弱化，利率市场化改革也会对互联网金融机构产生一定影响。由于取消了对利率的限制，货币市场的利率波动会变大。大部分互联网金融机构成立不久，缺乏完善的利率风险应对机制和足够的利率风险应对能力，因而利率的波动将会给它们带来一定冲击。

4. 操作风险

互联网金融操作风险是指误操作行为导致损失的风险。金融行业的误操作事件不在少数。例如，2013年8月的光大乌龙指事件，就是由于工作人员的误操作，而使光大证券遭受了惨重损失。“乌龙指”也可能发生在互联网金融领域。互联网金融行业对于从业者的要求相对较低，且互联网金融机构多处于发展初期，缺乏严格的内部管理制度和员工培训机制，员工容易因不熟悉业务、不遵守操作规章而出现误操作行为。

系统的设计缺陷和互联网的实时性也加剧了操作性风险。由于互联网金融行业起步不久，很多设备、系统都处于研发、试用等摸索阶段，并不成熟。部分系统没有考虑到操作者的使用习惯，可能会导致一些违背真实意愿的行为发生。另外，到柜台经过人工审核才能完成的转账、提款等金融业务，给金融机构处置风险预留了一定的时间，但互联网具有的“零时差”特点，让一项金融业务在几分钟甚至几秒内就能完成，这使得互联网金融机构常常来不及对误操作进行弥补。

5. 法律合规风险

法律合规风险即互联网金融机构因违反法律法规，或无法满足法律法规的要求，而给机构本身或消费者乃至整个社会造成损失。互联网金融的发展历史不长，尚未确立完善的法律体系，因此法律合规风险较为突出。

一方面，一些互联网金融领域的法律迟迟不出台，使得许多互联网金融机构的经营行为没有法律依据。在这样的法律环境下，许多有利于社会发展的创新行为会因不确定是否触及法律底线而受到遏制。另一方面，法律的空白使一些真正侵害消费者权益的行为未能被禁止，一些非法互联网金融机构利用法律漏洞进行违法犯罪活动，实现监管套利，给互联网金融消费者和社会造成很大损失。

面对互联网金融日新月异的发展形势，互联网金融法律法规的制定不仅需要尽快填补法律空白，而且需要认清行业本质，结合现有的法律法规体系，尽量扩大现有法律规范的适用范围，从而发挥法律规范的指导作用。

6. 声誉风险

声誉风险是一个较为综合性的风险，上述五种风险都可能会导致互联网金融的声誉风险。声誉风险的成因也是多方面的，互联网金融机构内部或外部的一些问题，都可能导致消费者对其产生负面评价，造成声誉风险。

从互联网金融机构内部来看，由于互联网金融机构大多成立不久，相关经验不足，其产品设计不够人性化、网络安全防护技术不成熟等缺点，会导致用户体验不佳；而其发展目标不明确、内部管理制度混乱、风险控制措施不到位，又可能会降低消费者的信任度。这些都会导致用户对互联网金融机构产生不良印象。此外，在经历了“井喷式”增长后，一些互联网金融平台出现了卷款跑路、兑付困难等事件，更是给互联网金融造成严重的声誉影响。

外部原因也可能引发互联网金融的声誉风险。例如违法犯罪分子对互联网金融机构的网络平台进行非法攻击，一旦给消费者造成了财产上的损失，势必会影响消费者对于互联网金融的接受程度。再如，犯罪分子利用互联网具有虚拟性这一特点，冒充金融机构的员工进行诈骗或对其抹黑，也会给互联网金融造成严重的声誉风险。

互联网的一些独有特点也增加了互联网金融的声誉风险。互联网金融比传统金融更为虚拟，传统的金融消费者并不会在短时间内就适应这种“看不见、摸不着”的模式，他们的怀疑态度往往会放大互联网金融的缺点。另外，互联网上充斥着大量不实信息，这也增加了消费者信息筛选的难度，消费者容易产生偏听、误信等行为。如果某互联网金融机构被恶意诽谤，而舆情处理又不得当，就可能会严重影响其声誉。

二、新技术带来的新风险

（一）产品设计层面的风险

1. 技术漏洞

互联网金融的发展时间不长，许多技术并不成熟，存在客观技术漏洞，可能引发诸多风险。

首先是数据安全问题。技术的不完善可能会导致数据信息被窃取、泄露、篡改、灭失等。常见的数据安全威胁包括信息泄露、破坏信息的完整性、拒绝服务、非法使用、窃听、业务流分析、假冒、旁路控制、授权侵犯、特洛伊木马、后门、抵赖、重放、计算机病毒、人员不慎、媒体废弃、物理侵入、窃取、业务欺骗等。数据安全问题的主要来源如下：

（1）外部黑客的恶意攻击造成数据被篡改和丢失。黑客攻击互联网金融网站最大的目的就是窃取数据。[1]黑客实行高效的信息分享和协同作战，整体攻击能力日渐提高，攻击手段层出不穷，交流和协作日趋频繁。互联网金融网站面临严峻的安全考验。

（2）内部人员误操作或恶意破坏行为，以及系统设备故障造成的数据损坏。实际上这些数据安全问题的形成，主要还是由于安全技术不完善。未来要确保电子数

1. 2015年互联网金融网站安全报告[R]. 网盾宝，2016-02-17.

据安全，就要发展技术，减少漏洞，另外，通过加密传输、存储等手段把电子数据在第三方的监管数据中心进行备份。

其次是网络安全问题。网络安全风险指互联网环境中遭到网络攻击、渗透、窃听、计算机病毒等威胁导致的风险。网络安全风险是金融信息科技风险的重要组成部分。互联网金融非常依赖因特网和移动互联网，但是旨在破坏网络安全性方面的攻击也在升级。一旦互联网金融企业出现了网络安全问题，将引发系统性风险。网络安全问题主要有以下几类：

（1）网络通信安全风险。

互联网环境下，用户登录、查询、交易等操作都通过网络进行，部分互联网金融平台并没有建立保护敏感信息的安全机制或只是采用较弱的密码算法，因此很容易被攻破。一旦客户的资金、账号和密码等敏感信息在网络传输过程中遭到泄露或篡改，将给互联网金融信息安全造成严重影响。

（2）网站安全风险。

网站交易平台为客户提供网上支付、网上投资、网上转账、网上借贷等服务，因此网站的可靠与否将影响用户的资金安全。近年来，随着互联网技术的发展和开放，互联网金融机构所面临的Web应用安全问题越来越复杂，黑客攻击、蠕虫病毒、DDoS攻击、SQL注入、XSS攻击、Web应用漏洞等安全威胁，极大地困扰着用户，对组织的信息网络和核心业务造成严重破坏。网站信息系统在为互联网金融业务带来高效性和便利性的同时，同样也给外部和内部人员利用信息系统进行犯罪带来了便利性和隐蔽性。

（3）客户端安全风险。

绝大多数金融安全事件源于客户端安全隐患。由于终端操作系统的脆弱性和用户安全保护意识的缺乏，互联网金融客户端极易受到恶意代码、网络钓鱼等黑客技术的侵害。此外，大多数客户端程序都是基于通用浏览器开发的，存在利用通用浏览器漏洞获取客户信息的风险。即使有的客户端采用了安全控件，但由于防护强度较弱等原因，仍有可能无法抵御一些常见攻击。

2. 适用性问题

目前，许多科技企业都在研发自己的互联网金融设备，但却没有一个统一的标准，由此易引发兼容性问题。互联网金融尚属新生事物，并没有对兼容性问题进行全面试验，例如某金融软件只能在某一系统中运行。兼容性问题会给互联网金融消费者带来很多不便，例如闪退、卡顿等问题，甚至带来损失。兼容性问题将影响互联网金融的长远发展。

不仅各软件、硬件之间需要无缝衔接，科技还需要与金融更好地融合，被赋予金融的逻辑。但事实上，科技并不是一开始就适用于金融，甚至科技的逻辑和金融的逻辑之间可能存在一定矛盾。例如，智能金融理财服务通过机械化算法得出的投资建议并不一定是最佳结果，因此有专家认为智能金融理财服务为投资者提供的投资建议有可能使投资人的收益超过平均水平，但却没有办法保证投资人得到最高收益。不仅如此，智能金融理财服务还可能存在过度拟合问题，机器通过现有变量得出的结论可能与金融的逻辑大相径庭，由此给消费者造成不必要的损失。如果该智能金融理财服务的影响范围较大，甚至有可能引发集体性不理性投资行为，造成社会经济问题。

（二）机构运行层面的风险

1. 市场营销风险

科技对互联网金融机构市场营销的影响是双重

案例3-1　The DAO被攻击事件

The DAO（Decentralized Autonomous Organization，DAO）项目是一个运行在以太坊区块链上的去中心化自治组织的一种实现。借助以太坊区块链，用智能合约推进管理，实现组织全面的自治管理。2016年5月，The DAO通过众筹获得了市场上价值1.17亿美元的以太币，成为了世界上众筹额度最高的项目。然而在The DAO尚未完全开展业务时，就暴露出了程序漏洞，该循环调用漏洞直接导致The DAO丢失了近600万美元的以太币。这次事件不仅让The DAO的估值一落千丈，对以太坊的市场估值也造成了大幅冲击。

在The DAO被攻击事件中，攻击者组合了2个漏洞攻击，即递归调用split DAO函数的漏洞以及资产分离后避免从The DAO资产池中销毁的漏洞。在攻击完第一个漏洞之后，再将DAO资产安全转移回原账户，在只利用两个同样的账户以及同样的DAO资产的情况下，攻击者就进行了200多次攻击。由此可见，科技一方面为金融带来了很多技术革新，另外一方面也带来了前所未见的风险。对待技术问题，监管者和参与者仍要持谨慎态度。

的，一方面，科技带来的便利性能够吸引更多客户，大数据也能帮助提高产品营销的成功率。另一方面，消费者接受新科技需要一定时间，不成熟的科技也将提高营销的难度。

科技虽然降低了金融投资者的资金门槛，却也提高了金融的技术门槛，很多用户由于科技产品较为复杂而放弃使用。尤其对于一些老年用户，面对眼花缭乱的互联网金融产品更是望而却步。互联网金融由于设计问题导致用户体验度较差，也会使客户流失。

此外，受互联网金融行业用户信息泄露、资金被盗等负面消息的影响，很多消费者对互联网金融的安全性心存疑虑。因此有很大一部分金融消费者依然选择传统金融机构，而不敢轻易尝试新技术。

2. 内部管理风险

内部管理风险主要体现在操作风险、人员风险、财务管理风险等方面。首先，互联网金融的误操作问题值得深思。互联网金融产品起步较晚，没有足够的试错时间，部分产品存在设计缺陷，由此增加了误操作的可能。其次，互联网金融虽然发展迅速，但相关人员的培训却没有跟上，很多金融行业的从业人员对互联网金融产品并不了解，与顾客沟通存在问题，误导消费者的现象屡有发生。互联网金融持续健康发展，对内部管理的风险把控必不可少。互联网金融产品的不断优化可有效减少误操作，而相关人员的知识培训也必须跟上。

3. 资金和专业人才匮乏

科技的竞争将来有可能成为互联网金融机构竞争的主要方面。谁拥有先进的技术，谁就拥有了先机。然而技术的研发和应用需要大量资金和人才投入，许多小企业根本无力负担。互联网金融巨鳄凭借先入者优势，享受着规模经济带来的好处，对小企业的发展造成挤压，容易引起垄断，不利于社会发展。此外，互联网金融资金和人才主要集中在经济发达地区，这也将加剧市场的集中度，为欠发达地区的小型互联网金融机构带来很大压力。

（三）监管层面的风险

科技的日新月异提高了监管的难度，监管空白和滞后潜藏着风险。首先，目前法律法规的制定没有跟上金融科技的发展速度，存在法律空白和时滞现象。其次，金融科技的发展需要有非常清晰明确的监管职责界定和有效的协调机制，否则容易出现过度监管和互相推诿的情况。此外，金融科技的出现对监管主体而言也是一大挑战。虽然金融监管部门的工作人员对金融运行的规律和风险比较熟悉，但对新技术本身的架构、优势、局限性及其与金融业务的结合点，还需要有一个学习和熟悉的过程，这在一定程度上导致了监管时滞。

监管层面存在的问题，容易导致监管部门在监管过度和监管漏洞之间徘徊，使得金融科技公司要么不敢进行有益的创新产品研发，要么钻了监管的“空子”。同时，监管机制不健全、监管时滞等还会导致金融消费者维权困难、行业混乱。因此法律及监管的完善是当务之急，对于金融科技不能一味地追求快速与高效，而应在效率与安全之间寻求平衡点。

（四）宏观层面的风险

1. 技术替代人力导致的失业问题

金融科技的迅速发展可能会带来失业问题。金融科技提高了自动化水平，许多金融的流程不再需要人工完成。事实上，技术替代人工的例子已经比比皆是，ATM、网上银行、手机银行正在替代银行柜员，智能投顾正在替代理财顾问，云计算技术正在替代数据分析员……虽然这些技术节省了互联网金融机构的成本、提高了劳动效率，但是也因此减少了对劳动力的需求，特别是那些技术含量不高的金融服务岗位将会减少，许多人将因此面临失业压力。

2. 技术导致系统性金融风险

金融科技如果没有被合理利用，还可能会造成系统性金融风险。以智能投顾为例，如果通过智能投顾得到的理财建议是错误的，那么就会导致非理性投资行为的出现。不仅如此，智能投顾通过程序化的计算公式得到的投资建议往往趋同，这将造成大量一致性的投资行为，同一时间同向的资金流动会给金融机构带来巨大的资金压力，导致流动性风险。这种一致性的投资行为也会放大资产价格顺周期性，引发资产估值错误，加剧经济泡沫或经济危机。因此，不成熟的金融科技不仅不能给人们创造财富，反而会给投资者造成损失，增加风险的传染性。

第二节　互联网金融各模式的风险与监管

一、互联网支付

（一）主要风险

互联网支付是互联网金融的重要模式之一，也是其他模式运行的重要支柱，在互联网金融领域有着基础性地位，但也存在诸多潜在风险，如信息技术风险、信用风险、流动性风险和操作风险等。

互联网金融目前在网络基础设施、应用系统、数据库管理上还存在一些安全隐患，黑客往往利用这些漏洞对网站进行攻击，盗取支付账号、窃取客户信息等。这些行为将严重影响客户的信息安全、资金安全以及业务系统的正常运行。从媒体报道来看，双乾支付、汇潮支付、汇付天下等第三方支付公司都遭遇过黑客的流量攻击，导致用户无法正常访问。除了流量攻击，黑客还会利用互联网金融平台的系统漏洞，采用渗透攻击的方式，恶意删除或者篡改数据，对网站造成巨大损失。

为了减少互联网支付的风险，央行决定自2016年7月1日起，实行新的非银行支付账户体系，要求互联网支付平台的所有用户必须进行实名验证。2016年8月，央行又发布了《支付业务许可证》，明确了可以提供支付服务的27家非银行支付机构名单，同时《支付业务许可证》缩减了存在问题的互联网支付机构的业务范

案例3-2　支付宝宕机事件

2016年7月22日上午，用户在使用支付宝进行支付和转账时均接收到“网络不给力，请稍后再试”的提示，支付宝回应称这一宕机事件是由于支付宝华南的一处机房出现了问题。虽然支付宝方面称公司设有多处机房作为备用，一旦某一机房出现问题，就可以立即使用其他机房，但实际上这种所谓的“异地双活”架构并没有真正实现无缝连接，而让用户对故障无感。

类似的宕机事件对于支付宝来说并不是第一次。2015年5月27日下午，支付宝就出现过无法登录、转账、付款、余额不显示等状况，给用户造成了很大不便。支付宝称这一宕机事件是由于支付宝的光缆被挖断造成，两个多小时后系统恢复正常。2016年6月30日晚上11点半左右，支付宝用户反映无法登录，五分钟后系统恢复正常。

互联网支付业务不连续会导致服务不可用或服务水平严重降低，引发用户恐慌、机构声誉受损甚至倒闭等严重后果，一些违法犯罪分子也可能利用系统故障欺诈消费者，给消费者的资金和信息安全带来隐患。

围。[2]这些措施的实行有利于为互联网金融行业创造一个良好环境，保证互联网支付的健康有序发展。

（二）监管政策

互联网支付起步较早，因此相关法律较多，早在2004年《电子签名法》就为互联网支付提供了早期的法律参考。《电子签名法》有利于互联网支付的创新和发展，但是《电子签名法》的条例大多属于一般性原则，针对性不强，其最大的弱点是没有办法证明数据电文和电子签名的可靠性。

2005年央行发布《电子支付指引》，规定“电子支付账户必须是在银行开立的支付结算账户”，给了第三方支付机构一定的限制。《电子支付指引》发布的意图在于降低客户风险，提高支付安全性，但却阻碍了第三方支付的创新行为，也给消费者的支付行为带来不便。

随后出台的《支付清算组织管理办法》仍然没有赋予第三方支付平台一个明确的法律地位。这一法律空白直到2010年才得以解决，2010年6月《非金融机构支付服务管理办法》出台，第三方支付平台开始有了较为明确的法律规范。《非金融机构支付服务管理办法》规定，没有获得《支付业务许可证》的非金融机构不得经营支付业务。半年后，《非金融机构支付服务管理办法实施细则》出台，明确规定支付机构不得挪用备付金，肯定了互联网支付、第三方支付等新兴模式的法律地位，并且制定了更加具体明晰的规范。《支付机构客户备付金存管暂行办法》（2013）弥补了《非金融机构支付服务管理办法实施细则》在备付金孳息所有权方面的空白，规定支付机构沉淀资金所产生的利息在计提10%的风险准备金后，其余部分归第三方支付机构所有，这一规定降低了沉淀资金孳息在分配时的成本，但却明显不利于保护消费者权益。

2014年，中国银监会下发《中国银监会中国人民银行关于加强商业银行与第三方支付机构合作业务管理的通知》（以下简称《通知》），规定银行不得与安全保障能力弱的第三方机构合作，第三方机构不得越界访问银行网络，在银行和第三方支付机构之间筑立起了一道防火墙。《通知》也对第三方支付机构的快捷支付等技术提出了更为严格的要求，第三方支付机构的运行变得

2.央行对支付宝等27家非银行机构支付业务许可证续展5年[EB/OL]. 中国新闻网，2016-08-12[2016-11-04]，http://www.chinanews.com/cj/2016/08-12/7970469.shtml.

更加规范。同年，《中国人民银行支付结算司关于暂停支付宝公司线下条码(二维码)支付等业务意见的函》受到广泛关注。人民银行认为条码(二维码)的安全性还不确定，出于安全考虑暂停了利用条码(二维码)支付的行为，但在实际生活中，很多人体验到了条码(二维码)支付的方便快捷，因此“一刀切”式的紧急叫停不符合用户意愿，也不利于企业创新。

2015年12月25日人民银行印发的《中国人民银行关于改进个人银行账户服务加强账户管理的通知》对互联网支付进行了一场大变革。《中国人民银行关于改进个人银行账户服务加强账户管理的通知》规定了银行账户必须进行实名认证，并将个人银行账户划分成3类，每一类账户的权限有所差别，以此保障账户安全。更重要的是《中国人民银行关于改进个人银行账户服务加强账户管理的通知》肯定了通过远程视频柜员机等自助设备、网上银行和手机银行等电子渠道开户的合法性，大大推动了互联网银行和直销银行及其支付业务的发展。该通知颁布三天后，央行又出台了《非银行支付机构网络支付业务管理办法》，这部法律将支付账户也分为了3种类型，明确了支付账户实名制和账户分类管理制，同时对风险管理、客户权益保护、法律责任划分做出了详细规定。

2016年8月，支付清算协会向支付机构下发了《条码支付业务规范（征求意见稿）》，要求支付机构开展条码业务应遵循规范，也就是说央行不再禁止条码（二维码）业务，这一政策遵循了社会发展大趋势，在创新和风险防范之间做了较好的平衡。同月央行发布《支付业务许可证》，公布了有资质提供支付业务的非银行支付机构名单。互联网支付机构作为系统性重要机构，制定严格的准入监管非常必要。

2016年10月13日，国务院办公厅发布的《互联网金融风险专项整治工作实施方案》补充了对第三方支付的相关规定，首次明确非银行支付机构备付金账户计付利息归人民银行或商业银行所有，同时禁止非银行支付机构连接多家银行系统，这些规定减少了第三方支付机构“吃利差”、变相开展跨行清算业务等扰乱行业秩序的行为。

二、网络借贷

（一）主要风险

我国网络借贷起步较晚，相应的法律法规不完善，缺乏网络借贷方面的监管经验，因此网络借贷的安全问题相比其他模式更为严重。

由于我国的征信体系不够成熟，大部分P2P网络借贷平台成立时间短、规模小、没有充足的资金和能力，所以这些平台很难收集到足够的个人信用信息，并对客户信用进行准确评价，因此交易时面临的信息不对称性问题十分严重。

在中国人民银行发布《关于促进互联网金融健康发展的指导意见》明确规定P2P网络借贷只能做信息中介之前，很多P2P网络借贷平台还充当“信用中介”的角色，进行着替客户保管资金、信用担保等行为，从而面临着严峻的信用风险和流动性风险。

此外，很多P2P网络借贷平台没有应对风险的充足经验和完善机制，监管部门对P2P网络借贷平台的控制能力也不像对传统金融机构那么强，P2P网络借贷平台一般没有留存准备金，所以大部分P2P网络借贷平台应对流动性风险的能力很弱。

P2P网络借贷平台受到黑客攻击导致数据泄露的事件屡见不鲜，最大的原因在于现在国内的网贷平台太多，平台的技术实力参差不齐。甚至有不少平台使用的技术后台不是自己开发的，而是直接购买第三方IT系统。此类系统由于漏洞多、更新周期慢等问题，存在着巨大的安全隐患，极易成为黑客攻击的目标。P2P网络借贷平台作为信息聚集方，一旦系统安全防护不到位，极有可能批量泄露用户资料与数据。企业应当加强网贷平台系统自身的安全漏洞检测和修补工作，并采用必要的安全防护手段确保网站及后台系统不会轻易受到黑客攻击，尤其是保护核心数据库文件及敏感数据不受非法访问。

目前，《网络借贷信息中介机构业务活动管理暂行办法》将P2P网络借贷定义为个体与个体之间通过互联网平台实现的直接借贷，这一定义将P2P网络借贷业务的业务模式限定在直接借贷范畴内，其他非直接借贷的业务模式均将面临着业务合法性的拷问。网络借贷方面多部法律法规的出台有效提高了网络借贷的安全性，2015年年底，问题平台数量超过了停业平台数量，而到了2016年9月底，问题平台数量占停业及问题平台总数占比下降为43%[3]。另外，至2016年8月12日，已经有60余家P2P网络借贷平台完成了银行存管。从P2P网络借贷的这些表现可以看出，行业正在逐步走向规范化。但是网络借贷法律法规的完善工作仍然不能松懈。

（二）监管政策

2015年8月的《最高人民法院关于审理民间借贷案件适用法律若干问题的规定》是网络借贷行业的重要参考之一，它肯定了通过网络贷款平台签订的借贷合同的有效性及生效时间，并且明确了利息支付问题，完善了纠纷案件的审理程序。随着网络借贷模式的扩张，将网络借贷的相关规范放入民间借贷的法律中已经明显不适应实际的发展，2015年12月颁布的《网络借贷信息中介机构业务活动管理暂行办法（征求意见稿）》单独对网络借贷进行了规定，明确禁止了网络借贷平台关联方融资、担保、保本保息承诺等行为，规定网络借贷平

案例3-3　P2P网络借贷平台发短标后卷款跑路

台州的恒金贷，注册资金5000万元，2014年6月27日恒金贷开业时，宣传将连发三天限额在20000元的秒标，而且免费提现，引来了许多打新族加入了该平台的秒标活动。结果平台上午刚刚上线，下午就跑路了。

无独有偶，深圳的一元创投，上线运营仅1天，平台老板就携投资人30万元投资款潜逃。另外，有一些平台可能以往并没有经常大量发短标，如果突然大量发行短标而且金额较大，那么很可能是平台老板跑路、携款潜逃的前兆。

案例3-4　东方创投案P2P网络借贷自融被判非法吸存

东方创投是自融性质的平台，东方创投案是我国司法体系对P2P自融案件的首次裁量。被告人邓亮称，在平台成立的初期是将资金借给有真实资金需求的企业；但是后来平台的坏账率过高，难以满足投资者提现需要，于是将其个人名下的企业和物业实现的利润来偿付投资人的本息。后来邓亮还将投资者的资金用于企业规模的扩张以及购置房产。平台采取“借新还旧”的模式，维持了一段时间，但是后因经济环境变化，2013年9月到10月P2P网络借贷平台爆发倒闭潮，投资者密集提现，东方创投资金链断裂，非法自融行为浮出水面。

3.2016年全国P2P网贷行业半年报[R]. 盈灿咨询，2016-07-01.

台只能作为信息中介提供服务，平台有义务完善信息披露制度、实行资金第三方存管制度，平台上的贷款金额应以小额为主，交易双方需进行实名注册。

经过数月的意见征求，2016年8月24日，银监会等四部委联合正式发布了《网络借贷信息中介机构业务活动管理暂行办法》，该暂行办法正式稿再次明确网贷机构的信息中介角色，并且限定了登记备案期限、明确了“小额”的定义。此外，与征求意见稿相比，正式稿新增了一些禁止行为，例如不能开展类资产证券化业务、不能发售银行理财产品，不能新增“金融产品募集资金”等，同时放松了对一些行为的限制，例如没有禁止网贷平台从事实物众筹，平台“备案事项发生变更”不需要向地方金融监管部门报告等。这次正式稿的出台有利于推动网贷行业正本清源，有效减少网贷平台自融、自设资金池、违规放贷等行为。银行存管、资本金、信息技术等要求会筛除一些资质不够的小平台，贷款金额较大、主营“资产证券化”产品的平台也将会渐渐退出网络借贷的舞台。可以预见，未来网络借贷平台增速将大大减慢甚至变为负数，行业已经开始进入洗牌阶段。

《网络借贷信息中介机构业务活动管理暂行办法》的出台大大填补了网络借贷行业的监管空白，稳定了网贷行业秩序。对于资金存管，该暂行办法给出的一年整改过渡期，但这其实并不够一般P2P网络借贷平台跨过银行资金存管的门槛，并且P2P网络借贷平台用户可接受的窗口期只有半年甚至更短，平台如果不能快速达到该暂行办法的各项要求，用户会快速撤离，成交量萎缩会导致平台提早进入清盘模式，即使在一年内能够做到合规经营，也会面临增长乏力。从资金存管的另一参与主体——银行来看，银行并无接入P2P网络借贷平台的主动性。银行为P2P网络借贷平台提供存管服务仅能获得有限的用户资源、交易量和手续费，却为此承担了连带责任风险。

2016年《互联网金融风险专项整治工作实施方案》重点突出了P2P网络借贷，首次明令禁止未经批准的P2P网络借贷平台进行债权转让，进一步减少了行业混乱现象，但该实施方案对“债权转让”的定义仍较为模糊。该实施方案还对房地产金融进行了规定，未获批准的机构不得利用P2P网络借贷平台和股权众筹融资平台从事房地产金融业务，“首付贷”更被点名禁止，不过该实施方案对“赎楼贷”“中转贷”这样备受争议的业务并没有提及，因此还需后续的法律法规对该实施方案进行补充。

三、股权众筹融资

（一）主要风险

股权众筹融资与网络借贷一样起步较晚，所以其面临的风险与网络借贷有类似之处，主要是信用风险和法律合规风险。

股权众筹融资平台信用风险的主要原因是交易者与平台之间、交易者与交易者之间缺乏了解。股权众筹融资平台的数据积累不如一些传统金融机构，所以对平台上的项目发起者知之甚少。加上互联网上的股权众筹融资参与者很分散，假设股权众筹融资平台进行线下考察，则需要花费高昂成本，许多股权众筹融资平台无法负担。股权众筹融资平台也缺乏动力对项目进行详尽的信息披露，特别是不愿披露一些不利于项目发起者的信息，甚至还可能为项目进行一定的虚假包装，因为股权众筹融资项目的成功率直接影响到股权众筹融资平台的收入。这些都会影响消费者对股权众筹融资项目的正确认识，从而提升股权众筹融资平台的信用风险。

股权众筹融资的法律合规风险主要存在于两方面：一是非法集资，二是非法发行证券。非法集资是指单位或者个人未依照法定程序经有关部门依法批准，或借用合法经营形式，向社会公众筹集资金，并承诺在一定期限内以货币、实物以及其他方式向出资人还本付息或给予回报的行为。但由于众筹本身就具有“门槛低”“涉众性”的特点，加之立法通常具有一定的滞后性，市场上的正规投资品种和投资渠道难以满足社会公众的投资意愿，这也就导致一些机构打着“众筹”的旗号行非法集资之实。非法发行证券是指未按照法律规定以向公众发行股权证券等方式募集资金的行为，我国法律规定向社会不特定对象募集资金必须经过有关法定部门的审批，虽然《关于促进互联网金融健康发展的指导意见》也鼓励开展“通过互联网形式进行公开小额股权融资的活动”的股权众筹融资，但从目前立法情况看，并未制定相关法律、法规或规范性文件，不利于依法对股权众筹融资行为进行规范。

案例3-5 股权众筹融资风险依然存在

“人人投”是以实体项目为主的股权众筹融资服务平台，直属京“人人投”网络科技有限公司，是目前中国最大的实体店铺私募股权众筹融资平台。

2015年9月，“诺米多餐饮”案在北京市海淀区法院当庭宣判，这是全国第一例股权众筹融资案。2015年1月28日起，飞度公司帮助诺米多餐饮公司在 “人人投”平台上进行股权众筹融资，由于 诺米多餐饮公司提供的合同、票据、经营数据、征信调查等均为虚假资料，所以飞度公司终止了与诺米多餐饮公司签订的《委托融资服务协议》。诺米多餐饮公司因此诉讼飞度公司违约，法院最终判定诺米多餐饮公司信息披露不实，飞度公司有权终止协议。[4]虽然“人人投”和飞度公司在本案件中胜诉，但是此次事件还是给消费者带来了一定损失。

2015年3月，“皇家范”餐饮企业宁波项目在“人人投”平台上线，但是从2015年5月开始，“皇家范”就再没有对股东进行分红。根据“人人投”在官网上披露的信息，“皇家范”餐饮企业存在隐瞒财务情况、虚报门店建筑面积、用款事项无支付凭证、欠薪等问题。[5]“人人投”平台多次向项目方追讨欠债无果，投资者损失惨重。

（二）监管政策

中国证券业协会于2014年发布的《私募股权众筹融资管理办法（试行）（征求意见稿）》是中国第一份关于股权众筹融资的法律法规。为了防止股权众筹融资行业出现非法集资现象，征求意见稿要求股权众筹融资不得公开宣传，只能向平台实名注册用户发行产品，且累计投资者数量不得超过200人。同时，征求意见稿规定股权众筹融资平台不得兼营网络贷款业务。然而非公开发行的方式虽然减小了行业风险，却不符合“开放、平等、协作、分享”的互联网精神，违反了“众筹”的本质，不利于资源的高效流动，也不利于小微企业融资渠道的拓宽。

2015年下半年，监管部门连续出台了多部股权众筹融资方面的法律。7月18日，央行联合十部委发布《关于促进互联网金融健康发展的指导意见》，将股权众筹融资界定为“通过互联网形式进行公开小额股权融资的活动”，这就将私募股权众筹融资与股权众筹融资进行了区分，并且肯定了股权众筹融资在服务创新创业企业中的突出地位。7月29日，证券业协会出台的《场外证券

4.“人人投”赢了股权众筹第一案 法官：投资人应注意风险[N/OL]. 北京晚报，(2015-09-16)， http://www.takefoto.cn/viewnews-541957.html.[2016-11-04].

5.细数人人投黑名单项目“皇家范”的八大罪状[EB/OL].人人投官网，(2015-12-28)，http://www.renrentou.com/article_5366.html.[2016-11-04].

业务备案管理办法》又将“私募股权众筹”划入“场外证券业务”。8月初，证券业协会出台的《关于对通过互联网开展股权融资活动的机构进行专项检查的通知》在《关于促进互联网金融健康发展的指导意见》的基础上对股权众筹融资进行了更加详细的界定，并且正式将“股权众筹融资”改为“互联网非公开股权众筹融资”，从而区分了“非公开股权融资”“私募股权投资基金募集”与“股权众筹融资”。此次对股权众筹融资的重新定义表明，目前市场上大部分股权众筹融资平台所经营的业务并不属于股权众筹融资的范畴，而股权众筹融资因为是公开发行的，需要受到更为严格的监管。9月，《关于加快构建大众创业万众创新支撑平台的指导意见》又提出要开展股权众筹融资试点工作，肯定了股权众筹融资平台在大众创业、万众创新方面的作用，并强调在发挥其积极作用的同时防范风险、保护消费者权益。

2016年10月，国务院办公厅印发《互联网金融风险专项整治工作实施方案》，再次要求股权众筹融资平台不得“自筹”，未经批准不得从事资产管理、债权或股权转让等业务，强调了第三方存管的必要性。证监会、中央宣传部等部门依照《互联网金融风险专项整治工作实施方案》的宗旨，印发了《股权众筹风险专项整治工作实施方案》，该方案对“股权众筹”的违法违规行为进行了更加详细的界定，例如“股权众筹”平台未经批准不得擅自公开发行或者变相发行股票等。2016年10月的两部方案用负面清单的方式，遏制了股权众筹融资行业中严重侵犯消费者权益的行为。

股权众筹融资被赋予了“公开”的特点，有可能触及“非法发行证券”和“非法吸收公众存款”的红线。如何更好地区分股权众筹融资和违法犯罪行为，以防不法分子钻法律“空子”，是迫切需要解决的问题。

四、互联网基金销售

（一）主要风险

互联网基金销售面临着法律合规风险、流动性风险和市场风险。

第三方支付平台模式的典型代表为天弘基金和支付宝共同推出的“余额宝”。余额宝在法律层面上是一种货币市场基金，其通过互联网直接销售，门槛极低，一元起购，风险不高，赎回自由，每天可查知收益，用户体验良好。这一类货币基金在销售时往往片面强调低风险（甚至零风险）并且暗中给予投资者一定的补贴，具有强烈的互联网营销色彩。但这种行为中却隐含着巨大的法律合规风险，在销售过程中，没有进行适当的风险提示。而这类基金产品的收益又高于同类基金产品收益，涉嫌采取变相补贴，对其他基金产品构成不正当竞争。

基金管理公司和第三方支付平台合作的基金销售模式同样存在类似风险，提示不全面、忽视合格投资者认定工作等问题频发，且为了解决投资者选基金难的问题，这一类平台推出了类似基金中的基金（FOF）组合销售业务。但从法律层面分析，这一基金组合销售业务行为并非基于基金合同的发行FOF产品行为，在运作方式上，既可采用“仅参考，分开购买”的模式，也可采用“一键购买，指令调仓”的模式，还有些平台甚至采用了自动调仓模式。但不管采用怎样的形式，都应被认定为一种投资咨询服务。与FOF相比，这些基金销售组合存在许多问题，如相当部分组合缺乏清晰的投资目标、策略和基准；大部分基金组合体现出集中投资、频繁调仓、追逐最优收益的积极择时倾向，但却没有FOF组合投资降低风险的功能，反而可能增加费率成本，且部分基金销售机构可能不具有投资咨询服务等资质。

流动性风险主要源于期限错配。期限错配问题对

案例3-6 PayPal货币基金的消失

PayPal是美国eBay公司在1998年建立的互联网支付平台。1999年PayPal首次推出货币基金，这只货币基金的收益率在2000年达到了5%左右，可是从2002年开始，其收益率就受到市场利率的影响开始下滑。2008年全球经济危机使得PayPal的货币基金收益率陷入低谷，出现了投资者集中赎回的现象。虽然美联储对货币市场进行干预，一定程度上缓解了挤兑现象，但却没能改变PayPal货币基金业务的命运，2011年PayPal主动关闭了其货币基金。

其实PayPal的货币基金在关闭之前，已经遭受了长达两年的亏损。经济的低迷使得货币基金的收益率一跌再跌，为了防止客户大量流失，PayPal只能通过补贴的方式维持收益率，巨额的管理费用更是加剧了PayPal的财务危机。PayPal的货币基金没有等到回本的那一天就不得不选择停止，可见市场利率和整体经济环境与互联网基金销售有着密切的关系。

于缺乏应对流动性风险经验的第三方基金销售平台来说非常严重。如淘宝的"双十一"活动使得大量原本储存在余额宝的资金外流，给天弘基金公司带来一定的资金压力。利率市场化改革给互联网基金销售机构带来了市场风险。如余额宝的7日年化收益率就从2014年6月的最高点6.72%一路下跌到2016年8月的2.3%左右[6]。融360的一份报告显示，2016年第二季度的互联网理财"宝宝类"产品平均收益率只有2.55%。随着收益率的下降，货币基金的总规模也较第一季度出现下降。[7]

（二）监管政策

作为基金销售的互联网化形式，互联网基金销售的规范可以参考传统基金的法律法规，例如《证券投资基金销售管理办法》《中华人民共和国证券法》《中华人民共和国证券投资基金法》等。与互联网基金销售相关性较强的法律有2013年出台的《证券投资基金销售机构通过第三方电子商务平台开展业务管理暂行规定》以及2015年出台的《货币市场基金监督管理办法》。

《证券投资基金销售机构通过第三方电子商务平台开展业务管理暂行规定》对基金销售机构在第三方商务平台销售基金产品进行了详细规定，指出只有满足一定资质条件的第三方电子商务平台才能与基金公司进行合作。第三方电子商务平台需要到证监会备案，由证监会对其资质进行审核，并对平台进行日常监督。该规定还对基金公司和第三方电子商务平台的权责义务进行了明确规定，如基金账户开户、宣传推介、基金申购赎回等服务不得由第三方电子商务网站代劳，第三方电子商务平台在基金销售过程中提供的服务只能是辅助性的，并且必须做好信息披露工作。为保证金融消费者的权益，该规定明确指出，如果基金投资人的合法权益因第三方电子商务平台而受到损害，平台必须承担赔偿责任。

随着货币基金在互联网基金市场中的占比越来越大，2015年年底，证监会和人民银行又针对货币基金出台了《货币市场基金监督管理办法》，调整了货币市场基金可投资的范围，对影子定价与摊余成本法计算的基金资产净值的偏离度进行明确规定，从而避免了基金管

6.天弘基金官网，http://www.thfund.com.cn/yuebao.

7.融360：第二季度宝宝收益持续降低[R/OL]. 中国消费网，（2016-08-04），http://www.ccn.com.cn/356/907730.html.[2016-11-04].

理人因盲目追求收益而投资风险过大的项目，保障了投资者的资金安全。

在控制流动性风险方面，《货币市场基金监督管理办法》要求“货币市场基金投资组合的平均剩余期限不超过120天”，并且要求“保持足够比例的流动性资产”，这提高了货币基金销售机构在应对大规模赎回现象时的能力。该办法还对信息披露做出了详细要求，为极端情况下的风险处置提供了方案，同时肯定了货币基金的发展，鼓励其继续创新、拓展支付功能。互联网基金销售模式的兴起使得货币基金销售实现了“井喷式”增长，货币基金的投资人数越来越大，截至2016年10月，仅余额宝用户数就已经超过了2.6亿。该办法的出台更好地适应了互联网货币基金的发展形势，使得互联网货币基金的经营者更注重风险防范，加速收益率回归理性，保障消费者的合法权益。

五、互联网保险

（一）主要风险

互联网保险是保险业的互联网化，对传统保险行业的监管经验可以被借鉴到互联网保险行业中，因此互联网保险的风险相对于一些新兴的互联网金融模式要小得多。互联网保险的风险与传统保险业的风险类似，但也有其自身特点，主要体现为以下几点：

首先，互联网使得法律责任界定更为困难。保险合同较为复杂，而消费者在互联网上购买保险产品时，没有专业人员对这些大篇幅、难理解的保险条款进行详细解读，消费者很难完全理解条款的确切含义，消费者容易发生不能反映其真实意愿的投保行为。因此互联网保险平台就有可能因“当事人是否在理解合同内容的基础上接受合同条款”这一问题而陷入法律纠纷。

其次，法律经常性变更也会给互联网保险行业带来极大的不确定性。例如，专门针对互联网保险的《互联网保险业务监管暂行办法》试行期限仅为三年，而一些互联网保险的有效期却远远不止三年，这就给期限较长的保险产品带来了较大风险。

最后，由于我国的信用体系尚不完善，加上客户投保的全过程都通过网络进行，审核工作一般也在线上完成，保险公司与客户不直接接触，在目前的技术条件下，通过以上审核形式得到的结果并不准确，因此互联网保险平台尚不能做到准确判断所有客户的信用水平。以骗保为目的的投保人比一般的消费者有更大的动力购买保险，而且更愿意选择审核要求较为宽松的互联网保险平台，这使得平台上不良投保人的比例增加，从而引发信用风险，给互联网保险公司带来了很大风险。由此可见，在不够成熟的技术背景下，互联网加剧了信息不对称，使得逆向选择和道德风险问题更为突出。另外，互联网保险消费者也可能受到信用风险的威胁。由于投保流程完全在线上进行，消费者很难识别互联网保险平台的正规性，特别是打着“相互保险”名义的平台目前正处于监管的灰色地带，消费者很难对这些平台的资金运用状况进行监督，故消费者的资金安全难以得到保障。

（二）监管政策

早在2012年，中国保监会就发布了针对互联网保险的《关于提示互联网保险业务风险的公告》，明确规定了有资格开展互联网保险业务的主体，并在官网上披露了开展互联网保险业务的机构的相关情况，帮助消费者辨别真伪、理性选择保险产品。2014年，保监会印发《加强网络保险监管工作方案》，针对网络保险提出了多项要求，如加强对网络保险行业的研究，完善相关监

案例3-7　互联网保险——审核不足引骗保

国内第一起互联网保险骗保案发生在浙江省湖州市。此次案件涉及的互联网保险产品是由淘宝和华泰财产共同推出的运费险，这一款保险产品宣称是“中国第一款真正意义上的互联网保险”。据报道，犯罪分子屡次虚假购物，并购买运费险，随后再假装退货，从而骗取保险赔款，骗保金额高达20多万元人民币。最终该犯罪分子被判处有期徒刑6年6个月，并处罚金。

虽然此次案件中，犯罪分子得到了应有的惩罚，但是这次案件却值得反思。投保人的信息十分有限，加上运费险金额较小，出于成本考虑保险公司一般不会对投保人进行过多审查，这使得互联网投保手续简单、门槛较低，于是就埋下了风险的种子，使得犯罪分子有机可乘。投保人信用识别对保险行业来说非常重要，而互联网的虚拟性增加了保险公司对投保人的识别难度，从而增加了风险。

管制度，组织好网络保险消费者教育工作等，对网络保险的监管工作进行了总体布局。同年发布《关于规范人身保险公司经营互联网保险有关问题的通知》，对进入互联网保险行业的人身保险公司设置了一定门槛，要求人身保险公司在偿付能力、运营功能、管理制度、从业人员等方面必须满足要求。在人身保险公司线上运营的过程中，必须要做到充分提示和信息披露，保证消费者的知情权。另外，该通知也对与人身保险公司合作的互联网平台提出了要求。

互联网技术特别是移动互联技术在加速保险业发展的同时，也引发了诸多风险，《互联网保险业务监管暂行办法》应运而生。该办法从信息技术、从业人员、管理制度等方面对互联网保险公司提出了要求，同时对与保险公司合作的第三方网络平台的资质做出了明确规定。为了更好地适应互联网不受空间限制的特点，该办法允许部分险种跨区域经营。该办法对互联网保险的规定较为全面，是互联网保险经营机构和监管者主要参照的规范文件。它坚持了“放开前端、管住后端”的监管思路，有助于互联网保险在法律框架内进行有益创新。由于保险条例较为复杂，客户通过互联网渠道购买保险时没有专业人员讲解，更加剧了普通客户理解保险条例的难度，因此中国保险行业协会在该办法的基础上制定了《中国保险行业协会互联网保险业务信息披露管理细则》，对互联网保险的信息披露主体、内容、工作流程、管理与责任进行了详细阐述，从而保障了互联网保险客户的知情权和自主选择权。保监会于2016年10月发布的《互联网保险风险专项整治工作实施方案》强调第三方网络平台和保险机构必须具备相关资质，并且特别提出要加强对万能型人身保险产品及互联网高现价业务的监管力度，为互联网保险营造一个良好的经营环境。

但由于互联网保险与传统保险有着较大差别，因此法律对互联网保险机构的核保、理赔、产品创新等方面应出台更细化的规定。此外，《互联网保险业务监管暂行办法》的施行期限仅为3年，但很多保单的期限却远远不止3年，3年后法律的变化有可能会影响到这些长期保单的合规性，引发法律合规风险。因此，互联网保险的法律法规不仅需要根据行业发展及时调整、不断完善，还要尽量增加稳定性。

六、互联网信托

（一）主要风险

互联网信托主要存在法律风险和信用风险。

现存法律没有专门针对互联网信托的规定，这使得部分互联网信托平台有机会进行一系列游走在法律边缘的尝试，例如信托受益权拆分转让、信托产品合买以及受益权质押担保融资等。信托受益权拆分转让是指某些互联网理财平台将信托受益权（通常为集合资金信托计划项下的受益权）拆分为较小的份额在平台上转让。信托产品合买是指某些互联网理财平台通过网络汇集多人资金购买信托产品，出资人共享信托受益权。无论是信托受益权转让还是信托产品合买，通常平台均不审查投资人是否为合格投资者。某些互联网理财平台在开展信托受益权拆分转让或信托产品合买业务时，还将此类业务设计成类似于定期或活期存款产品。此种业务模式明显违反了《信托公司集合资金信托计划管理办法》及相关法律对合格投资者、信托受益权拆分转让、宣传营销形式、信息披露制度、风险提示等的规定。

信用风险则主要来源于互联网信托平台的保本保息和高收益特点。互联网信托为了维持客户和企业形象，一般都坚持刚性兑付，但实际上信托并不是一个没有风险的行业，中国信托业协会数据显示，2016年第一季度信托的风险项目达到了527个，较2015年有上升趋势[8]。在行业存在风险的情况下，刚性兑付和高收益的承诺无疑会给互联网信托平台带来巨大的资金压力。如果信托产品由于各种原因没有达到预期收益，那些没有充足备付金准备和风险处置经验的互联网信托平台就很可能因为资金链断裂而拒绝刚性兑付，从而给投资者带来巨大的信用风险。此外，由于经济的

案例3-8 刚性兑付潜规则真的可靠？

2016年8月初，上海国际信托有限公司被举报存在虚假宣传、业务违规现象。2012年6月，上海信托推出了名为“香花石”的信托产品，这款产品凭借12%的年化收益、保本保收益的承诺以及光大银行的品牌效应，吸引了众多投资者。

光大银行的代销人员在向客户销售产品时，宣称这款产品是投向银行存款、新股申购及债券类信托计划的，这使得投资者误以为此款产品是无风险的银行理财产品，但是在投入资金后，投资者才被告知该产品是投向中国字画艺术品的，实际上存在高风险。

按照“香花石”的合同规定，这款产品的期限为三年，可以延期一年，上海信托有义务向消费者及时披露产品的投资信息。然而三年后，艺术品市场较为低迷，大部分“香花石”投资的艺术品并没有被拍卖出去，因此“香花石”的兑付被延迟一年。而到了第四年，“香花石”依然没有实现收益。虽然上海信托在其官网上发表声明称将会促使B类投资人履行合同义务，及时追加增强资金，保证投资人的本金，但是投资人依然没有得到原本承诺的收益。于是投资人向上海银监局举报了上海信托和光大银行，甚至有投资者到光大银行上海分行的门口拉起横幅表示抗议。[9]

实际上艺术品并不适合作为互联网信托产品出售，因为艺术品一般投资周期长，而普通互联网信托产品的期限较短，因此很难在到期时就获得令人满意的收益，甚至还有可能出现亏损，这时候刚性兑付的承诺就会给互联网信托平台带来巨大压力，如果互联网信托平台将这种资金压力转嫁给消费者，那么消费者也将遭受损失。

8.邢成. 2016年第一季度中国信托业发展评析[R/OL]. 中国信托业协会官网，(2016-05-18)，http://www.xtxh.net/xtxh/analyze/42089.htm.[2016-11-04].

9.崔启斌，程维妙.上海信托“香花石”自酿兑付危机[N/OL]. 北京商报，(2016-08-14)，http://www.bbtnews.com.cn/2016/0814/157820.shtml.[2016-11-04].

周期性发展规律，会出现集中兑付的现象，这使得信用风险更易爆发。互联网第三方信托平台无须信托牌照，所受监管不严，因此也极有可能出现非法集资、卷款跑路等问题，给消费者带来风险。

（二）监管政策

目前互联网信托主要遵从的是传统信托的法律法规，其中地位最高的一部规范文件是2001年10月开始施行的《中华人民共和国信托法》（以下简称《信托法》）。《信托法》对信托进行了定义，并对信托的设立、信托财产、信托当事人、信托变更与终止、公益信托等进行了规定。此后一系列配套规定对《信托法》进行了更详细的补充。

2002年发布的《信托投资公司管理办法》在《信托法》的基础上补充了信托投资公司的经营范围和经营规则，如对自用固定资产和股权投资余额总和、信托公司可以申请的本外币业务做出了规定。2006年《信托公司管理办法》颁布，在原来《信托投资公司管理办法》的基础上缩小了信托公司的经营范围，对其投资业务进行了限定并对经营规则做出了调整。2008年12月，为规范信托公司集合资金信托业务的经营行为，银监会通过了《信托公司集合资金信托计划管理办法》。该办法对信托计划合格投资者、单个信托计划的自然人人数、信托的期限、信托受益权的划分等做出了规定，并明确指出信托公司推介信托计划时不得进行公开的营销宣传。2010年8月，《信托公司净资本管理办法》发布，重点强调了净资本和风险资本的计算以及对此的监督检查，以促进信托公司稳健发展。此外，《关于取缔非法金融机构和非法金融业务活动中有关问题的通知》和《关于审理非法集资刑事案件具体应用法律若干问题的解释》都明确规定了非法集资的定义及其特点，规范了信托业务。

2015年，央行颁布的《关于促进互联网金融健康发展的指导意见》（以下简称《意见》）弥补了互联网信托方面的法律法规空白，它将互联网信托纳入了互联网金融业态的范畴，并进一步指出要鼓励信托与互联网进行有机结合，以拓宽金融产品的销售渠道，创新理财模式。《意见》还强调了信托公司依托互联网进行产品销售时需对客户的风险承受能力进行准确把控。不过在互联网信托方面，目前尚无专门的法律，所以只能依照传统信托的法律法规，而互联网信托在收益权的质押问题、信托流转问题、信托登记制度上更是存在明显的法律空白，对互联网信托平台亦缺乏明确的定位。

七、互联网消费金融

（一）主要风险

互联网消费金融为消费者购买最终商品和服务提供金融服务，主要提供消费贷款，其面临的主要风险有信用风险、法律合规风险以及声誉风险。

一般互联网消费贷款金额不高，因此对贷款者的财产要求不太严苛，也无须抵押担保，部分互联网消费金融平台会出现过度授信现象，正因如此，互联网消费金融平台需要承担较大的信用风险。在我国个人征信体系和信息共享机制尚不完善的情况下，对贷款者缺乏有效限制，容易产生违约行为。与作为纯中介的网络借贷平台不同，互联网消费金融的资金主要来源于平台自建的小额担保公司、股东企业存款、同业拆借、资产证券化等，一旦产生借款者违约，互联网消费金融平台将会承担比较直接的损失。

虽然银监会已经出台关于消费金融的管理办法，但并没有对互联网模式下消费金融的主体资质、经营行为进行全面规范，因此互联网消费金融的创新行为有

案例3-9 大学生消费金融何去何从？

2016年3月9日，河南一名在校大学生之死敲响了互联网消费金融的警钟。该名学生在短短3个月内，以28名同学的名义在十余家互联网平台上进行贷款，并将其贷到的资金用于赌球，贷款总金额高达58万余元，而其根本无力偿还如此高额借款，最终选择跳楼自杀。

随着大学生消费能力的提升，为大学生提供的互联网消费金融业务也变得越发热门。大学生消费金融业务大大提升了互联网消费金融平台的收入，也有利于促进消费，助力供给侧改革。然而大学生真的能正确认识自己的还款能力吗？大学生一般没有稳定的收入来源，且贷款经验不足，很有可能因为一时冲动而进行消费贷款，但当需要履行还款义务时，又很可能出现无力还款的情况。互联网消费金融平台为了谋取更多利润，常常出现过度授信、轻视风控、信息披露不足等状况，这又加剧了大学生消费信贷行业的混乱局面，最终给平台本身带来巨大隐患。

可能涉嫌违法。如电商平台向消费者提供虚拟信用卡服务，消费者如果用这些产品去偿还银行信用卡的欠债，就有以贷还贷的嫌疑。正因如此，2014年3月13日，央行发布“紧急文件”，暂停支付宝、腾讯的虚拟信用卡业务，2015年11月招商银行和交通银行信用卡相继暂停了“京东白条”的还款业务，这一“紧急文件”使得提供虚拟信用卡业务的平台不得不临时缩小业务范围。可见在明确的法律颁布之前，互联网消费金融面临很大的法律合规风险。

声誉风险是互联网消费金融的一个发展瓶颈。以北银消费金融公司的“欺诈门事件”为例，据报道，2014年12月，某犯罪分子冒充北银消费金融公司的员工，诱骗他人在北银消费金融平台上为自己借款，该犯罪分子承诺有担保公司为受骗者还款，并将给予1万元额度的信用卡作为回报，当这些受骗者被北银消费金融公司催收时，他们才意识到自己上当了。[10]此次恶意欺诈事件使得北银消费金融公司不仅遭受经济损失，而且在声誉方面还蒙受负面影响。虽然犯罪分子的违法行为和受骗者的贪婪是此次事件的直接原因，但背后也显示出部分互联网消费金融公司的风控能力较弱。

（二）监管政策

银监会2009年通过的《消费金融公司试点管理办法》首次对消费金融公司的概念进行了界定，消费金融公司是指“经中国银行业监督管理委员会批准，在中华人民共和国境内设立的，以不吸收公众存款和小额、分散为原则，为中国境内居民个人提供以消费为目的的贷款的非银行金融机构”。2013年，银监会修订了《消费金融公司试点管理办法》，在原基础上完善了主要出资人条件，并对业务范围、经营规则和审慎监管要求等做出了修改和调整。互联网消费金融的概念诞生较晚，2015年才首次提出，因而目前与之相关的法律寥寥无几。2015年7月18日，《关于促进互联网金融健康发展的指导意见》正式对外发布，明确了互联网消费金融牌照实质是通过互联网开展部分业务的消费金融公司经营资格。《关于促进互联网金融健康发展的指导意见》指出，要鼓励传统的消费金融机构借助互联网技术，实现传统金融业务与服务的转型升级，支持有条件

10.杨井鑫. 北银消费疑陷“拉人头”骗贷 逾百起贷款现纠纷[N/OL]. 中国经营报，2016-06-01, http://www.cb.com.cn/finance/2016_0601/1164989.html.

的金融机构建设消费金融，支持发展消费信贷。《关于促进互联网金融健康发展的指导意见》还对互联网消费金融开展业务的合法合规性作了规定。此外，《国务院关于积极发挥新消费引领作用加快培育形成新供给新动力的指导意见》（2015）以及中国人民银行印发的《银监会关于加大对新消费领域金融支持的指导意见》（2016）都提到了利用互联网创新消费信贷产品及其管理模式，提高信贷支持创新的灵活性和便利性。

当前，我国的消费需求不断增长，消费拉动内需的作用日益显著，上述提及的多部法律都提出了积极鼓励互联网消费金融的发展，也对开展互联网金融消费业务需遵守的规则进行了规定，但现行法律在处罚条款方面仍存在空白，如对违规吸储或超范围放贷等违法现象的处罚不明确，且并未反映互联网消费金融的独特性，因此互联网消费金融的法律体系亟待完善。

八、互联网金融监管政策分析

2016年4月14日，国务院组织14个部委召开电视会议，在全国范围内启动有关互联网金融领域的专项整治，为期一年。当日，国务院批复并印发与整治工作配套的相关文件——《互联网金融风险专项整治工作实施方案》。在这份统领性文件之下，按照“谁家孩子谁抱走”的原则，共有七个分项整治子方案，涉及多个部委，其中央行、银监会、证监会、保监会分别发布网络支付、网络借贷、股权众筹融资和互联网保险等领域的专项整治细则，个别部委负责两个分项整治方案。在职责分工上，持牌机构由发牌机构进行整治；不持牌但明显具备P2P网络借贷、股权众筹融资、互联网保险、第三方支付等业务特征的，按照相关领域的专项整治子方案进行整治；不持牌也不明确具备互联网金融业务特征的机构，由省政府统一采取“穿透式”监管方法，对业务性质进行界定，以落实整治责任。

2016年8月24日，银监会、公安部、工信部、互联网信息办公室四部委联合发布了《网络借贷信息中介机构业务活动管理暂行办法》，P2P网络借贷行业监管细则正式出台。与2015年12月28日出台的《网络借贷信息中介机构业务活动管理暂行办法（征求意见稿）》相比，《网络借贷信息中介机构业务活动管理暂行办法》对“小额”做出了具体规定，P2P网络借贷行业整改期也由征求意见稿中的18个月改为12个月，同时修改、新增了三条红线，禁止“开展类资产证券化业务或实现打包资产、证券化资产、信托资产、基金份额等形式的债权转让行为”，禁止发售的理财产品新增“金融产品募集资金”，禁止借款用途新增“场外配资、期货合约、结构化产品及其他衍生品”。此前数天，银监会向各银行下发了《网络借贷资金存管业务指引（征求意见稿）》，对银行开展网络借贷资金存管业务进行了规定。对于现有的P2P网络借贷平台来说，在政策趋紧的大背景下，在一年整改期结束后能否达到标准进行合规经营，还是一个未知数。

2016年10月的《互联网金融风险专项整治工作实施方案》（以下简称《实施方案》）对互联网金融进行了更详细的规定，并拉开了新一轮互联网金融风险专项整治活动的大幕。《实施方案》仍然延续了《关于促进互联网金融健康发展的指导意见》的总体目标，坚持鼓励互联网金融健康可持续发展。《实施方案》重点对本次专项整治活动的负责部门、开展方式、整治内容进行了规定。《实施方案》还细化了P2P网络借贷、股权众筹融资、第三方支付等重点领域的相关规定，严禁虚假广告等误导性宣传行为，从而确保行业内信息的真实性，对互联网金融机构的工商注册进行了严格要求，此外还强调了技术、行业自律等在规范互联网金融方面的突出作用。

2016年10月28日，中国互联网金融协会对外发布《互联网金融信息披露个体网络借贷》标准(T/NIFA 1—2016)和《中国互联网金融协会信息披露自律管理规范》，定义并规范了96项披露指标，其中强制性披露指标逾65个、鼓励性披露指标逾31项，分为从业机构信息、平台运营信息与项目信息等三个方面。相比2016年8月1日中国互联网金融协会下发的征求意见稿中定义并规范的86项披露指标（强制性披露指标65项、鼓励性披露指标21项），正式稿披露指标多出10项，该10项推测应为鼓励性披露指标。根据中国互联网金融协会对标准的官方解读，强制性指标是各从业机构都必须披露的指标，鼓励性指标则是鼓励并支持从业机构根据自身条件自愿披露的指标。其中，外界较为关心的资金存管、逾期率、财务报表等指标均被列入强制披露指标。

在监管主体方面，《关于促进互联网金融健康发展的指导意见》明确了我国互联网金融各业态的监管主体。其中，互联网支付由人民银行监管，股权众筹融资、互联网基金销售由证监会监管，网络借贷、互联网信托、互联网消费金融则由银监会监管。

按照“依法监管、适度监管、分类监管、协同监管、创新监管”的原则，监管部门既要鼓励互联网金融创新，又要实现风险的有效防范。互联网金融的一系列监管措施已经卓有成效，但仍存在一定的改进空间。

监管体制方面，首先，现在单独依靠分业监管的模式已经无法满足互联网金融各模式边界模糊的趋势，各模式在创新过程中已经呈现水乳交融之态，越来越难以区分；其次，分业监管也可能造成市场分割，不利于资源高效流动，给整个经济社会造成损失；最后，分业监管还会影响社会公平，增加监管套利的可能性。一些业务的本质类似，但却面临着不同的法律法规，甚至这些法律法规之间也存在较大差异，这便会导致社会不公平现象发生。如果某互联网金融平台提供的业务模式边界模糊，为了赢得更多利益，平台就会把自己的业务划入法律条件相对宽松的模式中，甚至有些平台会将自己的某种业务包装成另外一种业务，使得市场秩序更加混乱。因此，在既定的分业监管基础上，应更加注重监管的力度和深度，将“穿透式”监管、功能监管、行为监管等熟练运用到现有监管体系中，并且有目的地借鉴国外的沙盒监管等，使得我国的监管体系更为全面、完善。

协调监管方面，首先，我国一行三会之间明确分工虽然一定程度上可以避免推诿现象，但这四者的监管如果过于独立、缺乏沟通，则可能会引起重复监管或监管漏洞。其次，不同监管机构的监管目标并不完全相同，所以其制定的法律法规之间有可能存在矛盾，这会给行业造成一定混乱，使得监管的有效性大打折扣。再次，不同地方之间的监管分割也会造成诸多问题。除了各地监管政策不同造成的混乱和不公平，各地方政府还有可能出于对政绩的考虑，放松对本地区互联网金融行业的监管，轻视风险防范。地方政府可能只顾本地区发展，以邻为壑，甚至出现负外部性行为。最后，中央和地方之间交流合作也非常重要，只有各部门、各地方之间做到统筹协调，才能在横向和纵向都做到监管全覆盖，从而架起一张完整的“大网”，减少“漏网之鱼”。

行业自律方面，单靠监管部门的监管是不够的，相对于监管部门而言，行业自律组织更加了解行业的实际发展情况，因此行业自律组织应积极提出有针对性的行业规范。这些规范往往是非强制性的，具有很大的灵活性，不会打压互联网金融的灵活性。行业协会还可以维护行业的共同利益，成为各经营机构之间、机构与政府之间的沟通桥梁，同时对行业发展情况进行统计分析和预测，对行业的安全与监管提出建议和意见等，因此其地位不可替代。中国互联网金融协会发布的多项文件使得行业自律变得有章可循，其举办的会员单位高管培训又大大提高了行业高级从业人员的素质。其互联网金融行业信用信息共享平台的搭建在很大程度上减少了各机构在搜集信用信息时的重复劳动，减少了行业的信息不对称。在中国互联网金融协会这样的全国性自律组织在发挥积极作用的同时，各地的行业自律组织也纷纷建立起来，服务于本地区互联网金融的健康发展。

信息披露方面，行业信息的不透明是导致很多风险产生的原因，因此我国的征信系统和信息披露制度是监管部门需要着重加强的工作。据统计，国内仍然有72%的个人信用信息没有被纳入央行的征信系统， 各平台的信息披露工作也远远不够。征信系统和信息披露制度存在的问题会降低行业的透明度，经营机构会无法识别优质的交易者。另外，互联网金融消费者也无法识别互联网金融平台是否合规以及交易对手是否信用良好。

行业不透明会带来诸多问题，例如增加交易参与方之间互相判断的时间和成本，提高逆向选择的可能性，增加行业风险，降低消费者对互联网金融行业的信心。而征信系统和信息披露制度对解决这些问题至关重要。

为此，央行应该继续扩大征信的覆盖面，同时要鼓励民间征信机构的建立，并促进各征信机构之间的信息交流，另外，黑名单制度也是清除“劣币”的一副“良方”。监管部门还要对各平台的信息披露工作进行更加严格的规定，尽可能多地披露对消费者有用的信息，并且保证信息披露的准确性、真实性、及时性、完整性以及公平性，让金融消费者可以做出更为理性、合理的决定。2016年10月，《开展互联网金融广告及以投资理财名义从事金融活动风险专项整治工作实施方案》要求相关部门对互联网金融广告和以投资理财名义从事金融活动行为进行全面整治，本次整治工作将有利于减少行业中的误导信息，提高行业信息的真实性，对于消费者保护有较大作用。

科技为监管提供更利。以大数据、云计算、人工智能和区块链为代表的新技术在驱动金融业发展的同时，也丰富了监管的手段和办法。

例如将大数据与金融监管相结合，将有助于实现金融监管的及时性和有效性。未来，基于大数据的信息化监管将成为金融监管的主要方式，金融监管机构将借助先进的信息化技术，构建新型的信息化金融监管方式，实现对金融市场和企业动态大数据的实时监测，更好地维护金融行业的持续、健康、稳步发展。

而区块链技术在金融领域的应用，不仅能提高整个金融系统的安全性，还能为监管部门提供新的监管工具，进一步减轻政府的监管负担。区块链的每一个区块记录都包含有完整的时间戳，由于采用通用共享的数据库，所有的数据都按照一个共同版本的要求进行记录和加密，并且允许任何一个可信任方进行调用，因此可以满足监管部门的交易记录存档要求。同时该技术还可以帮助监管部门通过一个超级节点进行实时观察、跟踪交易数据，根据数据变化情况做出反应并且提供相应的政策监管措施，为政策的及时调整和制定提供依据。

互联网金融的健康、稳定、长足发展离不开法律规范、监督管理、行业自律中的每一个环节。在不断完善法律、优化监管体系、加强行业自律的同时，也要具有长远目光，不断开发利用新技术，让新科技为监管提供更大便利。

第四章 互联网金融风险与监管的国际比较

在美国、日本、欧洲等国家和地区，由于金融业高度发达、互联网金融业态发展较早，互联网金融企业、相关行业协会和政府都非常重视风险的防范和监管，建立了比较完善的风险控制体系。了解发达国家互联网金融的风险防范和监管经验，将为我国互联网金融风险防范提供有益的借鉴。

第一节 互联网支付的风险与监管

互联网支付最早源于美国，随后在欧盟、日本、澳大利亚、新加坡等国家和地区相继发展起来。因各地情况不同，其监管方式和立法态度也不一样。

一、互联网支付的发展现状

（一）美国

美国是因特网的发源地，也是电子商务和传统互联网支付市场的起源地之一。从演化历程来看，美国的互联网支付主要经历了三个阶段：

第一阶段，1985—1998年，线下支付基础建设和线下收单业务成熟发展。美国的互联网支付，是在发展成熟的线下信用卡和自助票据交换中心的基础上延伸到互联网上的。此后对浏览器做少量开发，逐步完成B2C的网上收单业务。

第二阶段，从1998年起技术延伸到互联网应用及增值支付应用。20世纪末，美国逐渐涌现出Amazon Payments、Yahoo!PayDirect、PayPal等一批互联网支付公司。其中，PayPal公司成立于1998年，成立初衷即为弥补商业银行未能覆盖个人收单业务领域的不足，2002年被全球最大的C2C网上交易平台eBay全资收购，仅一年后，PayPal交易金额暴增359%。[1]

第三阶段，近几年移动互联网支付逐渐兴起。2014年、2015年，美国仅有15%~20%的用户使用过PayPal、Apple Pay等移动支付手段。但实际上，截至目前，移动支付也未能成为美国居民的日常支付手段。[2]市场认为Apple Pay等移动支付发展不畅，主要原因在于合作商家响应缓慢，导致消费者暂时没有办法广泛使用这个服务。

（二）欧洲

在欧洲，每个国家的支付方式各有特色，且在本国都拥有相当大的市场占有率。

荷兰有三个较受欢迎的互联网支付方式：iDEAL、Sofort和PayPal。iDEAL是荷兰本地支付方式，至今已完成逾4亿笔交易，在跨境交易中广受欢迎，即使是国际支付平台PayPal也无法撼动它的地位。而欧洲地区普遍使用的Sofort在荷兰也占据一定的市场份额。

英国的支付公司及支付方式较多，包括Boku、ClickandBuy、EasyPay、Fasterpay、PayPal等。其中，Boku是一家移动支付公司，总部设在旧金山，在欧洲、

本章作者：
尹振涛，中国社会科学院金融法律与金融监管研究基地秘书长
郑联盛，中国社会科学院金融法律与金融监管研究基地副主任
星焱，中国证监会中证金融研究院副研究员

1.王青林，陆军，李响. 国内外第三方支付市场发展实践研究[J]. 金融电子化，2012(7).
2.容玲.第三方支付平台竞争策略与产业规制研究[D]. 复旦大学，2012.

亚洲和拉丁美洲设有办事处。ClickandBuy是一家提供电子商务业务的支付公司，主要通过互联网实现支付与资金转账等，该公司最初于1999年在德国科隆成立，随后将总部设在伦敦。Fasterpay利用更便捷的支付技术，允许客户在合作网站在线购买商品和服务时，无须输入信用卡或借记卡细节即可完成支付。

在德国，最受欢迎的支付方式是支票和PayPal，分别占47%和22%的市场份额。此外，还有Sofort、Giropay、SEPA等流行的互联网支付方式。在移动支付方面，德国电信与万事达合作，加速了手机支付在德国乃至整个欧洲的普及，从网上支付、手机钱包、支付卡、POS终端四个方面建立了一个全面的支付系统。

（三）其他国家

日本的互联网支付以信用卡为基础。在日本亚马逊等网站购物时，信用卡的一切信息都储存在网络服务器中，支付时无须确认支付密码。

与其他国家相比，日本的电子货币支付较为发达。它以商城储值卡、交通卡等非接触式卡基电子货币为主。与传统信用卡支付相比，电子货币的特点是提前储值、额度较小、免密码、支付快捷。大部分电子货币都有和信用卡公司合作发行的联名信用卡，有自动从信用卡向电子货币账户转账的功能。日本线下交通IC卡促进了移动支付的诞生。

作为移动支付发展最早的国家，日本的手机支付已经渗透到了居民生活的方方面面。日本移动支付巨头NTT DoCoMo从2004年7月正式推出手机钱包，整合了包括Suica在内的多家IC支付卡，并先后入股三井住友和瑞穗银行，直接涉足支付业务。NTT DoCoMo移动支付业务发展迅速，目前用户数已经达到3500万，支持商铺总数达95000户，截至2015年，ID借记卡的开卡量已达2100万张，信用卡DCMX发卡量已达1600万张。

二、互联网支付的监管措施

从国外经验来看，各国对于互联网支付的监管措施主要集中在市场准入、客户资金监管、消费者权益保护和反洗钱防范网络犯罪等方面。

（一）美国

美国以联邦和州两个层面的监管体制作为前提，将监管的重点放在交易的过程而非支付主体本身，即所谓的功能性监管。美国并没有通过专项立法对互联网支付机构进行监管，支付机构被视为现有法律规定的“货币服务机构”，属于非金融机构。

1. 市场准入监管措施

美国是从联邦和州两个层面对第三方支付机构的市场准入加以调整的。联邦层面，美国对市场准入的规定主要体现为《美国联邦法典》，一方面规定了货币服务商的登记注册义务，另一方面规定了货币服务商违反许可证制度的法律责任。在州层面，因各州情况不同，所以在具体规定上也不一致，但获得普遍认可的是美国统一州法全国委员会发布的《统一货币服务法》中的几项制度：一是许可制度，二是资本要求，三是退出机制。《统一货币服务法》规定，在特定情形[3]下，可暂停或吊销货币服务机构的许可证，但需经州行政程序法规定的听证程序。

2. 客户资金监管措施

美国对沉淀资金的监管也从联邦和州两个层面进行。联邦层面，美国国会建立的为存款提供保险的联邦存款保险公司（FDIC）认为沉淀于第三方支付机构的

3.特定情形包括：违反本法采用的规则或根据本法签发的命令；不配合管理部门的检查或调查；从事欺诈、故意虚假陈述或严重过失行为等。

资金不是联邦银行法中所定义的存款，而是对消费者的“负债”，不属于FDIC的直接保险对象，因此互联网支付机构不能成为FDIC的被保险人。州层面，美国仍有极少数州将互联网支付机构滞留客户资金的业务视为非法从事银行业务，否认沉淀资金的合法性，其他大部分州都将互联网支付机构视为从事货币服务业务的货币服务机构，认为其应受到《统一货币服务》的规范。

3. 消费者权益保护监管措施

美国在传统的消费者保护法律规范的基础上，针对互联网第三方支付特有的消费者权益可能遭受损害的情况加以特别规定。现行立法主要体现在两个方面：一是差错支付的处理。美国对互联网支付差错支付情形的处理，分为绑定信用卡或借记卡两种情形。信用卡适用《真实信贷法》及其解释规则Z 条例，而借记卡适用《电子资金转移法》及其解释规则 E条例。二是互联网支付机构信息披露义务和对消费者隐私权益的保护。美国《电子资金转移法》及E条例、《真实信贷法》及Z 条例均规定，从事第三方支付业务的货币服务机构对消费者负有信息披露的义务，而规定的披露义务又有初次信息披露、定期信息披露、实时信息披露和变更信息披露之分。另外，美国2009年通过的《美国金融改革法》同样适用于互联网支付机构。

4. 反洗钱监管措施

美国针对互联网第三方支付出台的反洗钱立法文件主要有1970年通过的《银行保密法》、1986年通过的《洗钱控制法》、1994年通过的《禁止洗钱法》和“9•11”事件后于2001年10月通过的《为拦截和阻止恐怖主义而提供适当手段以团结和巩固美利坚的法案》（简称《爱国者法案》）。同样，对于互联网支付中可能存在的洗钱问题的处理，也以这几部法律为基础。

在这几部法律文件中，《银行保密法》是基础，其他几个法律文件都是对《银行保密法》在不同内容或不同层面上的修正和提升。《爱国者法案》是美国在“9•11”事件发生后，对恐怖袭击事件的立法回应，它在《银行保密法》的基础上，加强了对跨境洗钱和金融领域恐怖活动的监管。

案例4-1 PayPal

PayPal是美国最著名的互联网第三方支付公司。与其相关的监管案例比较有代表性。

第一，PayPal适用的监管规则和监管框架。2006年，美国28个州的检察官对PayPal发起诉讼，要求PayPal说明其互联网第三方支付是否遵从《监管指令Z》框架。PayPal表示，自己不是信用卡机构，不在《监管指令Z》框架下运行，而是在《监管指令E》的框架下接受监管。

第二，消费者隐私保护。PayPal主动承诺遵守针对金融机构的《格莱姆-利奇-比利法案》。同时，PayPal积极申请纳入存款保险监管。美国存款保险管理机构FDIC认为PayPal不是银行机构，不能完全纳入存款保险框架。但是，受客户委托、代理客户存入经FDIC认可的无息账户（FBO Account）中的资金，可获得FDIC的存款保险。

第三，反洗钱监管。2003年，PayPal因处理非法离岸赌博业务，被控掩盖非法货币转移，触犯了《美国爱国者法案》，最后花费1000万美元用于诉讼和解。这件事件给了PayPal足够的反洗钱警示。此后，PayPal大幅加强了审查力度，具体包括客户身份确认、可疑交易的处理以及机构账户类型限定等。

（二）欧洲

欧盟将互联网支付机构定位为电子货币机构，规定第三方支付媒介只能是商业银行货币或电子货币。互联网支付机构必须取得银行业执照或电子货币公司执照才能开展业务。因此，欧盟对第三方支付的监管模式与美国将监管重点放在交易过程上不同，其主要将互联网支付机构作为监管对象。

1. 市场准入监管措施

一方面，欧盟对于互联网支付机构的市场准入维持审慎监管的态度，即要求电子货币机构需获得许可证才能从事第三方支付业务。另一方面，作为一个区域一体化组织，欧盟致力于建立单一的欧盟支付区，互联网支付机构只要在欧盟任何一个成员国取得经营许可证，就可以在整个欧盟范围内不受阻碍地开展业务。欧盟规定，申请人必须向所在成员国主管当局提交包含营业项目、经营计划、初始资本金、建立保障客户资金安全制度的证明、防止洗钱与恐怖融资机制的证明、组织架构、直接或间接持有人资料、管理层资料、申请人的合法证明与组织章程、机构总部所在地资料等在内的申请材料。此外，为了鼓励市场创新，欧盟针对小型互联网支付机构采取了有条件的豁免制度。

2. 客户资金监管措施

欧盟规范互联网支付主要依据最新的2009/110/EC《电子货币指引》。首先，该指引明确规定了电子货币机构持续性持有自有资金的最低要求，即如果电子货币机构发行电子货币，其自有资本金的最低持有量不得少于法定限额；其次，《电子货币指引》规定了账户分离制，即电子货币机构需将自有资金与发行电子货币所得资金分离，为客户资金专门开设账户，以确保电子货币机构发生资金风险时，消费者对客户资金的求偿权；最后，《电子货币指引》还就消费者取回资金规定了电子货币机构赎回制度，即电子货币机构在任何时候有按照电子货币价值赎回电子货币、偿还电子货币持有人即消费者资金的义务。

3. 消费者权益保护监管措施

欧盟对互联网支付消费者权益的保护主要包括信息披露和消费者隐私权益保护两个方面。信息披露主要依据的是欧盟 2007 年颁布的《支付服务指令》，该指令将支付服务分为单一支付交易和框架合同，分别做出信息披露的要求。[4]

与信息披露相比，欧盟对互联网消费者隐私权益保护的立法尚处于初始阶段。目前，欧盟消费者隐私权益保护主要依据的是1995年颁布的欧盟《个人数据保护指令》，规定各成员国可根据本国情形将该指令转化为本国立法。欧盟《个人数据保护指令》为建立欧盟统一的数据保护标准制度创造了条件，推动着欧盟一体化建设。此外，欧盟《个人数据保护指令》还对数据传输到欧盟以外的相关条件、程序做了初步规定，以保护欧盟消费者的个人隐私权益。

为了进一步提升对互联网消费者个人数据和隐私权益的保护力度，适应新时期互联网金融发展的特征，欧盟于2012年11月提出了《一般数据保护条例》（简称GDPR）。2016年4月，欧盟会议投票通过该条例，并议定于2018年正式生效，届时将对欧盟《个人数据保护指令》形成实质性替代。GDPR将适用主体扩大至境外企业，违反数据保护条例处罚最高可达公司全球营业额的4%，增加透明原则、最少够用原则等一般保护原则。

---

4. 单一支付交易是指支付服务提供者与消费者一次性完成的支付交易。在单一支付交易中，支付服务提供者需向消费者提供支付服务的信息，包括权利义务的规定、消费者所需支付的费用等，在交易运行过程中和结束后，支付服务提供者应向消费者提供与交易相关的信息资料，包括花费费用、支付服务运行现状等。框架合同是指支付服务提供者与消费者在未来一段时间内执行支付交易的合同，该合同必须采用书面形式，且合同条款需使用通俗易懂的语言，合同内容应包括：当事人的权利与义务、交易的程序和最多所需的执行时间、与用户沟通相关的技术要求、任何适用于支付服务的限制、适用的汇率利息和其他费用等。

4. 反洗钱监管措施

欧盟规范互联网支付的法律文件《电子货币指令》并未对反洗钱做出明确规定，只是限定了电子支付金额的上限，以间接防止洗钱犯罪活动。欧盟2005年通过的《反洗钱和反恐怖融资指令》是目前规范反洗钱工作的主要立法文件，该指令将洗钱行为分为如下几类：第一，明知财产来源于犯罪活动，而侵占或转移财产；第二，明知财产来源于犯罪活动或参与犯罪活动的行为，而隐藏或掩盖财产的真实性质、来源、藏匿地点、处置、移动、有关权利或所有权；第三，在接受财产时明知财产来源于犯罪活动或参与犯罪活动的行为，而收购、占有或使用财产；第四，参与、联合从事、试图从事及协助、教唆、促使与建议从事以上任何行为。

案例4-2 Worldpay

Worldpay成立于1989年，总部位于英国伦敦，是全球领先的网上支付和风险服务平台。Worldpay支持多种信用卡，例如：MasterCard、VISA、VISA Purchasing、VISA Delta、VISA Electron、JCB、Maestro等。Worldpay可以通过网络和技术，为全球146个国家和126种货币提供服务。

Worldpay的反欺诈与消费者保护方法有：第一，付款延迟，即推迟支付验证后实际支付的时间；第二，持卡人认证，即允许持卡人在网上购物时，通过使用VISA和MCSC密码证明其身份；第三，退单责任转移；第四，AVS/CVV2/CVC-地址/安全码认证服务；第五，风险管理模块，为交易中的潜在欺诈风险提供额外的信息，当交易风险较大时，自动报警；第六，商家保障，例如，当交易由被盗的信用卡完成时，作为服务的一部分，Worldpay将偿还并退回欺诈的相关款项。

交易监管方面，2016年10月，法国政府就Worldpay为外汇诈骗公司提供支付服务而对其做出惩处。目前，事件仍在进展中。在2016年4月和9月，以色列和法国分别开展外汇诈骗调查，约15家外汇公司高管被起诉，罚单超过100万欧元。其中多家公司使用Worldpay作为支付渠道。据法国AMF近期数据，目前正在调查的诈骗案多达50起，受害者500多人，涉及资金达1.05亿欧元。

（三）其他国家

美欧之外的国家，互联网支付的法律监管以新加坡最为成熟。早期新加坡对于互联网支付持开放态度，监管法规散见于《银行法》《票据法》《支付和结算体系法》《商业信托法》《公司法》等文件，2006年出台了《支付体系管理法》，明确了统一监管框架。

1. 市场准入监管措施

新加坡作为亚洲金融中心，在互联网支付市场准入方面有较为成熟的规定。新加坡对第三方支付的监管依据2006年颁布的《支付体系监督法》。新加坡金融管理局（Monetary Authority of Singapore，MAS）是国内支付机构的监管主体。《支付体系监督法》规定MAS对DPS（Designated Payment Systems）实施准入制，有权变更、暂停、废除准入制度；对没有被指定为DPS的支付机构，则无须通过MAS的授权准入，对其市场准入采取较低的标准。这种做法与欧盟对符合一定条件的中小企业市场准入采用无须取得经营许可证即可从事第三方支付业务的制度有异曲同工之妙。

2. 客户资金监管措施

在互联网支付客户资金的监管方面，新加坡、日本、澳大利亚等国采取的监管原则与美国、欧盟大体一致。首先，采用账户分离制度，要求互联网支付机构为沉淀资金开设专门账户，将机构自有资金和客户资金分开管理；其次，限制互联网支付机构对客户资金的投资范围，只能投资低风险和高流动性的项目；再次，规定支付机构持续性持有自有资金的最低限额，并且需定期向主管机关提交财务报告；最后，规定了支付机构赎回其发行的电子货币的义务，即消费者有权取回自己的资金。

3. 消费者权益保护监管措施

世界其他各主要国家对互联网支付消费者权益的保护，也大体与美国、欧盟相似，在本国已有的消费者权益保护制度的基础上，针对互联网支付的特殊性，制定专门的规范。以新加坡为例，《支付体系监督法》对支付机构的信息披露义务作了规定，规定MAS对信息披露进行监管，并规定MAS应公示用途广泛的储值类支付工具持有者名单、经核准进入市场的用途广泛的储值类支付工具持有者名单及其经核准时间。

案例4-3　eNETS

在新加坡，最流行的网购支付方式是网银转账，96%的成年人开通了网上银行支付，其中，eNETS（the Network for Electronic Transfers Singapore ）支付方式最受欢迎。

eNETS支持90%以上的新加坡本地银行，支持DBS、POSB、UOB、OCBC、CitiBank SG等银行的借记卡支付，且不局限在新加坡本地支付，是符合当地人支付习惯的一种支付方式，新加坡用户数量达300多万。新加坡全岛有30000个销售点提供eNETS付款服务，包括零售商店、餐馆、娱乐场所、出租车等。从小型邻里商店到大型超市，均可实现无现金交易。eNETS可靠的系统和便捷的支付体验吸引了大量商家和用户。

eNETS受新加坡《支付体系监督法》管理。鉴于eNETS是新加坡岛内唯一的专业支付网络运营机构，新加坡金融管理局（MAS）将其界定为关乎金融稳定和公众信心的重要支付系统（Designated Payment Systems, DPS），并对其直接监管。截至目前，eNETS运行较为平稳，未出现严重违法事件。

三、对中国互联网支付监管的启示

综上所述，因国情和立法传统不同，各国对互联网第三方支付的监管模式也有所不同。美国和欧盟并不专门针对互联网支付进行立法，而是主要扩展现有法律，将第三方支付纳入现有法律范围之内。其他国家则采取专门立法，针对互联网支付出台规范文件，试图系统性监管互联网支付。

世界各主要国家在互联网支付市场准入的监管措施上，既有相同之处又有所不同。相同之处在于：第一，均规定了互联网支付市场的准入许可制度。美国在州层面根据各州不同情况规定了不同的许可条件；欧盟也在欧盟支付区统一规定了许可制度，市场主体只需在欧盟境内取得任一成员国的互联网支付经营许可证，便可在整个欧盟境内从事互联网支付业务；新加坡金融管理局也对被指定为重要支付系统的支付机构实施准入制监管。第二，均规定了互联网支付市场准入的最低资金要求。虽然各个国家对资金的具体要求不一，但在立法态度上都积极制定最低资本金额。不同之处则主要表现在互联网支付市场准入的豁免制度规定不同。

借鉴国际经验，提升我国监管水平，至少要重点关注以下三个方面：

第一，加强互联网第三方支付业务交易过程和资金安全监控机制。在互联网第三方支付的交易过程中，平台作为资金转移者，会积聚大量沉淀资金。在监管不利的情况下，可能会出现互联网第三方支付机构恶意侵吞沉淀资金、违规使用沉淀资金，或者将沉淀资金用于风险投资的现象。这不仅会损害消费者的财产利益，还会引发互联网电子交易的信用危机，更进一步，还可能带来整个社会的系统性金融风险。因此，对于互联网第三方支付机构的交易操作，特别是对于沉淀资金去向的监管，需要进一步加强。相关监管部门需要借鉴国外的先进经验，继续完善有关沉淀资金的监管细则，包括结算时间、利息分配等多个方面。

第二，推动互联网第三方支付监管立法，加强金融消费者权益保护。监管立法应继续明确互联网第三方支付机构的法律地位、金融监管部门和政府监管职责的具体内容，并根据互联网第三方支付机构的信息技术、业务范围、产品创新等情况的变化，及时修订监管要求，保证监管内容与时俱进。欧美国家的监管制度、方式和内容、细化支付业务管理的相关配套办法，为我国提供了有益经验。特别是欧美国家在备付金、支付业务操作、准入机制、风险管理、履行反洗钱义务等方面制定了较为详细和易于操作的监管规则，形成了一套完整的监管适用的法律规范安排，增强了对金融消费者合法权益的保护力度。

第三，加强国民信用体系建设。互联网第三方支付交易，由于涉及较多资金流通，需要有完备的国民信用体系作为支撑。我国金融市场化改革起步较晚，征信立法相对滞后，社会诚信体系仍有待完善，这在一定程度上导致了国内互联网支付行业的信用问题较为突出。我国可借鉴欧美发达国家的信用管理经验，推动征信立法、强化金融教育等综合配套措施，提升全社会的信用管理意识，逐步构建完善的国民信用体系，借此加强对互联网第三方支付机构的约束能力，有效促进市场良性竞争和健康可持续发展。

第二节　网络借贷的风险与监管

一、网络借贷的发展现状

（一）美国

美国第一家网络借贷平台Prosper诞生于2006年2月，2007年，Lending Club成立。目前Prosper、Lending Club为美国规模最大的两家网络借贷平台。从2009年到2015年，两家平台放贷量取得了大幅增长，到2015年，Lending Club放贷量已超过60亿美元，Prosper放贷量已超过100亿美元。

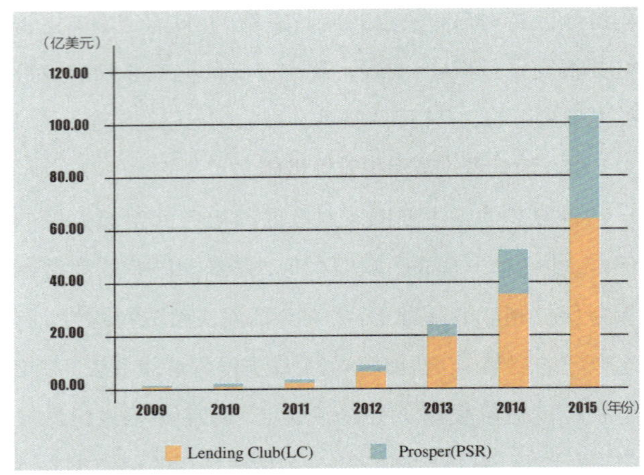

图4-1　Prosper和Lending Club 2009—2015年放贷量

资料来源：美国财政部，在线市场借贷领域的机会与挑战

除上述两家之外，美国目前知名度较高的网贷平台还有OnDeck Capital、Avant、SoFi、Kabbage、Funding Club、Earnest、Affirm和CommonBond等，业务领域覆盖消费贷款、学生贷款、小企业贷款、设备融资贷款等，也有平台开始提供住房抵押贷款、汽车贷款。据美国著名科技博客TechCrunch的数据显示，2015年22家规模最大的在线市场平台仅发放无担保消费贷款就超过100亿美元。在融资方面，2015年全年，美国网络借贷市场一共发生了总额为27亿美元的36笔风险投资；在公开市场，Lending Club、OnDeck上市融资额分别为10亿美元、2.3亿美元。与此同时，截至2015年年底，网贷市场的资产证券化总量超过70亿美元。

美国P2P网络借贷市场已经历了十年多的发展，目前主要有两种业务模式：一是直接放贷模式，即投资人直接将资金借给有资金需求的借款人，将该项贷款形成

表4-1 美国网贷平台各类贷款产品

贷款类别	机构名称	贷款类型	年化利率(%)	贷款期限	贷款额度(美元)	贷款人平均信用分	贷款费用(%)
消费贷款	Avant	定期贷款	9.95~36	2~5 年	1000~35000	650	0
	Lending Club	定期贷款	5.99~35.96	3~5 年	≤40000	699	1~6
	Prosper	定期贷款	5.99~36	3~5 年	2000~35000	698	1~5
小企业贷款	Bond Street	定期贷款	8~25	1~3 年	50000~500000	>640	3
	Funding Circle	定期贷款	6.98~32.78	1~5 年	25000~500000	N/A	1.49~4.99
	OnDeck	定期贷款	7.3~98.4	3~36个月	5000~500000	>500	2.5
学生贷款	CommonBond	定期贷款	固定:3.5~7.74 浮动:2.14~5.94	5~20 年	≥5000	N/A	0
	SoFi	定期贷款	固定:3.5~7.74 浮动:2.14~5.94	5~20 年	≥5000	N/A	0

资料来源:美国财政部、未央网

的资产作为一种投资产品;二是平台模式,平台与储蓄机构合作,将债权打包或发行证券将其转售给投资人,投资人购买网络借贷平台转让的债权包或资产证券化产品,在此情况下,投资人和借款人双方没有产生直接联系。

为了更加直观地了解美国网贷行业的现状,课题组整理了相关资料,形成如表4-1所示的行业数据。

(二)英国

英国是个体网络借贷的起源国,拥有一批在全球范围内颇具代表性的个体网络借贷平台。个体网络借贷满足了相当一部分个人和企业的融资需求,已经成为英国网络替代性融资的重要组成部分。

据英国P2P金融协会(P2PFA)披露的数据,英国的P2P网络借贷市场大致分为商业借贷市场、消费借贷市场和票据融资市场。P2PFA的最新统计显示,截至2016年第二季度末,英国通过P2P网络借贷发放的个人和商业贷款达58亿英镑,投资人总数达15万人,比2014年末新增5万人;借款人总数达到33.2万人,比2014年末新增20万人。

P2PFA成员共八家,这八家平台占了英国P2P网络

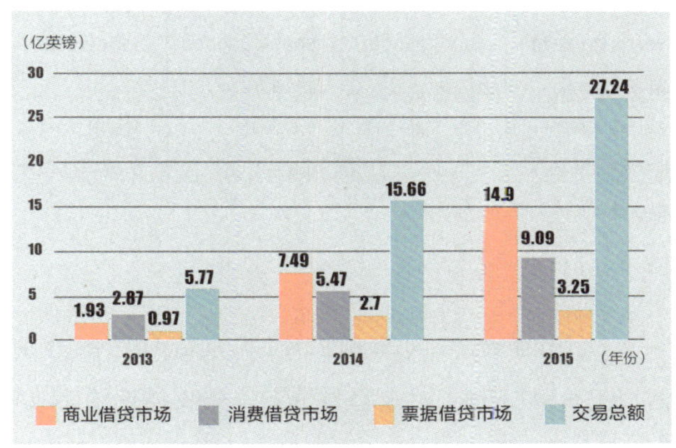

图4-2 英国网贷平台各类市场交易量

资料来源:Pushing Boundaries 2015 Benchmarking Report Nesta.University Cambridge

借贷市场的主要份额,特别是Zopa、Funding Circle和RateSetter三家平台占比较高。截至2016年第二季度末,Zopa、Funding Circle和RateSetter三家平台的累计交易规模、贷款余额、投资者人数和借款人的数量合计占全国总数的比重分别达到71.2%、83.2%、93.5%和97.5%。从交易规模来看,Funding Circle后来者居上,已经超越Zopa成为英国最大的P2P网络借贷平台。

此外,我们可以从英国国家科技艺术基金会交流

会（NESTA）与英国剑桥大学替代金融中心联合发布的"Pushing Boundaries 2015 Benchmarking Report"中得到网贷平台在各类市场的交易量。[5]如图4-2所示。

目前,英国P2P网络借贷市场前三大平台是Zopa、Funding Circle、RateSetter，课题组整理了这三大平台的相关指标，以便客观了解行业现状。

表4-2　英国前三大网贷平台

平台名称	Zopa	Funding Circle	RateSetter
成立时间	2005年3月	2010年8月	2010年10月
个体范围	个人对个人	个人对企业	个人对个人
出借金额（英镑）	≥10	≥20	≥10
二级市场	有	有	有
借款金额（英镑）	1000~25000	5000-1000000	1500-15000
利率范围（%）	1~20	1~15	≥0.1
预计坏账率（%）	0.3~5.2	0.6~5.0	未披露
实际坏账率（%）	0.3~11	0.83~2.15	0.49

资料来源：http://www.p2pmoney.co.uk/

Zopa平台2014年和2015年实际坏账率分别为1.46%和1.15%，对应的投资者年化收益率约6%；Funding Circle平台2014年和2015年实际坏账率分别为2.9%和1.2%，对应的投资者年化收益率为7.6%和7.8%；RateSetter平台2014年和2015年实际坏账率分别为2.95%和1.74%，对应的投资者年化收益率为4.5%和4.8%。整体来看，P2P网络借贷平台的贷款违约率呈逐年下降态势。

（三）日本

2016年3月，剑桥大学、悉尼大学和清华大学联合发布了《亚太地区网络替代金融基准报告》，指出日本在东亚地区替代金融市场中独占鳌头，2015年已达到了3.6023亿美元的总成交量。[6]仅P2P企业信贷就占据了日本国内替代金融市场88%的份额，在2013年至2015年间，累计成交量达到5.09亿美元。

由于法规限制，日本P2P个人信贷规模不大。在日本，提供金钱借贷业务者，在没有法律豁免的情况下，必须注册成为贷金业者，才能开始开展相关业务，因而P2P企业信贷占据了大头。如图4-3所示，P2P个人信贷规模还不到企业信贷规模的1%。

目前日本知名度最高的几家网贷平台为maneo、AQUSH和SBI。maneo股份有限公司和Exchange Corporation KK公司是日本最早的P2P借贷平台运营商。maneo公司成立于2007年，随后完成了运营平台所必需的日本官方注册程序,并于2008年正式推出maneo平台。Exchange Corporation于2009年推出P2P借贷平台AQUSH。SBI集团也于2008年成立子公司——SBI社会借贷有限公司，并于2011年正式推出SBI社会借贷平台。

二、网络借贷的监管措施

（一）美国

在美国，针对P2P网络借贷的监管也一度落后于实务的发展，但美国监管机构一出手便抓到了网贷行业的命门。不同于一般的信贷业务主要由美联储监管，美国P2P网络借贷的监管主体是美国证券交易委员会

5.Pushing Boundaries 2015 Benchmarking Report[EB/OL].[2016]，http://www.nesta.org.uk/sites/default/files/pushing_boundaries_0.pdf.

6.Harnessing-Potential-Chinese-Version[EB/OL] .[2016-03]，http://www.jbs.cam.ac.uk/fileadmin/user_upload/research/centres/alternative-finance/downloads/harnessing-potential-chinese-version.pdf.

（SEC），实施的是所谓的证券化监管。[7]这是受到了美国市场上最具影响力的两大网络借贷公司Prosper和Lending Club运作模式的影响。这两大P2P网络借贷交易平台在运行时采取了向平台投资人发放收益权凭证的方式开展业务。在这种模式下，投资人实际上并不是直接向借款人发放贷款，而是在获悉借款人的信用信息及借款信息后，购买基于特定借款人贷款所对应的收益权凭证。2008年10月，SEC正式对P2P行业进行监管，以美国1933年颁布的有价证券法为依据，认定网络借贷平台出售的凭证在票据范畴内，属于有价证券。网络借贷公司作为证券的发起人，未曾在SEC进行有价证券的注册登记就发放受益权凭证，属于违法开展业务。因此，SEC要求网络借贷公司进行登记注册，并且对网络借贷下发了暂停业务的指令。禁令发出9个月后，Prosper完成了注册并获准重新开业。自此，美国的P2P网络借贷有了清晰的定位，并获得了合法经营的基础。可以看出，对于网络贷款的法律性质，美国的监管机构从一开始就有着很明确的界定，即一种以投资人和借款人自由交易实现的直接融资形式。

美国对网络借贷的监管框架，可概括为“两层多头”[8]。“两层”是指联邦政府与州政府共同监管的架构，即某一网贷公司若要在某一个州开展业务，至少要在SEC与州一级证券监管部门进行两次登记，才能取得营运资格。“多头”是指除证券监管部门、金融消费者保护局、联邦贸易委员会以及联邦存款保险公司等机构也对网络借贷负有监管责任。这主要是受到美国以保护消费者权益为核心的监管思想的影响。这种监管思想主要包括三个方面：一是公平对待所有消费者（主要是投资者）；二是保护消费者隐私（主要是借款人）；三是提高消费者意识和开展教育（对借款人和投资者双方）。[9]因此，当网络借贷牵涉以上内容时，便自然被相关监管机构纳入监管范围。联邦贸易委员会是保护美国市场竞争性的监管机构，在个体网络借贷监管领域的职责是对个体网络借贷平台的竞争行为进行监管。至于联邦存款保险公司，主要是通过对参与个体网络借贷业务的银行进行监管，从而间接实现对个体网络借贷市场的监管。[10]

案例4-4　Lending Club

Lending Club成立于2007年，在美国市场上一度占有超过80%的市场份额，是目前全球规模最大的P2P网络借贷平台。Lending Club已经完成多轮融资，并于2014年底上市，成为全球首家上市的P2P企业，有着规范的经营模式和良好的风控制度。[11]伴随着美国金融监管改革，Lending Club平台的运营模式也发生过两次变化，经历了本票模式、银行模式、证券模式三个发展阶段，现阶段仅存在证券模式。[12]

2008年10月，Lending Club完成注册并重新开业后，就进入了证券模式，平台将贷款以收益权凭证的形式出售给投资者，投资者购买的是Lending Club发行的“会员偿付支持债券”，投资者是Lending Club的无担保债权人，与借款人之间并没有直接的债权债务关系，但收益却与所投资的贷款状况相关。Lending Club平台的风险管理很严格，这主要得益于平台对客户严格的信审、美国成熟的征信体系和纯中介模式的定位。[13]

7.李旻芮.美国网络借贷平台的监管及对我国的启示[J].法制与社会,2014(21).

8.曹雪. 美国P2P网络借贷研究[D]. 吉林大学,2016.

9.王朋月,李钧.美国P2P借贷平台发展:历史、现状与展望[J].金融监管研究,2013(7).

10.Government Accountability Office.New Regulatory Challenges Could Emerge as the Industry Grows[EB/OL].http://www.gao.gov/new.items/d11613.pdf.

11.王晓萱. Lending Club公司P2P网贷模式案例研究[D].辽宁大学，2015.

12.李逸凡.比较与借鉴——美国和中国P2P网贷平台的发展[J].经济纵横，2014(10).

13.陈文,王飞.网络借贷与中小企业融资[M].北京：经济管理出版社，2014.

（二）欧洲

在欧盟范围内，成员国对网络借贷平台的监管必须遵守欧盟的《消费者保护指令》《不公平商业行为指令》以及《不公平合同条款指令》。这些指令规定了一系列重要的消费者保护标准，成员国在制定其专门的监管机制时必须遵守对欧盟消费者法律中关于金融服务内容的最低协调义务。就市场体量和发展程度而言，英国的P2P网络借贷市场在所有欧洲国家中发展最为成熟，其监管架构也比较完善，法、德等国的网络借贷发展则较为缓慢。

1. 英国

英国对于P2P网络借贷的监管经历了从宽松到严格的转变。在监管架构上，由“三方监管”逐步转变为“双峰监管”。[14]其核心，一是突出宏观审慎监管的作用，二是赋予政府更多的干预职能。在原有的监管架构下，金融服务局（FSA）作为唯一的金融监管机构，其首要目标是进行微观审慎监管，在其主要监管目标和范围内并不包括对P2P网络借贷行为的监管。金融行为监管局（FCA）的设立则为对P2P网络借贷的监管提供了合适的监管主体。在针对P2P网络借贷行为的监管实践中，消费者保护问题显得尤为突出，这与FCA以消费者保护为首要监管目标的定位十分契合。

总体而言，英国对P2P网络借贷行为的监管主要表现出以下特征：一是对P2P网络借贷的监管聚焦于消费者保护领域，且归为行为监管的范畴；二是作为针对P2P网络借贷行为监管的两大支柱，行业自律和政府监管，在英国的监管实践中并存；三是由于P2P网络借贷行为本身所具有的金融属性以及可能带来的金融风险，英国政府对其逐步采取了从严监管的思路。

2. 法国

相比在英、美等国所取得的快速发展，P2P网络借贷在法国仍处于起步阶段。在法国，P2P网络借贷被划归于“参与融资”的范畴，法国金融审慎监管局（ACPR）对行业中的机构准入、个体行为等进行监管，法国金融市场监管局（AMF）对行业规范和涉及金融市场和产品的部分进行监管。2013年5月，ACPR和AMF联合发布业务指引，对该行业中某类具体业务是否属于信贷机构的范畴、是否需向ACPR申请信贷机构牌照、是否需遵守AMF市场规定等，进行了较为详细的规定，但部分条款仍有待进一步明确。

3. 德国

与法国类似，德国P2P网络借贷市场的发展也处于初级阶段。德国P2P网络借贷市场主要由Smava与Auxmoney两家公司垄断。根据《德国银行法》，任何吸收存款或发放贷款的机构，均应从德国联邦金融监督管理局（Bafin）申领银行牌照。为规避监管，Smava和Auxmoney均委托银行进行资金收取、支付及放贷等业务的办理，从而无须从Bafin申领牌照。例如，Smava与德国Fidor银行开展合作，所有贷款人均需将资金首先存入该银行；贷款协议一经达成，Fidor银行会将贷款人资金划转至借款人账户；对未放出资金，银行将支付0.5%的利息。Auxmoney与德国SWK银行合作，基本程序与Smava相似，但银行并不对外放出资金支付利息。由此可见，针对P2P网络借贷行为的监管，德国目前尚未形成较为完善的监管框架，网络借贷只是被视为一般的信贷业务，适用于《德国银行法》。

14.刘绘，沈庆劼.P2P网络借贷监管的国际经验及对我国的借鉴[J].河北经贸大学学报，2015（3）.

（三）其他国家

1. 日本

在日本，针对金融领域的监管历来注重工作的协调性与一致性，将整个金融业作为一个统一的整体，由最高级别的金融监管机构——金融厅负责，采用一体化的监管模式。[15]

其中，针对P2P网络借贷行为的监管，日本金融厅既设置了较为科学、合理的监管框架，同时又给予其一定的公平合理的发展空间。2000年5月，日本金融厅发布《异业种加入银行经营及网络专业银行等新形态银行执照的审查指针方案》，明确提出了其他被允许参与银行业的计划产业。此外，日本金融厅也十分重视对网络信息安全和网络管理金融安全的保护，并指明“严禁提供其他人的、与访问控制相关的账号”。对于有碍商务事务的进行、为计算机生产非法电磁记录系统、使用非法电磁记录系统者，将进行严厉的处罚；若电磁记录与政府机关或其办事人员有关，则相应的责罚将更加严厉。2001年，日本正式施行了《关于禁止不正当存取行为的法律》，旨在加大对黑客的惩罚力度，进一步加强网络信息安全保障。

2. 韩国

目前，韩国尚未对P2P网络借贷平台及其业务设置专门的法律规范，而主要通过现有的法律框架进行相关的规制。在具体的监管实践中，韩国的P2P网络借贷平台被视为一般的商品中介公司，以网络电商的定位进行监管，主要涉及的监管法律规范有《电信法》《电子商务基本法》《消费者权益保护法》以及《促进信息通信网络利用及信息保护法》等。

值得注意的是，虽然韩国对于P2P网络借贷的监管属于原则性监管，主要适用于现有的法律框架，但在韩国消费者保护法中设有与P2P网络借贷相关的禁止性条款，具体内容有：一是禁止通过告知虚假或夸张的信息，或使用欺诈手段，诱导消费者进行交易，或妨碍要约撤回

案例4-5　Zopa

Zopa是全球P2P网贷元老，成立于2005年2月。Zopa专注于个人贷款，且只做个人信用贷款，并不需要资产抵押，而是通过与Equifax（全球三大征信商之一）合作，对借款人进行一系列身份验证、借款需求验证以及还款能力证明验证后给出相应的信用评级，系统则根据借款需求及对应的信用评级给出贷款利率。投资人在选定了预投资金额、每月递增投资金额、预投资期限等信息后即可进行投资。

在匹配借款人和投资人上，Zopa使用的是自动竞价系统，将拆散的投资资金份额优先投入信用评级较高的标的。由于是分散投资，投资者的预投资期限并不完全与实际投资标的相匹配，若投资者选择到期全额偿付，系统会提前将尚未到期的债权转让，而在兑付时间早于预投资期限的情况下，这部分被偿付的资金则会自动寻找其他新的债权或被转让债权进行配对。

从风控角度讲，值得提及的是Zopa的安保信托基金。Zopa通过对自身历史数据及英国P2P金融协会（P2PFA）的数据分析，得出预期违约率，并针对该违约率设置对应的风险准备金。自2010年启用至今，Zopa已有1081万英镑（约合1.04亿元）的风险准备金，而预计违约所需偿付金为916万英镑，有约165万英镑的缓冲资金。

15.王建文，奚方颖.我国网络金融监管制度：现存问题、域外经验与完善方案[J].法学评论，2014(6).

或合同终止的行为；二是禁止以妨碍要约撤回等为目的，变更或废止住所、电话号码、互联网域名等行为；三是禁止因未及时设置处理纠纷或投诉所必要的人力或设备，导致消费者损害的行为；四是禁止在消费者未提出要约的情况下，单方面提供商品并要求消费者支付该商品价款的行为；五是禁止在消费者已经表明无购买商品或接受服务的意愿后，仍然通过电话、文字传真、计算机等通信方式，要求消费者购买商品或接受服务的行为；六是禁止未经消费者同意或超过同意范围，使用消费者相关信息的行为。以上禁止性条款为规范P2P网络借贷行为提供了有力的约束。

案例4-6 Crowdcredit

成立于2014年6月的Crowdcredit是日本的第五个P2P借贷平台，由Lloyds银行东京分行前证券交易员Tomoyuki Sugiyama建立，公司总部位于东京。作为日本首个专注于P2P借贷跨境投资的平台，Crowdcredit把目标主要放在了拉美国家，期待获得经济和社会影响力的双重收益。[16]

投资基金类产品更侧重于经济回报。权益类产品则是向个人投资者出售小型的未上市股票，其盈利与股票等息息相关[17]。日本的P2P平台并不多，主要依靠政府和法律法规的监管，日本的放贷业务法案禁止在P2P网贷平台上，个人投资者直接借钱给借款人。在这种情况下，个人投资者必须纳入投资基金，然后在P2P平台上开展业务，为借款人提供资金。

三、对中国网络借贷监管的启示

在网络借贷领域，我国虽然起步略晚于欧美，但从发展现状看，无论是交易规模还是普及程度，都大有后来居上之势。现阶段制约我国网络借贷行业进一步发展的主要因素在于缺少一套成熟的配套监管制度，因此，借鉴其他国家网络借贷的监管经验是十分必要的。

纵览国外主流国家的网络借贷监管实践，其在以下四个方面对我国有借鉴意义：

首先，“清晰定位，责任到人”。先说“清晰定位”，美国在监管伊始就明确把网络借贷业务定义为证券的一种，因此划归美国证券交易委员会（SEC）监管，这样就避免了监管部门之间因权责不清而造成的监管空白。关于“责任到人”，主要是指依据网络借贷与多种其他金融业务紧密联系的特性，引入相关业务的监管部门协同监管。同时，将具体的业务细分，实现业务上绝对优势的监管，大大提升了监管覆盖面和监管效率。

我国对互联网借贷行业的监管由银监会执行，但是对其执行标准、执行方式等缺乏具体的规定。互联网借贷监管权是通过银监会监管框架改革设立普惠金融监管部认领的，并没有通过立法赋予。因此，要在立法上明确监管主体，赋予银监会监管权，防止其他部门插手。此外，对于银监会行使监管权应加以规定，规定宜粗不宜细，在规范权力运行的同时也赋予主体一定的自由裁量权。

其次，完善立法。美国当前虽没有专门针对个体网络借贷业务的法律规则，但由于其金融市场领域的立法较为完善，个体网络借贷可以纳入现有监管法律体系中

16.Crowdcredit成立日本首个P2P网贷跨境投资平台[J/OL].网贷观察， http://www.wangdaiguancha.com/wangdaizixun/2980.html，2015（10）.

17.亚洲P2P不止中国有，洞悉日本P2P网贷的现状[OL].http://www.wangdaiguancha.com/wangdaizixun/2980.html.[2016-08].

去，在立法方面没有出现法律空白或缺失的情况。

我国对个体网络借贷的立法仍不完善。互联网借贷平台的运行不同于一般的公司企业，其涉及一些专业的技术知识，如客户信息保护、利率设定、信用体系建立等，因此，应通过立法完善互联网借贷平台的准入与退出机制，对于网络借贷平台的注册资本、技术条件、管理人员，以及组织结构等应有特殊要求，提高进入门槛，降低风险。

再次，充分发挥行业自律的作用。结合英国这几年P2P的发展看，P2P金融协会作为一个非营利性、非官方的组织，很好地发挥了规范和促进P2P行业发展的作用[18]，成为行业协会的一个优秀样板。中国也于2016年3月25日成立中国互联网金融协会，至今发布了个体网络借贷信息披露标准和配套自律制度、启动了互联网金融行业信用信息共享平台等，为推动中国网络借贷的发展发挥了积极作用。

最后，注重网络安全建设。网络借贷的主要交易均是通过互联网完成，若网络安全出现问题，投资者的利益就会遭受巨大损失。日本金融厅就十分重视对网络信息安全和网络管理金融安全的保护，对相关的违法犯罪活动进行重罚。其经验对我国的启发，一方面要加强网络基础设施建设，各网贷平台要加大技术投入力度，增强自身抗网络攻击的能力；另一方面也要针对网络借贷的互联网技术犯罪，制定惩治措施。

18. 罗俊,宋良荣.英国P2P网络借贷的发展现状与监管研究[J].中国商贸，2014(23).

19. 孟韬，张黎明，董大海．众筹的发展及其商业模式研究[J]．管理现代化，2014(5):50-53.

第三节　股权众筹融资的风险与监管

国际上，2001年开始有众筹平台成立并运营，当时众筹属于起步阶段，众筹面向的用户主要是音乐界的艺术家及其粉丝，至今已经覆盖各个领域。借鉴国际经验，建立和完善长效机制，实现规范与发展并举、创新与防范风险并重，为股权众筹融资试点创造良好环境，切实发挥互联网股权融资支持“大众创业、万众创新”的积极作用，已经成为国内股权众筹发展的重要任务。

一、股权众筹融资的发展现状与风险特征

（一）美国

基于技术的优势，众筹模式在美国发展得最为成熟。2001年，全球第一个众筹平台ArtistShare正式运行，开创了美国众筹模式的先河。真正意义上的第一家众筹网站Kickstarter于2009年在美国诞生，Kickstarter的出现使得众筹平台逐步开始摆脱对于金融机构的依赖，成为筹资者与大众投资者之间沟通和投融资的桥梁。该平台一直处于美国众筹领域的领先地位。美国众筹平台不断发展，形成了全球最发达、运作最规范的众筹体系。

与其他国家和地区类似，依据运行的复杂程度、所涉及利益相关者的数量和法律环境等因素，在美国，众筹通常被划分为捐赠与赞助、预售、借贷与股权投资三种模式[19]。其中借贷众筹与股权投资众筹模式涉及发起人和投资人之间的金融交易、债权股权以及监督管理等问题，实际上是一种信用转换的功能，是美国最为复杂、影响力最大、监管最为严格的两种众筹模式。

股权众筹在美国被认为是证券的公开发行，受美国证券交易委员会（SEC）的监管。美国股权众筹迅速发展，日益形成了自我强化的业务模式，但股权众筹难以摆脱金融的本质，仍然具有相应的风险。由于借贷型或股权型众筹涉及较多投资者（Backers），投资者保护就成为重大的风险问题。投资者保护的第一个风险在于平台对发起人和投资者的资金安全保障问题，另一个则在于缺乏对发起人欺诈行为的相关约束机制，这是美国众筹投资存在较大风险的重大根源。

（二）欧洲

由于全球金融危机以及欧洲主权债务危机的冲击，欧洲中小微企业的发展和融资长期陷入困境。由于次贷危机和欧债危机，欧洲经济萎靡不振，针对小微企业的贷款急剧减少。随着银行贷款意愿的降低，拓宽小微企业融资渠道成为欧洲政府的首要任务，众筹成为欧洲中小微企业融资的补充。

欧洲的众筹模式与美国基本相似，主要分为三种：捐赠与赞助、预售、借贷与股权投资众筹。在法国、西班牙等地，还出现了房地产项目的众筹，主要是通过众筹融资进行房地产项目的开发建设，众筹参与人最后以房地产项目的房产或租金作为回报。在欧洲，众筹行业保持了较快的发展速度。2013年、2014年和2015年，众筹融资规模分别为1.13亿欧元、2.83亿欧元和5.43亿欧元，2014年和2015年众筹融资的增速分别为151%和92%。[20]

在欧洲股权众筹的发展中，投资者权益保护成为最重要的问题。意大利、法国、英国作为欧洲股权众筹立法的先行者，以投资者适当性为支撑，围绕股权众筹适当性制度构建了立法规制，尽管具体规则设计不同，但价值取向却殊途同归，即构建投资者适当性制度并以此来防范股权众筹带来的投资者利益受损。

（三）印度

印度的众筹发展时间虽较短，却在过去几年中呈现爆炸式增长态势，成为全球重要的众筹市场之一。印度最大的众筹网站Wishberry自2012年成立以来已成功融资超过9000万卢比，平台融资额度基本年均增长超过100%。[21]

由于印度的娱乐业较为发达，信息技术等高新技术产业在国际上亦占有一席之地，印度的股权众筹发展主要集中在艺术和技术两大领域。同时，印度企业在国外的众筹亦取得了积极进展，2015年10月，印度企业Exploride在美国众筹网站Indiegogo成功融资4300万卢比[22]，为印度企业2015年众筹融资单笔最高规模。

印度的众筹业务模式与美国相差不大，包括捐赠与赞助、预售、借贷、股权众筹等，其中，最为流行的是捐赠与股权众筹。由于印度艺术氛围较为浓厚，捐赠或赞助型众筹较为普遍。此外，股权众筹也成为印度信息技术产业中，创新技术和人员的新兴融资渠道。印度众筹发展具有较为显著的国际化特征，获得国外投资者的融资比重较大，以Wishberry为例，其过去几年的融资中，约有15%的项目和20%~25%的投

20.Cambridge Centre for Alternative Finance.The 2nd European Alternative Finance Industry Report: Sustaining Momentum [EB/OL]. [2016-11-15].http://www.jbs.cam.ac.uk/faculty-research/centres/alternative-finance/publications/sustaining-momentum/#.WCvDzoVOJIY.

21.Narayanan, Sankara. How Wishberry is Succeeding in Packing Technical Features to Its Creative Crowdfunding Space[EB/OL]. [2016-11-15]. http://techstory.in/wishberry/.

22.Abrar, Peerzada and Sanjay Vijayakumar. Money Follows the Crowd[N].the Hindu, January 12, 2016. http://www.thehindu.com/features/magazine/from-matchmaking-software-to-comic-books-crowdfunding-is-picking-up-the-tabs/article8081582.ece.

资额来自国外的投资者。[23]

与发达经济体相比，印度在众筹平台的安全、稳健和合规运营方面的风险更为凸显。在过去几年的发展中，印度众筹平台破产、占用投资者资金，甚至欺诈等事件屡见不鲜。

二、股权众筹融资的监管措施

（一）美国

1. 美国股权众筹的监管框架

在美国众筹发展过程中具有里程碑意义的事件是美国于2012年通过了《促进创业企业融资法案》（JOBS法案），并成为美国股权众筹监管的法律框架。JOBS法案出台后，众筹在美国彻底摆脱了“非法集资”的阴影，股权众筹开始规范发展起来。作为核心监管主体，美国证券交易委员会（SEC）有三个监管目标，分别是保护投资者、防范系统性风险和促进资本形成。在实际操作中，美国相关法律和SEC对众筹融资的监管经过一系列的改革，有效平衡了中小企业融资便利、促进资本形成和投资者保护三个目标之间的冲突。[24]

2012年美国国会通过的JOBS法案中的第三章又称众筹法，是众筹融资模式所依据的法律框架，第三章所定义的“众筹”与SEC制定的D条例504条款所允许的募集方式非常相似。美国政府推动众筹立法主要在于，通过众筹的规范运行和高效融资功能，为初创期、创新型的中小微企业和个人以低成本筹集资金，本质是将众筹融资的行为合法化，并使其接受监管。众筹法授予了SEC对集资门户网站的检查、执法和其他规则的制定权，以及对发行人和中介机构各种法定的监管权力。另外，州一级的机关保留对辖区内发行人或中介机构从事欺诈或非法行为的司法权。美国对于众筹的监管，主要体现在信息披露、平台监管和投资者保护三大方面。[25]

2. 众筹信息披露要求

在信息披露方面，众筹法提出了相关的披露要求，允许SEC出台具体规则增加更多的披露要求。与IPO相比，众筹融资模式的信息披露要求要低得多，但仍然需要坚持真实、客观原则。在信息披露的实际操作中，众筹法对信息披露的要求不是“一刀切”，而是根据发行规模要求相关企业对财务状况进行不同层次的披露：对于10万美元或以下的发行，过去财政年度的所得税纳税申报表和未经审计的财务报表，只需由主要行政人员确认无误即可；对于10万美元到50万美元的发行，财务报表需要一个独立的会计师审阅；而对于50万美元到最多100万美元的发行，财务报表需要经过审计。

3. 众筹平台监管

对于众筹平台的监管，美国执行强监管的政策框架。众筹法的监管重点在于对众筹中介平台的监管，以此保护投资者以及融资人的权益。众筹平台是众筹市场的重要参与者，对其加强监管，SEC能够有效聚焦监管重点、分散监管成本。美国JOBS法案中针对众筹平台的监管集中在众筹平台的注册和信息披露、投资者教育、欺诈风险管控和中介机构规范等五个重要方面。比如，在众

23.Bellucci, Macro. India' s Crowdfunding Landscape: What are the Emerging Trends[EB/OL]. [2016-11-10]., Allied Crowds, July 13, 2016. http://blog.alliedcrowds.com/indias-crowdfunding-landscape-emerging-trends/.

24.吴志国,宋鹏程,赵京.资本是市场监管：平衡的艺术——美国众筹融资监管思路的启示[J].征信，2014(3):88-92.

25.郑联盛,胡薇.国外互联网金融的法律基础与监管模式[M].载杨涛.互联网金融理论与实践(第五章).北京：经济管理出版社，2015(1)：152-160.

筹平台的注册和信息披露方面，JOBS法案规定中介机构必须在SEC注册为经纪自营商或集资门户。

4. 投资者适当性管理

由于众筹的投资者数量相对较大，建立有效的投资者保护制度成为众筹法的三大任务之一。美国在众筹的投资者适当性和投资额度管理方面做了详尽的规定：在筹资上限上，规定筹资者每年通过网络平台募集不得超过100万美元的资金，以此限制投资者风险暴露的总头寸；在投资上限上，众筹法规定了投资者被允许投资在所有众筹产品的最高上限——如果一个投资者的净资产或年收入在10万美元以下，其可以在众筹证券上投资2000美元或年收入的5%；如果净资产或年收入在10万美元以上，则可以投资其年收入的10%，但上限为10 万美元。

案例4-7　Kickstarter

美国Kickstarter是目前全球最大的众筹融资平台之一，成立于2009年。Kickstarter的诞生在美国众筹发展史上具有十分重大的意义。Kickstarter通过网络平台向社会公众进行集资，使得有创造力的团队或个人获得他们所需要的资金，是真正意义上的股权众筹平台。

Kickstarter刚建立时，主要为图片、电影和音乐等娱乐类项目融资，随后不断发展壮大，至今已发展成为可以为包括影视剧制作、图书出版、广告设计、科学技术等多类项目进行筹资的融资平台。Kickstarter自2009年4月18日成立至2016年11月15日，已累计为11.52万个项目筹资，累计金额达27.23亿美元。[26]

（二）欧洲

1. 欧盟股权众筹的顶层设计

欧盟股权众筹的发展有顶层设计、政策支持和政策咨询三个支柱。其中，在顶层设计上，为了帮助欧洲经济复苏、解决小微企业融资难题，欧盟已于2013年将众筹纳入“2020战略”，致力于推广和发展众筹平台，以实现欧盟到2020年的经济发展战略目标，并制定了《创业2020行动计划》。

2014年3月，欧委会对欧盟层面监管的现实问题进行了总结，并出台了相关的监管原则，欧洲的众筹进入了一个相对规范化的发展阶段。在政策支持体系上，2014年3月，欧盟通过了“实现欧洲经济长期融资需求路线图”，致力于众筹生态融资体系和科研创新众筹支持体系建设。在政策研究及咨询上，欧盟成立了欧洲众筹参与者论坛，组织专家组，融合官、产、研，提供信息、政策、法律等专业服务。

2. 欧盟股权众筹的规范化

欧盟将股权众筹的发展限制在法治的框架之内。

一方面，欧盟强调立法，明确股权众筹在促进创新和就业中的地位和作用，建立了适合欧盟的、健全的股权众筹法律框架和基本原则，各成员国可以根据自身情况设立相应的制度体系，只要不违背欧盟的基本原则、不低于欧盟标准即可。

另一方面，欧盟强化了规范股权众筹平台的法律制度、技术框架、信用风险、资金存管和信息披露等方面的责任。在法律规范上，欧盟主要强调平台在五个方面的法律责任：一是平台的法律地位问题；二是平台破产处置的法律适用；三是平台账户资金的法律适用；四是知识产权保护；五是平台税收的法律适用。在平台运作的规范上，欧盟要求股权众筹平台确保支付体系的稳健安全，资金需存管于银行且设立分离账户。

26.The Data of Kickstarter. [EB/OL]. [2016-11-15].https://www.kickstarter.com/help/stats?ref=hello.

3. 欧盟股权众筹的投资者保护

投资者保护是欧洲发展股权众筹的底线。欧盟致力于在欧盟层面设立投资者的最低准入标准，以防止成员国之间进行套利或造成制度冲突，并以全流程管控的方式来保护投资者权益。

欧盟设定了股权众筹投资的限制性标准，比如，个人投资者股权众筹投资的总额、个数、占总资产或总收入的比重以及特定时期内可投资的个数和总规模等。各个成员国可以根据自身情况设定各自标准，但不得低于欧盟的最低标准。欧盟通过设置限制性准入门槛和行业运行指南，以遴选“合格投资者”，从制度上约束了股权众筹对投资者的权益冲击，以制度来保障投资者权益。

（三）印度

1. 印度股权众筹的监管制度

根据印度证券交易委员会的咨询报告，印度目前对股权众筹的监管主要基于现有的法律框架进行的，其中包括2013年《公司法》、1992年《证券法》和1956年《证券合约法》等。但是，基于众筹融资可能存在的违约、欺诈、信息不对称、技术性问题甚至系统性风险，印度证券交易委员会（SEBI）建议强化对股权众筹的监管。

2014年6月，SEBI发布了众筹监管的咨询报告[27]，提出应建立一个全面的监管框架和制度安排，其中涉及众筹平台资格、众筹平台认证、众筹发行人资格、发行人信息披露要求、投资人资质、发行程序、二手市场、反洗钱以及税收政策等内容。2015年，SEBI对其众筹监管进行了评估，认为对于中小企业融资和个人创业等具有积极意义，是重要的另类融资模式（Alternative Investment Funds，AIF）。[28]

2. 合格投资者制度

SEBI建议，众筹的合格投资人包括以下几类：一是合格机构投资者，该名单由SEBI根据资本和信息披露要求公布；二是印度公司法规定下的股份制公司，净资产不得低于2亿卢比；三是高净值个人，净资产价值不得低于2000万卢比，其中不包括个人住宅价值或由住宅抵押获得的贷款；四是合格零售投资人，年收入不得低于100万卢比，提送所得税申报表不得少于3年，提供在每个众筹项目中投资不超过6万卢比的证明，并证明其投资众筹平台的所有资金不超过其净资产的10%。

SEBI认为众筹不是一种公募发行，为此需要遵循私募行为进行监管。印度法律规定了私募发行的认购有一个每人最低募集标准（Minimum Offer Value），为2万卢比，以此来限制投资者的准入门槛。SEBI建议在众筹投资中，合格机构投资者至少要认购最低募集标准值的5倍，所有合格机构投资者所持有的份额不低于该证券发行的5%；公司至少认购最低募集标准值的4倍；高净值个人投资者要至少认购最低募集标准值的3倍；合格零售投资人至少认购最低募集标准值，并且在一个项目中的认购金额不得超过6万卢比，在所有众筹平台上的投资不得超过其净资产的10%。[29]

3. 募资人准入及融资监管

SEBI建议对募资人进行更为严格的准入要求和更为全面的监管。

27.Securities and Exchange Board of India(SEBI). SEBI Consultation Paper on Crowdfunding in India, PR No. 62/2014. [EB/OL].[2016-11-8].http://www.sebi.gov.in/sebiweb/home/detail/28239/yes/PR-SEBI-Issues-Consultation-Paper-on-Crowdfunding-In-India-.

28.Sinha, Partha. SEBI Panel Eyes Crowdfunding, The Times of India, August 1,2015.

29.Securities and Exchange Board of India(SEBI). SEBI Consultation Paper on Crowdfunding in India, PR No. 62/2014. [EB/OL].[2016-11-8].http://www.sebi.gov.in/sebiweb/home/detail/28239/yes/PR-SEBI-Issues-Consultation-Paper-on-Crowdfunding-In-India-.

在资质方面，一是预期募集资金的公司在12个月内不能募集超过1亿卢比资本，如果希望募集超过1亿卢比，将受到《证券法》的监管并要在中小企业板或交易所上市；二是希望进行众筹融资的公司不得与其他单个公司有超过2.5亿卢比以上的出资、赞助或关联交易；三是不得是上市公司；四是公司存续期不得超过4年；五是通过众筹融资的资金不得用于其他用途，如贷款或投资企业实体；六是公司不得与房地产行业相关，或从事印度政府工业政策所不允许的活动。

在众筹融资的规范上，一是发起人在12个月内，不能利用多家众筹平台进行融资；二是发行人不得直接或间接地对公众进行营销宣传或引诱投资；三是发行人必须在SEBI认证过的众筹平台进行发行，并履行强制性程序；四是发行人不能直接或间接诱使或补偿任何人以推进其发行；五是发行人必须提供超募条款。超募的额度不得超过预期募集额度的25%，同时要披露超募资金的使用用途，超募资金留存余额不得超过1亿卢比。

在股权众筹的股份发行中，一是发行人根据相关的规范不得募集超过1亿卢比，且要在监管部门认可授权的众筹平台上根据相关的投资项目安排向合格的投资者募资；二是募集资金的公司要符合众筹平台的相关标准，在募资前后要受这些标准约束并接受平台的动态质询；三是单一投资者不得持有超过公司25%的股份，发行人要求至少持有公司5%的股份，并至少持有3年；四是投资者将拥有公司法里所规定的所有股东权益。[30]

案例4-8 Wishberry

Wishberry是印度最有名的众筹平台之一，由两位印度女性Priyanka Agarwal 和Anshulika Dubey发起设立，并于2012年中期正式运营，主要致力于服务具有创新思维的艺术家，被称作印度的Kickstarter。创始人之一Priyanka Agarwal毕业于美国宾夕法尼亚大学沃顿商学院，拥有经济学和工程学双学位。Anshulika Dubey曾任职于麦肯锡咨询公司。截至2016年6月底，Wishberry平台已经为325个项目融资9000万卢比。[31]

Wishberry众筹项目主要有艺术、戏剧、舞蹈、产品设计、电影、音乐、摄影、出版刊物和剧院等九大类别。为该平台筹资的投资人被称为“Backers”，能够从其投资的项目中获得特别的待遇，比如，可以获得首度发行的CD、可以和艺术家面对面进行交流等。Wishberry认为众筹的好处是以很小的代价获得最初的市场和客户，可以让筹资者直接展现自己的想法，也可以让投资者更了解项目，还可以保留项目自身的创造性和所有权。

从盈利模式上看，如果发起人接受帮助准备发起众筹，Wishberry会收取预付费用2500卢比并且不予退还。Wishberry的政策是“全或无”，这是指如果发起人募集到100%的目标金额，Wishberry会将资金转移给发起人，否则Wishberry会退还给投资人，众筹失败。在众筹结束时，如果发起人募集到目标金额，Wishberry将收取众筹金额的10%作为佣金。

三、对中国股权众筹融资的启示

欧洲、美国和印度的经验表明，市场化的发展需要规范化的机制基础。借鉴欧洲、美国和印度的发展经验，我国应从国家层面制定股权众筹发展的制度规范，以促进股权众筹的长期可持续发展，为“大众创业、万众创

30. Securities and Exchange Board of India(SEBI). SEBI Consultation Paper on Crowdfunding in India, PR No. 62/2014. [EB/OL].[2016-11-8].http://www.sebi.gov.in/sebiweb/home/detail/28239/yes/PR-SEBI-Issues-Consultation-Paper-on-Crowdfunding-In-India-.

31.Narayanan, Sankara. How Wishberry Is Succeeding in Packing Technical Features to Its Creative Crowdfunding Space, June 28, 2016. http://techstory.in/wishberry/.

新”提供有力支撑。

一是注重顶层设计。美、欧以及印度的经验表明，发展规划是股权众筹可持续发展并发挥对创新创业支持作用的基础，我国应注重股权众筹的顶层设计规划，明确股权众筹的范畴、战略、实施、监管等基本原则，在“大众创业、万众创新”的战略框架中，明确股权众筹的地位和作用，积极稳妥推进众筹对创业创新和中小微企业及个人的支撑作用。

二是注重监管体系建设。完善的制度规范和监管框架是股权众筹长期可持续发展的基础设施，应以《股权众筹风险专项整治工作实施方案》为基础，以中国证监会为主体，进一步完善股权众筹发展的监管框架和微观指标体系，从股权众筹平台的法律适用、筹资人权利义务、投资者市场准入以及风险控制等方面进行有效规范，确保股权众筹及其平台运作规范，防范民间非法集资。

三是注重风险管控。首先，以《股权众筹风险专项整治工作实施方案》为基础，进一步完善股权众筹的技术和运营方案指引，要求股权众筹平台进行有效的技术风险管控，防范技术系统失败。其次，明确股权众筹平台的准入标准，特别是最低资本要求及从业人员资质、资本金以及技术门槛等具体要求，其中资本金是市场准入的最核心要件。再次，设立以银行为主体的资金存管制度，防范股权众筹平台利用其他支付体系进行非法资金运作。最后，建立信息报告制度。平台要定期向监管部门报告财务数据、客户资金和客户投诉情况、上一季度贷款信息以及客户违约信息等。

四是注重投资者保护。首先，建立信息披露制度。股权众筹平台应用通俗易懂的语言告知消费者其从事的业务，在股权众筹项目进行销售宣传时，必须要明确、无误导，在平台上任何投资建议被视为金融销售行为，需同时遵守金融销售的相关规定。其次，建立合格投资者制度。市场准入标准和严格的投资限制是防范风险和保护投资者最有效的方式，应对投资者的资产、收入、投资规模、个数和额度有明确的约束。最后，建立争议处置机制。一旦出现投资争议，投资者可以向股权众筹平台机构投诉。监管部门或行业协会应建立流程大致相似的投诉机制，保护投资者权益。

第四节　其他互联网金融业务的风险与监管

互联网支付、网络借贷、股权众筹融资之外，互联网金融的典型业务模式还包括互联网银行、互联网证券、互联网基金、互联网保险、互联网消费金融等，不过从业务规模和发展阶段看，这些模式的影响力不如前三者。从监管经验看，政府监管和市场的自我约束都是互联网金融监管的重要手段，不能只依靠单一力量，只有二者结合，才能更加有效地实现监管目标。

一、其他互联网金融业务的发展现状

在美国、欧洲和亚洲地区，互联网银行、互联网证券、互联网基金、互联网保险等互联网金融业务的发展状况各有不同。

（一）美国

1. 互联网银行

互联网银行最早出现于20世纪80年代的欧美国家，其发展背景正是互联网技术的发展和利率市场化。美国安全第一互联网银行SFNB（Security First Network Bank）成立于1995年，是全球第一家无任何分支机构的银行，其前台业务在网上进行，后台处理则集中在一个地点进行。SFNB业务处理速度快、服务质量高、存款利率

高、业务范围广，在成立后的2~3年里最高拥有1260亿美元资产，一度成为美国第六大银行。后因经营不佳，于1998年被加拿大皇家银行收购，SFNB转型后开始为传统银行提供互联网银行技术服务。[32]

2. 互联网保险

美国是发展互联网保险最早的国家。1995年，纯粹的互联网保险公司Ins Web成立。Ins Web曾在美国纳斯达克市场上市，涵盖了从汽车、房屋、医疗、人寿，到宠物保险在内的业务范围。不过，与SFNB一样，Ins Web后也由于经营和监管问题而被收购。

3. 互联网证券

典型的美国互联网证券，是1992年创立的专营网上经纪商E*Trade。与嘉信理财（Charles Schwab）相比，E*Trade提供了更为低廉的交易佣金率。随着2000年前后互联网发展低谷的到来，纯粹的互联网证券没能超越和取代传统的证券经纪商。

4. 互联网货币基金

全球第一只互联网货币基金是成立于1999年的PayPal货币市场基金，由eBay的子公司PayPal创办。其规模在2007年达到了巅峰的10亿美元。然而在2008年

案例4-9 Ins Web互联网保险

1995年2月，美国第三方互联网保险平台Ins Web创立，成为当时世界最早、最大的第三方互联网保险平台。Ins Web是一家完全独立于传统保险机构的网站，业务范围非常广泛，在线保险业务包括汽车、人寿、医疗、房屋，甚至宠物保险。2007年到2009年，Ins Web网站连续三年被评为美国“最佳汽车保险网站”。2010年，Ins Web遭遇了业务收入下滑、经营费用高企、净利润下降等发展困境，最终于2011年被美国著名理财网站Bankrate收购。

监管和配套管理不足，导致消费者对网站缺乏信任，是Ins Web走向没落的重要原因。互联网是虚拟的商业环境，客户信任是成功交易的基础，缺乏信任就很难长久发展。Ins Web仅依靠提供产品信息和售前解决方案，缺乏售中和售后协助服务，不易取得客户的完全信任。同时，Ins Web网站不能及时提供防灾防损指导，对消费者和保险公司而言，其风险防范的意义会因此大打折扣。

案例4-10 E*Trade互联网证券

E*Trade成立于1992年，一直是美国点击率最高的券商之一，领先其竞争对手嘉信理财（Charles Schwab）两倍以上。从收入结构上看，E*Trade的主要收入来源并非佣金收入，而是利息收入。这部分利息收入主要是将客户资产投资于sweep deposit，是指让投资者可以在现金和股票、基金等金融工具之间自由选择的银行账户，类似于国内刚开始开展的保证金资产管理产品。除此之外，还投资于存款、待回购证券等。

对于网络运行稳定性的监管，是互联网证券的一个重要内容。当突发事件造成交易数量超出容量设计时，很容易使网络交通堵塞，造成相应的权益和责任问题。如1997年10月27日，美国道琼斯指数暴跌554点，成交量激增，通过E*Trade的交易规模是平时的两倍，导致许多委托实际无法进入系统，大量投资者利益受损。

32.陈一稀. 美国纯网络银行的兴衰对中国的借鉴[J]. 新金融，2014（1）.

金融危机后，美国逐步实行零利率政策，PayPal货币基金大幅亏本，于2011年7月正式关闭。[33]

5. 大数据征信与互联网消费金融

随着互联网时代的到来，美国消费金融呈现从线下向线上迁移的趋势。同时，互联网大数据技术大幅提升了美国征信行业信用评估模型的精确度，给互联网信贷和互联网消费金融的发展奠定了坚实的基础。比如，Karrot将信用评估模型的数据源扩大至信息流（eBay、Amazon）、现金流（PayPal）、物流（UPS）、社交网络（Facebook、Twitter）和记账软件（QuickBooks）等类型数据，从而将消费金融服务对象的信用分数门槛，从传统银行的680分及Lending Club的660分降至550分，从而为更多借款人提供优惠便捷的消费金融服务。[34]

案例4-11　Capital One大数据与互联网消费金融

Capital One原来只是美国弗吉尼亚一家小银行Signet的信用卡部门。它从次贷业务做起，并坚持采取多样化策略，如今业务范围已经涉及信用卡、汽车贷款、家庭贷款、储蓄、个人信贷、保险等，跃升为全美前十大银行、纽约排名前三位的零售金融机构。

Capital One能够从一家小银行发展成消费金融巨头，其优势在于通过信息技术和大数据研究防控风险。Capital One的风控系统是经过多年积累和演变形成的。所有的决策都会有大量数据分析、模型策略作为支撑。

美国的法律明确规定，风险识别模型不允许使用人种、性别、学历等含有歧视性的数据作为模型变量，这一点与中国有所不同。在美国信用数据全面、真实的条件下，银行和非银行机构不采用这些信息，也可以建立先进的风险识别模型。Capital One根据大量征信局的数据、自身平台上沉淀的用户数据、用户以往的个人行为和违约记录，建立起用户风险决策模型，对用户进行评估。

（二）欧洲

1. 互联网银行

与美国相比，欧洲的互联网银行，特别是移动互联网银行的布局相对滞后。以德国Number26（现已正式更名为N26）为代表的互联网银行的出现，正在悄然改变着欧洲的金融传统与效率。N26于2013年创立于德国柏林，依托手机APP端口提供金融服务，是欧洲目前发展最为成熟的互联网银行。[35]目前，N26的用户已超过20万，业务范围已经扩展至欧洲17个国家。

2. 互联网保险

在欧洲，互联网保险的发展非常迅猛。1996年，全球最大保险集团之一的法国安盛在德国试行网上直销。

1997年，意大利KAS保险公司建立了一个网络保险销售服务系统，在网上提供最新报价、信息咨询和网上投保服务。

英国保险公司的网络保险产品不仅局限于汽车保险，还包括借助互联网营销的意外伤害、健康、家庭财产等一系列个人保险产品。

德国保险市场的互联网革新经历了一个极具代表性的发展路径。据埃森哲咨询公司发布的相关报告显示，2009年德国约有26%的车险业务和13%的家庭财险业务是在互联网上完成的，而仅仅用了一年时间，这一份额就分别上涨至45%和33%，可见互联网保险在德国发展之快。[36]

33.何晓璐. PayPal货币市场基金的研究及启示[J]. 财经界，2015（10）.
34.祝红梅.美国消费金融市场发展对我国的启示[J]. 金融发展评论，2011（6）.
35.廖理，钱婧.互联网银行2.0:典型案例与思考[J]. 清华金融评论，2016（4）.
36.李红坤，刘富强，翟大恒.国内外互联网保险发展比较及其对我国的启示[J]. 金融发展研究，2014（10）.

（三）其他国家

1. 互联网证券与互联网银行

日本互联网证券一经推出，就在零售业务领域以较快的速度占据了绝对优势。1999年，互联网券商账户仅有30万户，到了2013年底，就达到1816万户，占据了日本证券账户数的90%左右。[37]日本的互联网金融由网络企业主导，并形成了以日本最大的电子商务平台乐天为代表的，涵盖银行、保险、券商等全金融服务的互联网金融企业集团。

乐天公司是一家电子商务企业，成立于1997年，2005年通过收购建立了乐天证券，当前，该公司是稳居日本第二位的网络券商。乐天自2005年开始进入信用卡行业，利用其消费记录作为授信依据。2009年，乐天开办互联网银行，目前是日本最大的互联网银行。

韩国于2000年前后开始发展互联网银行，在不到十年的时间里,其发展十分迅速，普及率居亚太前列。

2. 互联网保险

1999年7月，日本出现名为Alacdirect.com的互联网保险公司，这是一家完全通过互联网推销保险业务的保险公司，主要服务于40岁以下客户。2008年5月，Life Net保险同印度国家银行安盛人寿保险（现在的Nextia人寿保险）合作，开始销售日本的第一份在线人寿保险产品。自此，互联网人寿保险公司的市场份额在日本人寿保险市场中稳步增长。

在韩国，通过互联网销售保险的经营模式仍处于成长初期。各家保险公司对网销兴趣正浓，韩华人寿 、LINA人寿（韩国信诺）、KDB人寿、现代人寿、新韩人寿、教保人寿均开始推广网销业务。目前，网络在韩国寿险市场上的贡献率约为10%。

案例4-12 日本乐天互联网证券与互联网银行

乐天是日本排名第一的电商集团。乐天向金融领域迈进的第一步始于2003年11月收购证券公司“DLJディレクトSFG证券”，2005年开始重点打造金融业务，目前乐天金融涉及证券、信用卡、银行、保险、预付卡等领域，其中金融证券占据了乐天营收结构的1/3。

乐天通过积分打通了证券和电商等各种业务。2005年，乐天证券新增消费者中，乐天会员占比达到六成，电商向网络证券的导流效果明显。乐天对证券的定位是日本第一网络证券公司，而当前乐天证券排在SBI证券之后，是日本第二位的网络证券公司。乐天证券主营的业务有日本国内、国外股票，以及投资信托、债券、国内外期货、外汇、基金、贵金属等。

2009年2月，乐天收购了日本第二个诞生的网络银行eBANKCorporation，2010年5月将其更名为乐天银行，目前乐天银行是日本最大的网络银行。乐天收购eBANK，首先看中其业界领先的支付结算能力，可为乐天数千万会员带来更便捷的支付结算体验；其次可以充分利用乐天庞大的消费者群体，开发个人贷款、住宅贷款、电子货币等金融产品。目前，乐天银行业务账户分为个人、个体业者、企业三类，业务涉及借记卡发行、境内外转账、支付、日元存款、外币存款、发卡、存取款、汇兑业务、个人贷款、住宅贷款等众多领域。乐天银行自己并没有设置ATM，但其发行的借记卡可以在日本全国大约60000台ATM上取款，且无须手续费。

37.http://finance.sina.com.cn/stock/hyyj/20150323/154221784639.shtml.

二、其他互联网金融业务的监管措施

（一）美国

1. 互联网银行

美国银行有一套比较完整的互联网银行监管体系。一是重视监管立法。政府监管部门针对互联网银行的经营特点和风险特征，制定了专门的监管规则，如《网络银行——监管手册》《网络信息安全稳健操作指南》《网络银行——安全与稳健审查程序》。二是重视准入监管。要求新设立的互联网银行机构必须符合法律法规的相关标准，同时还要提交由独立第三方机构出具的安全评估报告，确保其具备相应的资格和风险应对能力。三是重视功能监管。货币监理署（OCC）、联邦储备委员会（FED）、联邦存款保险公司（FDIC）等政府监管部门依据现有法律对监管范围内的互联网银行业务进行监管，监管重点主要是业务风险的识别、评估和防范，而不是业务和产品开发的合规性问题。

2. 互联网保险

对于互联网保险，美国监管当局采取了宽松而又审慎的监管策略。一方面，强调网络交易的安全、维护网络平台的稳健经营以及客户的隐私和利益，因此对于互联网保险的监管，除了保险监管局，可能还会涉及证券监管机构等组织。另一方面，互联网保险的产生是为了提高保险市场的运行效率、节约成本、创新金融业务、提高经济效益，所以美国监管当局并不直接干预互联网保险的发展，而是修订并完善原有的监管法规，尽量使原有的保险监管规则适用互联网保险。美国的保险监管组织是各州的保险监管局，并没有一个统一的保险监管当局。

3. 互联网货币基金

美国将PayPal货币市场基金纳入现有证券监管体系，主要由美国证券交易委员会（SEC）对其进行日常监管。监管的法律依据主要有1933年通过并于1975年修订的《证券法》、1934年《证券交易法》、1940年《投资公司法》和《投资顾问法》、2010年出台的《多德—弗兰克法案》等。其中，《多德—弗兰克法案》起着重要作用。

监管的核心目的是保护投资者合法权益，保护不受隐性费用、欺骗性条款和欺诈行为等侵害，监管重点主要包括：①信用质量，SEC规定货币市场基金只能投资高质量证券；②到期期限，SEC在《多德—弗兰克法案》中的增补条例要求把货币市场基金的最大加权平均到期期限从90天缩短到60天，以增加组合流动性；③投资多元化，SEC规定货币市场基金不能过于投资某个发行者发行的证券；④信息透明度，SEC规定要求货币市场基金对基金组合进行更频繁的信息披露。

4. 互联网消费金融

美国的互联网消费金融以功能监管为主。美国没有专门针对消费金融公司的机构监管法规，而是围绕消费金融这一业务品种进行监管，金融公司只需遵守联邦及所在州有关业务的监管细则开展运营。同时，美国未对消费金融公司的业务范围、业务品种、服务对象、股东来源进行规定，金融公司可根据市场需要灵活设计消费信贷产品。与之不同的是，在英国，消费金融公司主要接受金融服务局（FSA）的统一监管，行业自律监管体系发挥补充作用。

（二）欧洲

1. 互联网银行

欧洲中央银行要求各成员国国内监管机构，对网络银行采取一致性监管原则，负责监督统一标准的实施，坚持适度审慎和保护消费者的原则，重点监管银行间跨境交易活动、网络安全问题、服务技术能力以及信誉和法律风险等领域，监管的目标是提供一个清晰、透明的法律环境。

在监管机构方面，互联网银行的监管机构和监管思路与传统银行基本一致，并且接受相同法规的监管。比如，在德国设立和运营互联网银行没有任何障碍，均可按现行的银行法进行监管，与传统金融机构无异。

2. 互联网保险

欧洲在互联网保险的监管方面，更加关注市场准入制度，以减少道德、信用、操作、技术等风险。在英国，负责互联网保险监管的当局是两个部门，由原来的金融服务监管局（FSA）拆分而来，分别是金融行为监管局（FCA，监管保险经纪）和审慎监管局（PRA，监管保险公司）。英国互联网保险监管制度是将政府的间接干预与行业自律相结合，其中政府监管相对宽松，行业自律性极强。

（三）其他国家

1. 互联网银行

韩国对网络银行业务有一套完备的金融监管政策。韩国关于电子金融交易的法令和韩国金融监督院的监管规定，如《电子商务基本法》《数字签名法》《电子金融交易通条款》等，对网络银行业务的进入和具体业务的开展进行了规定，使得银行与客户之间的交易建立在法律框架内。

韩国金融监督院对网络银行的监管十分具体，其重点领域包括交易当事人身份认证、交易信息的完整性、加密通信、防抵赖功能、OTP（One Time Password，一次性密码）的使用及错误次数限制、防黑客对策、系统的可用性保障以及应对服务中止的紧急措施等。

2. 互联网保险

日本的保险业发展居于世界前列，完善的监管体系和发达的科技水平都为其发展互联网保险提供了良好的环境。日本拥有成熟的偿付能力监管制度，对偿付能力采取严格、统一的监管，对偿付能力不足的保险公司采取禁止全部或部分业务的措施，从而保证互联网保险公司有履行保险承诺的能力，以充分保护互联网保险消费者的合法权益。

日本金融监管的最高机构——金融厅遵循“一致性原则”，对互联网保险市场的监管，采取与传统保险相同的标准和措施，甚至在某种程度上更为严格。日本对互联网保险采取严格监管模式，具有浓厚的行政主导色彩，日本的保险行业协会没有监管权，而只是协助金融厅进行监管。

三、对中国相关业务监管的启示

互联网银行、互联网证券、互联网保险、互联网基金、互联网消费金融等业务，以其费用低廉、操作简便、信息快捷全面、自由度大等特点，在较短的时间内获得了迅速的发展。当然，新兴的各类互联网金融交易，其存在的风险也显而易见。

通过对发达国家各类互联网金融业务发展状况和监管经验的分析，可做如下总结：第一，政府监管和市场的自我约束都是互联网金融监管的重要手段，不能只是依靠单一力量，只有二者结合，才能更加有效地实现监管目标；第二，互联网金融监管应坚持一致性原则，保持审慎监管的态度，减少事前监管，重点放在事后监管上，坚持“最大支持，最少干预”；第三，重视偿付能力的监管；第四，重视立法的完善，试图减少矛盾与分歧，降低法律风险；第五，重视发展互联网技术，保障网络安全。

第三篇
PART Ⅲ

政策建议
Policy Recommendations

第五章 互联网金融规范发展的政策建议

互联网金融在为金融服务提供便利的同时，也带来了相应的风险。跑路事件的频发降低了消费者对于互联网金融的信任度，信息泄露问题更是严重困扰着消费者。与此同时，互联网金融并没有改变金融的本质，在继承传统金融风险的基础上，新技术与金融的结合又放大了金融风险的表现形式、加快了金融风险的蔓延速度，也将科技特有的风险传播到了金融领域。

特别是现代技术与金融体系融合形成的金融科技对于互联网金融监管将带来巨大的挑战，现有金融分业监管框架可能无法适应金融科技的发展步伐，一种能够主动响应金融科技变革，拥抱金融创新的金融监管体制有待建立。具体建议如下：

一、建立健全互联网金融监管法律

加快互联网银行、互联网证券、互联网保险和互联网消费金融等金融业务的立法。就当前我国互联网金融的监管而言，立法是最重要的工作内容之一。一方面，在我国现有的金融法律体系中，《证券法》《商业银行法》等都是针对传统金融机构制定的，对新兴的互联网金融缺乏适用性和针对性。另一方面，银监会、保监会等针对互联网借贷、互联网保险等业务领域颁布的相关办法、通知和规定均属于部门规章，并未上升到法律层面，其执法效果较弱，容易降低监管效率。

因此，我们需要充分吸收借鉴国外发达国家的互联网金融监管法律，防范金融风险，加强金融消费者权益保护。与此同时，规范相关互联网金融机构的市场准入、退出、管理等方面的立法工作，为互联网金融的稳步发展奠定扎实的法制基础，为互联网金融以及新兴金融科技的监管提供法律支撑。

二、逐步完善互联网金融征信系统和信息披露制度

信用系统的不健全和行业信息的不透明是很多风险因素产生的原因，我国的征信系统和信息披露制度是监管部门需要着重加强的金融基础设施工作。征信系统和信息披露制度存在的问题会降低行业的透明度，经营机构会因此无法识别优质的交易者，互联网金融消费者也无法识别互联网金融平台是否合规以及交易对手是否信用良好。行业不透明会带来诸多问题，比如增加交易参与方之间互相判断的时间和成本、提高逆向选择的可能性、增加行业风险、降低消费者对互联网金融行业的信心。而征信系统和信息披露制度对解决这些问题至关重要。

为此，监管当局应在完善消费者和投资者信息安全和信息保护的基础上，统筹规划、政策引导、重点推进，继续扩大征信体系的覆盖面，鼓励民间征信机构的建立，调动征信机构的积极性，并促进各征信机构之间的信息交流，形成一个更加广泛、更加细致和更加专业的征信系统，为构建完善的社会信用体系提供支撑。监管部门还要对各平台的信息披露工作进行更加严格的规定，要督促市场参与者及时有效地公布他们的最新技术及其运作方式的相关信息，尽可能多地披露对消费者有用的信息，并且保证信息披露的准确性、真实性、及时性、完整性以及公平性，让金融消费者可以做出更为理性、合理的决定。

三、加强消费者个人信息保护

用户数据泄露是当前互联网金融面临的主要问题之一。一方面，黑客通过攻击互联网金融在数据管理方面的薄弱环节，盗取用户的敏感信息，如用户的身份证号码和

银行卡账号等信息，通过伪造卡盗取用户存款，这不仅会给用户造成巨大的损失，而且还会给互联网金融机构带来信任危机。另一方面，互联网金融机构在为用户提供服务的过程中，会大量收集个人数据信息，由于监管和内控机制不到位，也可能会出现用户数据泄露的现象，不法分子利用泄露的数据刻画用户身份，实施精准诈骗，精准诈骗的成功率要远高于传统诈骗。

监管机构需要加强对用户数据的保护。首先，监管机构应明确互联网金融机构的数据收集范围，不能违规收集用户信息，对于必须收集的敏感数据应进行脱敏处理。其次，监管机构需要严查互联网金融机构的数据保护措施，对不合格的机构提出整改措施。最后，互联网金融机构在数据管理方面应进行留痕管理，以解决用户数据泄露的责任方难以追踪的问题。

四、响应互联网金融变革，创新金融科技监管框架

金融科技的兴起对于金融监管体系的影响将是深远的，现有监管框架以及互联网金融风险专项整治可能难以适应金融科技对监管的要求，可能难以有效防控金融科技引致的技术、金融和法律等多层面的风险。随着金融科技的发展，监管思路和框架需要与时俱进，以建立一个互联网金融和金融科技监管的长效机制，即“十条建议”。

第一，顺应金融科技发展趋势，深入改革金融监管体制。金融科技的发展将表现出更强的综合性，这给我国分业金融监管体制带来了严峻挑战，并导致相关领域的监管始终滞后于市场创新。为更好推动互联网金融的发展并适应金融科技的监管需要，相关部门还需从西方发达国家在金融监管主体的设置中吸取经验，致力于构建金融科技监管的长效机制。一是转变监管思路，采取主动式监管。从互联网金融风险专项整治等的被动监管模式转变为适应金融科技创新的主动监管模式。二是完善监管协调，设立创新中心。在现有分业监管的格局下成立金融监管协调委员会，再下设一个金融科技的创新中心，这个中心专门负责推广、促进和监管金融科技，协调现有的分业监管的各家经营机构。三是建立健全统一的金融科技信息的统计和数据系统，强化金融科技及其相关业务的收集、整理和分析，以夯实金融科技监管的数据基础。

第二，进一步促进金融科技监管规则和体系的完善。首先，借鉴“依法监管、适度监管、分类监管、协同监管、创新监管”的原则，明确金融科技监管用支持创新和防范风险的“包容性”原则，树立主动引导的监管理念，发挥金融监管在促进企业创新方面的作用。其次，尝试以消费者权益保护为中心的监管方式，结合功能监管和行为监管在穿透式监管方面的作用，建立应对金融科技创新及其新型风险的长效监管机制。最后，继续完善互联网理财、大数据征信等领域的监管规则，划清金融科技业务的法律关系和风险实质，及时调整法律法规，同时实现监管与行业自律的协同，以灵活高效的制度建设作为防范金融科技风险的保障。

第三，在现有分业监管格局下，加强金融监管协调。坚持金融科技穿透式监管的思路与当前的金融监管架构改革具有一致性，按照分类监管、协同监管的要求，金融监管机构之间以及金融监管机构与信息管理部门、公安部门和工商部门之间的协调对金融科技而言尤为重要。一方面要从信息共享方面着手，建立监管协调的工作机制。另一方面，可以在未来的监管架构改革中建立专门的金融科技监管机构，负责金融科技的创新、影响评估、风险状况和具体监管，形成与传统金融监管差异化的监管体系。此外，互联网金融等金融科技的发展，作为国家互联网发展战略的重要组成部分，还应依照相关规定，协调

金融监管机构与地方金融管理部门之间的关系，减少金融科技泡沫化发展。

第四，引入监管沙盒（Regulatory Sandbox），创新金融科技监管新机制。英美国家的金融科技业较为发达，监管也相对较为成熟，尤其是对金融科技的灵活监管，对于如何平衡创新与风险具有积极的参考价值。其一，美国和英国对待金融创新，采取了免强制执行函（No Enforcement Action Letters）或监管豁免（Waivers）等措施，增强了监管在应对创新时的灵活性。我国可逐步引入这些创新的监管手段，在监管中为创新留下足够空间。其二，英国提出的监管沙盒机制（Sandbox）有助于鉴别真正的金融创新，降低金融科技创新成本，指导金融科技产品或服务在面世前兼具创新性和合规性。而欧洲部分国家运用的监管科技（Regtech）手段则进一步提高了监管对金融科技专业性的适应程度，提高了金融科技监管效率。这些手段与创新监管、底线思维以及负面清单管理等并行不悖。

第五，监管机构需加强与市场间的知识共享和沟通。首先，监管机构和金融服务提供商之间应该定期进行知识共享，建立明确的沟通机制。除了继续通过新闻发布机制与业界和社会大众沟通以外，还应建立专家讨论、行业开放等多样化的沟通机制，形成金融机构、科研机构或企业以及消费者之间的良性互动。其次，监管机构只有在充分熟悉金融科技的优缺点以及风险特征等信息之后，才能对风险进行更好的控制，同时将金融科技的优势充分发挥出来。为此，监管机构需要与金融科技公司协同合作，熟悉金融科技公司的运作模式，收集更多科技相关的信息，同时，为金融科技公司合规开展业务提供建议，降低金融机构面临的法律风险。

第六，善于利用科技创新实现监管创新，践行“监管科技”新理念。科技创新除了能够带动金融机构实现业务模式创新外，还能为监管机构提供便利。比如，区块链科技可以将数据前后相连构成不可篡改的时间戳，大大降低了监管的调阅成本，同时，完全透明的数据管理体系也提供了可信任的追溯途径。针对监管规则，可以在链条中通过编程建立共用约束代码，实现监管政策全覆盖和硬控制。重点在于建立监管科技专业团队，借助信息科技部门的力量，提高金融监管者的信息科技知识水平，并内化为监管体系及微观标准。

第七，根据金融科技特点完善金融市场交易规则。监管机构需要根据金融科技的特点，完善金融市场的交易规则。以人工智能为例，在美国，金融市场监管部门有相关法律法规来解决因人工智能程序错误带来的金融市场波动问题。美国《国家证券交易所规则》规定，当交易所电子通信或交易设备发生故障，或为了维护特殊行情下的市场公平和秩序，交易所执行官、高级雇员或被指派人员可以提出动议审查相关交易，并宣布该类情形下交易无效。而国内有关人工智能应用的市场交易规则几乎是空白。监管机构应针对其潜在影响，积极研究金融市场的交易规则，降低由于人工智能的操作失误所造成的损失，为人工智能发展创造良好的市场环境。

第八，完善金融科技行业的风险监测、预警和处置机制。进一步建立、健全对于金融科技整体风险和个别高风险领域（如网络借贷）的预警和监测体系，以及风险发生后的应急处置预案，把防控金融风险放在更加重要的位置，确保不发生系统性金融风险。

第九，以全球化方式协同各市场的监管能力。随着金融国际化的趋势逐渐增强，金融业逐步走向全球化发展阶段，这有利于机构分散区域内的系统风险，增强企业的金融稳定性。然而，这对监管提出了更高要求，监管部门需要有足够的多方协作能力和自身金融安全的保护能力。在平衡协作和安全之间，金融科技为此带来了便利，如区块链能够提供一个合理的信息沟通机制，让跨区域合作的信息变得可信任的同时，还能保障自身的信息安全。金融科技还降低了金融机构之间的沟通成本，能有效监测行业动态，提高管理效率。此外，2016年3月，金融稳定委员会（FSB）审议题为“金融科技的全景描绘与分析框架”的报告中，初步评估各主要类别金融科技的微观和宏观影响，认为从金融稳定角度出发，的确有一些潜在的监管关注，需要各国监管者之间协调一致共同应对。因此，FSB要求各监管当局一方面积极监测国内金融科技的发展，另一方面也要与国际组织和制定国际规则的机构在业务监测、风险分析和共同应对等方面展开合作。

第十，对投资策略和量化监管指标进行监管。传统金融业的投资策略和量化指标已经非常标准，通过调整指标可以有效控制行业风险，但互联网金融推动下产生的新金融目前没有合理的量化指标监管标准，因此常常无法把握尺度，导致严格时新金融发展受阻，宽松时新金融野蛮生长。监管部门需要综合考虑行业发展情况、消费者认知情况、行业专家意见等，制定合理的量化监管指标，并根据市场情况进行动态调整，以保证政策具有较强的适应性。

五、明确经济主体责任，健全企业内控制度

在国内，金融科技被界定为科技，其与金融业务的融合和渗透通过牌照的形式加以控制，只有持有牌照的金融机构才可以开展金融业务，未获取牌照的金融科技公司只能通过与金融机构合作才能开展相关业务。不过目前，在金融科技和金融机构的合作过程中，双方的责任还尚未明确，当金融机构运用金融科技公司的新科技时，由于科技产生问题而给用户带来损失，需要明确金融机构和金融科技公司各自的责任。

对互联网金融的监管不仅要从外部监管，更要从内部进行控制，这就要求金融企业内部建立完善的内控制度，有效地将互联网金融带来的新风险内部消化；对创新公司和人员的监管要以员工培训和专业指导为主，通过专业培训的方式增强员工对互联网金融的了解，以便更有效地对消费者进行介绍，聘请行业专家对创新企业进行调研，保证技术合规性，并对科技的运用进行跟踪和指导。

六、发挥行业协会作用，强化自律监管职能

政府监管力量有限，同时政府也不便对自由市场进行强势监管，因此通过行业协会来补足市场监管短板是很有必要的。相对于监管部门而言，行业自律组织更加了解行业的实际发展情况，因此行业自律组织应积极提出有针对性的行业规范。这些规范往往是非强制性的，具有很大的灵活性，不会打压互联网金融的灵活性。行业协会还可以维护行业的共同利益，成为各经营机构之间、机构与政府之间的沟通桥梁，同时对行业发展情况进行统计分析和预测，对行业的安全与监管提出建议和意见等。通过对行业协会的指导，强化行业协会的自律性，能够提升市场的自我监管能力。同时，借助行业协会力量，建立行业风险基金，从协会的角度保护消费者的合法权益。

由于互联网金融是新兴行业，对于一些创新业务模式，目前各国的监管机构都尚未有足够的手段，因此大力引导行业自律监管在其中起到重要作用。不过也应该看到，行业自律在我国的作用还很有限，难以满足互联网金融快速发展的需要，因此更应该加快有效监管的思维创新，从技术和制度上保证其规范发展。

事有合离，遵道而行。随着互联网金融行业整治进入尾声，合法合规的市场主体和有效合理的监管法则或会在2017年得到充分显现。

第四篇
PART Ⅳ

博鳌对话互联网金融
Boao Dialogues on Internet Finance

|博鳌观察新金融|

李东荣:

发展数字普惠金融，打通金融服务最后一公里

发展数字普惠金融是数字化时代实现普惠金融目标的必然要求。当前发展普惠金融方面依然面临着服务不均衡、成本高、效率低、商业可持续性不足等一系列全球共性难题。而普惠金融与数字技术的加速融合创新，正在为解决上述难题开辟一条可行的路径。此外，发展数字普惠金融在规范互联网金融发展方面也将发挥重要作用。为有效发挥数字普惠金融作用，应普及数字普惠金融新理念、注重发挥数字技术的创新优势、加强数字普惠金融风险治理，并构建良好的数字普惠金融生态环境。

数字普惠金融作为新型数字技术和普惠金融理念的深度融合，正日益成为金融创新领域的新焦点。放眼全球，发展数字普惠金融既是顺应数字化时代的客观要求，又是解决普惠金融现实难题的重要手段，极具积极意义和实践价值。

数字普惠金融将成为未来发展的重要方向

当前，新一轮科技革命和产业变革方兴未艾，数字化、信息化浪潮蓬勃兴起，数字技术在优化资源配置、服务传统产业转型升级等方面发挥着日益重要的作用。随着数字化时代的深入发展，将会有更多的具有创造性和适应性的新兴技术、商业模式、服务方式渗透到普惠金融领域。2016中国杭州G20峰会通过了G20数字普惠金融高级原则，鼓励各国建立可行的法律监管框架、数字基础设施和消费者保护体系，依托先进的数字技术促进普惠金融发展。数字普惠金融将成为未来发展的重要方向。

第一，发展数字普惠金融是数字化时代实现普惠金融目标的必然要求。

自2005年联合国首次提出普惠金融的概念以来，经过多年的实践发展，普惠金融的服务对象已经从最初的贫困人口，扩大到以小微企业、农民、贫困人群等为重点的社会各阶层和群体；服务的主体从单一的小额信贷机构拓展到传统的金融机构与新型业态主体等良性竞合的多元化组织体系；服务的内容从最初的扶贫融资逐渐涵盖支付、储蓄、信贷、保险和资本市场等更为广泛的多层次金融服务体系；服务的手段更是从最初的机构网点甚至田间地头，发展到网点+PC+移动端，多端并存、线上线下互动的多样化方式。在此背景下，发展数字普惠金融是顺应数字化时代潮流、发挥我国互联网规模优势和应用优势的必然选择。

第二，发展数字普惠金融是解决普惠金融共性难题的可行途径。

近年来，我国金融业在发展普惠金融方面进行了大量尝试。根据世界银行在普惠金融指标上的最新数据，目前中国的大部分指标均排在发展中国家前列，特别是账户普及率和储蓄普及率等指标甚至显著优于G20国家平均值。当然，与全球多数国家一样，中国在发展普惠金

本文由中国互联网金融协会会长、原中国人民银行副行长李东荣在2016年9月23日博鳌观察金融创新峰会上的主题演讲整理而成。

李东荣
中国互联网金融协会会长、中国人民银行原副行长

融方面依然面临着服务不均衡、成本高、效率低、商业可持续性不足等一系列全球共性难题。然而，随着数字化时代的到来，普惠金融与数字技术加速融合创新，为解决上述难题提供了一条可行的路径。随着G20数字普惠金融高级原则的公布，在全球范围内将会加速形成一个以数字技术为驱动的普惠金融新模式，使经济金融发展的成果能够惠及更为广泛的市场主体和人民群众。

第三，发展数字普惠金融是互联网金融规范发展的重要方向。

近年来，在技术进步与金融发展的双重驱动下，我国互联网金融呈现快速发展态势，在发展普惠金融、服务小微企业、促进大众创业万众创新等方面发挥了积极的作用。然而，互联网金融作为一项新生事物，尚处于发展初期，也暴露出一些问题和风险隐患。“十三五”规划纲要提出，需“规范发展互联网金融”。将主基调定为规范发展，意味着需有序开展数字普惠金融创新、全面提升互联网金融服务的能力和普惠水平，从而更好地满足社会大众日益增长的多元化金融服务需求。

作为金融从业者，特别是互联网金融从业者，对于发展数字普惠金融的良好机遇和现实意义更应有清醒的意识，对于走出一条具有中国特色和国际标杆效应的数字普惠道路要有紧迫感和使命感。

发展数字普惠金融新路径

数字普惠金融的核心在于运用先进的数字技术，在实现机会平等、商业可持续、价格可负担的前提下，将金融服务范围扩展至小微企业、欠发达地区和社会低收入人群等群体。为有效发挥数字普惠金融作用，应遵循以下几点：

一要普及数字普惠金融新理念。要树立以客户为中心的产品设计和服务理念，真正关注普惠金融服务对象的需求、偏好和金融行为；要通过加强信息披露、建立服务标准、加强风险提示等多元化手段，提高普惠金融服务的透明度，充分保障消费者权益。此外，数字技术本身是一种复杂的技术，当其被应用于普惠金融领域时，不能刻意将服务复杂化，而应该通过友好的操作界面、实时的在线客服、通俗易懂的合同条款等，让服务变得更加容易操作。

二要注重发挥数字技术的创新优势。无网络不金融、无移动不金融，已成为数字化时代金融业发展的一个重要特征。在普惠金融领域，谁能够更早更好更安全地掌握和运用数字技术，并有效地解决普惠金融发展中面临的难题和短板，谁就能在竞争中取得主动，获得更多的技术红利。例如，要运用大数据技术，实现海量数据的实时处理和快速挖掘，完善客户画像、信用评估、体验管理、风险定价等业务功能，积极开展多元化、定制化、精准化的普惠金融产品创新；要运用云技术，有效地实现业务系统的弹性扩展、更好地适应小微客户单笔小额海量交易的特点；要借助移动互联技术，发展移动金融与电子商务公共服务等场景紧密结合，实现普惠金融服务的实时化、随时化和移动化。此外，还应积极探索人工智能、物联网等新兴技术在普惠金融领域的创新应用。

三要加强数字普惠金融风险治理。防范风险是金融业永恒的主题。数字技术在提升普惠金融服务各环节创新融合效率的同时，还可能产生不容忽视的技术风险与业务风险。因此，要充分考虑到小微企业、农民、低收入群体等普惠金融服务对象，在金融知识的储备、风险识别能力、终端技术条件等方面可能存在的不足，在推进数字普惠金融创新的同时，建立法律约束、行政监管、行业自律、企业内控、社会监督有机结合的风险治理体系。要切实把握好创新发展与防范风险之间的适度平衡，使金融创新可能带来的风险处于可管、可控、可承受的范围内。在加强数字普惠金融风险治理的过程中，需特别注意利用数字技术以改进普惠金融监管的流程和能力，可考虑建立针对数字普惠金融的区域试点、产品试验、压力测试等创新管理机制，例如很多国家都在尝试的监管沙盒。

四要构建良好的数字普惠金融生态环境。在公平、开放、联动、共享的数字化时代，应建立利益相关者合作共赢、服务提供者良性竞争、供需主体有效互动的生态系统理念。要坚持普惠金融服务的公平准入、公平竞争和公平规制，着力破解资源配置的不合理约束和制度瓶颈，增强数字普惠金融发展的内生动力。要进一步完善支付清算、信息通信等基础设施体系，使数字普惠金融服务能够安全、可信、低成本地扩展到更为广泛的区域和群体，特别是金融服务匮乏的边远地区。要依法合规地使用传统银行数据以及社交媒体、电子商务、公用事业缴费等新型数据，建立多层次的普惠金融信用信息体系，培育从事普惠金融服务的市场化大数据征信机构。要明确服务提供者在客户权益保护方面的义务和责任，运用数字技术建立远程客服、信息披露、在线投诉、争议处理等机制，健全普惠金融消费者保护体系。要广泛地利用传统媒体和互联网媒体等多元化渠道，有针对性地开展加强普惠金融知识普及教育的活动，提高全社会金融消费者的数字金融能力和金融素养，特别是风险防范的意识。

数字普惠金融作为普惠金融发展的新模式、新工具，发展的时间尚短，仍需深入研究论证，并实践探索验证。未来，随着行业进一步通力合作、交流借鉴、共同推进，数字普惠金融的美好目标和愿景将成为现实！

李扬：
普惠应成为新金融的核心内容

不公平问题的核心在于金融的不公平性，这是极为突出的问题。科技的进步、计算技术的发展，为深度发展普惠金融扫除了技术障碍。金融从业者需不忘初心，金融的本质是服务大众，而普惠应成为新金融的核心内容。

金融的本质理应是服务大众。然而，在自然经济社会、工业化社会时代，金融一直在为富人服务。在已迈入后工业社会的当下，金融的服务对象与金融的样态成为了亟须重新定义的问题。

发展普惠金融并不代表需要满足所有人的金融需求。金融是一个收益与风险共存的行业，对于风险管理有着极高的要求。发展真正的普惠金融应当具备以下四个条件：第一，平等；第二，商业可持续；第三，风险可控；第四，成本可接受。未来，普惠应当成为新金融的核心内容。

实现普惠金融的必要性和可能性

历经多年的发展，结合科技的创新，如今实现普惠金融具备了真正的必要性和可能性。

金融的发展一直伴随着诸多怨言。从20世纪90年代开始至2008年金融危机的近二十年中，全球经济飞速增长，而对于金融的不满也日益加深。法国经济学家托马斯•皮凯蒂在其所著的《21世纪资本论》中谈到，在普遍繁荣的迷雾下，越来越多的不公平事件开始浮现，解决不公平问题成为了最为迫切的事情。而这种不公平因素普遍存在于金融领域当中。纵观历史发展脉络，近年来世界各国的骚动、社会动荡，追根究底均与不公平有关。为了使社会更加安定，不公平问题亟待解决。而不公平问题的核心在于金融的不公平性，由于每个人所能获取的金融资源不同，先天就决定了贫富差距的存在。这是极为突出的问题。

从中国国情来看，党中央和国务院从2014年起即开始强调“可获得感”“可获得性”的概念。中国改革开放三十余年成绩斐然，但并不是所有人都能公平地感受并享受到改革的成果。如果不能有效地解决“可获得感”问题，再好的改革方案都无法有效地实施；再好的改革方案，取得再大的经济成果，都无法使社会安定、平和。

科技为金融带来了服务于大众的可能。各种各样的计算技术可以对标准化、非标准化的庞杂信息进行处理，识别各种结构性、非结构性数据，从中找出极具价值的东西。

科技的进步、计算技术的发展，为深度发展普惠金融扫除了技术障碍。未来，新金融的核心概念应当是普惠。

发展普惠金融将推动传统金融改革

普惠金融是发展全方位金融服务的新阶段。

第一，发展普惠金融将推动传统金融基础设施的普

本文由中国社会科学院学部委员、国家金融与发展实验室理事长李扬在2016年9月23日博鳌观察金融创新峰会上的主题演讲整理而成。

李扬
中国社会科学院学部委员、国家金融与发展实验室理事长

及化，为人们提供多样化金融服务。这将使每一个人都能接近金融资源，使偏远地区的人们也可以不需要翻山越岭就能享受到金融服务，并有效地处置自己的储蓄及闲置资金。

第二，发展普惠金融将推动民政服务和公共服务领域的完善。除了纯金融意义上的存贷外，人们的日常生活还会涉及医保、政府信贷、政府补贴、养老金等民政、公共服务领域的资金。然而，现在的资金发放系统并不完善，很多资金都无法触及应当享受政策的人群。普惠金融将推动金融系统的完善，使其具备支付、结算等功能，使中央的政策及资金能够触达有需要的人群。

第三，发展普惠金融将大幅推动保险业务的发展。在西方发达国家，体量最大的金融机构大多是保险机构；保险在整个金融资产中比重最大，也是最古老的金融机构。保险业务可以渗透到普通大众，与人们的日常生活息息相关。反观中国，很多人将金融简单地认作银行存贷，而保险也成为了富人的游戏。在发展普惠金融的过程中，应大力推动保险业务的发展，而这也正是近两年的趋势，保险成为了中国整个金融体系中发展最快的领域。随着普惠金融的渗透，普通大众的保险需求也能得到满足。

世界在变化，经济在变化，金融也在变化。金融的变化很大一部分源自于科技的发展。在金融不断发展的同时，从业者需不忘初心，金融的本质是服务大众，而普惠应成为新金融的核心内容。

吴晓求：
中国金融改革四大发展方向

中国金融正处在多方面变革的时代。金融体系的国际化推进，标志着中国金融的进一步改革开放。金融结构的证券化将使整个金融体系充满弹性，以便更好地吸收风险，完成从融资到财富管理功能的转化。金融体系的市场化将加强竞争、提高效率、完善金融体系的风险定价能力。金融业务的数字化发展趋势愈发明显，现代信息技术，特别是互联网信息技术和区块链技术对传统金融的颠覆性影响不断显现。

中国金融迎来了一个非常重要的时刻，众多方面的改革齐头并进。应需在四个方面引起重视并加紧实现：第一，金融体系的国际化；第二，金融结构的证券化；第三，金融体系的市场化；第四，金融业务的数字化。

金融体系的国际化进程

中国金融体系的国际化推进，标志着中国金融的进一步改革开放。目前较为重要的有两个方向，一是推动人民币的国际化，二是推进市场体系的开放化。

对于开放式发展，中国的态度仍较为谨慎。例如，在人民币的国际化方面，其进程虽有加快的趋势，但尚未完成第一阶段目标。在市场体系的开放化方面，虽然中国的资本市场通过合格的境外机构投资者（QFII）和人民币合格境外机构投资者（RQFII），以及沪港通和即将实施的深港通实现了小范围的开放，但这并不是全面的开放，是远远不够的。目前，离中国构建国际金融中心的构想还有很大的差距。如果要在2020年将上海建设成为与未来中国经济相匹配的国际金融中心，改革的步伐还需加快。

这将是一个异常重要而艰巨的任务。如果人民币无法成为国际化重要货币之一，中国将很难成为一个金融大国。如果中国的金融市场体系无法实现开放，中国也将很难建立国际金融中心。中国金融体系的国际化进程与中国未来经济的可持续增长以及中国未来在全球的金融地位紧密相关。

金融结构的证券化改革

近年来，中国证券化金融资产在整体金融资产结构中的比重并未得到有效提高。如果说推进中国金融体系的国际化是为了提升中国金融在全球的影响力，并实现全球资源配置，以分散风险，那么推动中国金融结构的证券化则是为了使整个金融体系充满弹性，以便更好地吸收风险，完成从融资到财富管理功能的转化。

金融最重要的功能是为社会提供投资或财富管理服务。为充分发挥财富管理功能，需创造大量可以组合、流动的资产，同时实现资产证券化。一个将所有金融重点放在融资上的国家，其金融体系仍然是相对落后的。中国房价持续大幅度上涨的一个重要原因在于中国金融体系欠发达，无法为社会不同层次提供与风险相匹配的金融资产。金融结构的证券化可以改善对风险的吸收能力，提高国家金融风险的弹性，同时实现整个金融

本文由中国人民大学副校长吴晓求在2016年9月23日博鳌观察金融创新峰会上的主题演讲整理而成。

功能的转型。

目前中国证券化金融资产在整体金融资产结构中的比重大概占20%到25%，远远低于美国的80%和日本的50%。从金融角度来看，中国的金融结构还较为落后，亟须推进改革。

金融体系的市场化发展

推动中国金融体系的市场化发展主要在于加强竞争，同时对各重要指标和参数进行市场化改革；其核心在于提高金融效率，完善整个金融体系的风险定价能力。市场化程度较低的金融主体将无法实现对资产和风险的有效评估和定价，导致交易公平性和交易效率的降低，也将不利于多样化金融产品的出现，减少投资者的选择空间。

中国金融体系的市场化改革并不是用民营资本开设几家民营银行就可以解决的，在推动市场化发展方面仍有更多的事情需要去做。

金融业务的数字化趋势

中国金融业务的数字化发展趋势愈发明显。现代信息技术，特别是互联网信息技术和区块链技术对传统金融的颠覆性影响不断显现。

在传统金融体系下，很多中低收入阶层包括中小微企业，虽然愿意付出相对高的成本，却仍因传统金融的门槛过高而无法获得相应的服务，这为互联网金融的发展提供了广阔的空间，为多样化金融服务和创新型产品的诞生带来了机会。

吴晓求
中国人民大学副校长

互联网金融为传统金融的长尾客户提供服务，尤其是在支付方面。互联网金融有很多业态，包括备受瞩目的P2P网贷。然而，近年来P2P网贷问题平台的频繁“跑路”，导致整体互联网金融被污名化。严格来讲，P2P网贷并不能代表真正的互联网金融，互联网金融真正的核心是支付。大量数据证明，线上支付，包括第三方支付，比线下支付更为快捷、方便、有效，且安全系数更高。目前央行对于第三方支付的管理办法仍较为严苛，对支付额度的限制较为严格。未来，随着风险防范措施的进一步落实，监管需适度放开，为用户提供最大的便利。

互联网金融除支付以外的其他业态，例如P2P网贷和众筹，之所以会出现问题，关键在于监管框架的不完善。监管者通常使用传统金融的监管准则去衡量互联网金融业态，这就像是拿治疗传统感冒的药去治疗H1N9禽流感，虽然两者表象是相似的，但基因却大不相同。监管者需准确把握互联网金融的风险源和风险特点，制定有利于互联网金融发展的准则。

互联网金融最重要的是透明度。如果可以对互联网金融新业态展开系统性深入研究，制定有利于其发展同时也可以约束其风险的监管准则，互联网金融将逐步走向健康发展之路。

黄益平：
数字技术让普惠金融焕发生机

十年过去了，小微企业和普通百姓，尤其是低收入群体难以获得金融服务的情况并未发生真正改变，且普惠金融的区域差异仍然较大。互联网的全面渗入让普惠金融焕发生机，数字普惠让区域不平衡趋于消失。

数字普惠金融的发展有两方面的背景：一是中国金融改革发展出了庞大完备的金融机构体系，同时也成长出了庞大的资产规模；二是市场力量没有在价格的决定和资源的配置当中发挥决定性作用，一个直接的结果就是资源配置中存在很多歧视或不平衡的现象，这促使了普惠金融的诞生。

从指数观测互联网金融发展

普惠金融是一个全球性的问题，在中国尤为突出，此外还有一些政策上的歧视，正是这样的金融环境，催生了中国互联网金融的大发展。

当前，中国的互联网金融在全球处于领先的地位，但未来还能保持多久？根据产品生命周期理论，任何产品都是有领导者、跟随者以及最后走向衰落的过程。在互联网金融领域，中国有没有可能成为全球领导者?虽然现在中国已经有众多成熟的互联网金融公司，但需要对整个行业的发展进行密切关注。

互联网金融的发展可以通过系统性的指数来观测。例如，北京大学互联网金融研究中心提出了互联网金融情感指数，显示公众对互联网金融不同领域的关注度。近期公众对互联网货币的关注度有所提高，可能是由于区块链技术的繁荣重新唤起了人们对这一领域的关注，而对P2P网络借贷领域关注度则持续走低，这与大大小小的P2P网贷平台爆发危机不无关系。

互联网金融在过去两年多始终保持高速增长，不同领域的发展速度不同，这与该领域原来的成熟度息息相关。从区域分布来看，沿海地区尤其是东南沿海地区，互联网金融发展水平比较高，越往西走发展水平越低。从年龄段来说，互联网金融发展其实主要就是两个群体在推动，一个是“80后”，一个是“90后”，也就是说，中国的互联网金融基本上就是年轻人的金融服务行业。

数字技术为解决普惠金融问题提供了可能

世界各国真正开始关注普惠金融大概是从2005年开始，中国也是从2005年到2006年开始重视，虽然曾经有一段时间发展了众多小贷公司，但是十年过去，普惠金融做得怎么样？

总体来说，小微企业和普通百姓，尤其是低收入群体没有获得很好的金融服务，这个现状并没有真正改变，互联网的全面渗入却让普惠金融焕发生机。早年的

本文由北京大学国家发展研究院教授、副院长黄益平在2016年9月23日博鳌观察金融创新峰会上的主题演讲整理而成。

黄益平
北京大学国家发展研究院教授、副院长

普惠金融仅在中国范围内就存在相当大的区域差异，而如今，数字普惠让这种区域不平衡趋于消失。数字工具带来的不仅是工作效率上的提升，而且对人们观念的转变也产生了深远影响。

互联网金融未来的发展需要在创新和监管之间取得平衡，在我看来最大的考验就是能否发掘优质资产，一是线上靠大数据，二是线下靠尽调。如今的市场环境需要二者相结合，而不是采取单一的做法。

过去互联网金融的迅猛发展主要是由于存在巨大的市场空白急需弥补，如今数字技术，尤其是移动终端和大数据技术的发展为解决普惠金融问题提供了新的可能。

前期宽松的监管环境培育了市场规模，尤其是近三年来，整个互联网金融的发展非常迅猛，如今已经到了完善互联网金融监管的时候了，主要原因有二：第一，不是所有人都能够识别风险和承担风险，尤其对参与互联网金融的群体来说，他们的抗风险能力比较弱；第二，金融风险是会传导的，在互联网上，金融风险的传导速度就会更快一些。

互联网金融在急速成长后，如何走好创新与监管的平衡术？普惠金融如何站在互联网的肩上更进一步？这些问题都需要从业者进行冷静思考。

侯本旗：
新金融的“路”与“坑”

新金融的“新”，来自于移动互联网的发展，整个社会运行的底层规则发生了变化，在技术层面出现了聚合涌现效应，经济层面出现了成本趋零效应，认知层面出现了时空坍缩效应。新金融的未来潜力无限，无论是新金融公司还是传统金融机构都有机会，这是一个新旧机构共生的时代。

新金融与主流传统金融的区别在哪里？

陈生强是一个非常好的例子。三年前，他带着一支十几人的团队打造了“京东白条”，凭借这个产品造就了一个估值460亿元的新金融公司。这非常令人敬佩。如今的“京东白条”已经走出了京东体系，面向全社会，与银联POS机和ApplePay接轨，虽然尚不能称之为信用卡，但也已经没有太大区别。

新金融领域另一个典型案例是“蚂蚁花呗”。“蚂蚁花呗”上市20天用户突破1000万，20天做到了发卡量最大的农业银行半年的用户量。“蚂蚁花呗”的利率，12期一年大概是8.8%，产品成本是3.6%，中间有4%的利差，而“蚂蚁花呗”真实的年化收益率大概是16.25%。考虑到其他成本，蚂蚁金服按照4%的成本拿到资金，放出去是16.25%，中间的利差大概是10%。其中当然也存在风险，但这就是新金融公司正在做的。

面对来势汹汹的新金融公司的挑战，传统银行也在不断进行革新。从手机客户端自动化审批贷款，到信用卡的申请与新金融机构合作。也有证券公司仿照“滴滴打车”模式开展业务，首先是把所有证券公司的资源，包括知识库、产品库、专家团队放在云端；其次是把员工的工作端全部放在手机上；第三是众包，也就是“抢单系统”，客户提出各种需求，谁先抢到谁就提供服务；最后是通过电子钱包的机制，员工完成服务后，钱马上到账，及时激励，这与传统证券公司的做法大相径庭。

新金融跟传统金融哪儿不一样？

长得就不一样。金融原本在大众心中的印象是可靠、稳健但总带着那么一点儿居高临下的感觉。新金融跟它长得不一样，看起来亲和、便利，也有自己独特的魅力。

但是新金融真正“新”在哪儿？大致有以下三点：

第一，新的服务者，它来做金融跟主流的机构不一样，主流的机构是照着原来的事情做，很多时候容易把

本文由英凡研究院研究员侯本旗在2016年9月23日博鳌观察金融创新峰会上的主题演讲整理而成。

侯本旗
英凡研究院研究员

程序当作目标，把手段当作目标；新机构可以回到原点，回到真正的客户需求上来优化、调整、开发自己的服务，所以第一个“新”在于跨界。

第二，银行不再是客户要去的地方，未来的银行可能是一种随时可得的服务，银行原来是一个建构的过程，未来可能是一个解构的过程，很多机构都可以来做这个业务，所以它第二个“新”在于便捷、便利。

第三，客户有了更多的获取收益、保持流动性的机会，而不只是做定期存款或者去买国债，所以第三个“新”在于收益。

移动互联时代社会运行规则新变化

互联网时代，我们整个社会运行的底层规则在发生变化，可以归结为三个层面：第一，在技术层面出现了聚合涌现效应。这种技术的影响不仅是快捷应用，还会影响到一些新模式的产生。第二，在经济层面出现了成本趋零效应。第三，在社会认知层面出现了时空坍缩效应。举一个聚合涌现效应的例子，现在微信很普及，但是微信开发之前，腾讯公司是用手机QQ，它为什么要开发微信？因为雷军开发了一个米聊，在很短时间内用户就突破了百万，而且操作简单，所以那时候腾讯就开发了微信，实际上微信和米聊相差不多，微信为什么最后能够超越米聊？主要的原因是微信和QQ共享用户，腾讯通过QQ聚合了大量用户，迅速就把客户量做大。

真正的新金融的“新”，来自于移动互联网的发展，由于新技术的拓展，每个人变得更加强大，我们原来习惯的是一个B2C的社会，而如今的产品开发思路开始落实到个人。整个社会都在发生变化，技术改变了人们获取信息的方式和行为，国内外都是如此。

新金融的“坑”又在什么地方？

对于传统金融机构而言，虽然做了一些调整，但是依然非常依赖网点，工作重点还是在线下。而如今大量

客户几乎天天使用手机端获取金融服务，一个月都未必去银行一次，这是新金融公司的机会却是传统金融机构的包袱。

对于新金融公司而言，“坑”在何处？有的产品听起来非常好，高收益、低风险、快速增长，但事实上并非如此，只看不良逾期率是没有意义的，任何指标都是如此。ZestFinance的CEO说，从来不把社交的数据拿到模型里，因为社交的数据和还款意愿还款数据是相关的，但是弱相关，模型的应用在两个地方可能是有用的，第一是筛选客户，第二是反欺诈，但在这两个方面，却没有看到模型的两个核心指标，一个是PD，另一个是LGD，就是产品或者不同的客户，违约率是多少，违约后的损失率是多少，如果这两个指标算不出来就很麻烦，可能看到了风险，但是不知道风险成本有多高，最后有可能只看到了风险，拿到了客户，但是亏了钱。风险是最大的“坑”，收益的当期性和损失的滞后性是金融的内生特征，只要做金融，就要看重这个跨期的问题。

新金融的未来潜力无限，无论是新金融公司还是传统金融机构都有机会，这是一个新旧机构共生的过程，当然中间有坑有黑洞，怎么样能做好？Learn From The Immerging Future。

互联网金融生态论

文 | 姚余栋、董亮、李博

互联网金融生态的建立要经历从萌芽、高速发展、问题频现到不断完善和发展的过程。对待互联网金融这一新兴业态，不要人为拔高，也不能在行业出现问题时肆意打压，而应不断认清其本质、尊重其作用，及时完善法律法规，依法进行规范。

互联网金融如火如荼，从一个业务门类演绎成为新兴行业，形成了新的生态。从生物学的角度看，生态学是分析生物及其生活环境之间相互关系的科学。生态学将生物放到环境中去考察，重点研究生物在不同环境条件下的适应过程。从孟德斯鸠的豌豆实验，到达尔文的进化论，结论是生态理论的核心是“进化”。而这种进化，无非是依据外界动态的蝶变，形成从低级到高级的发展过程，实现简单到复杂的变化。对于互联网金融而言，这一变化也是显著的，从最早的电话、电报进入证券业，到电子银行、移动银行亲近百姓，再到互联网金融元年的到来形成互联网金融这一新兴业态，这是一个“物竞天择”的过程。

互联网金融生态是“进化”

金融业能够成为一种“生态”，是因为它具有周期性。同样，互联网金融生态的建立也要经历从萌芽、高速发展、问题频现到不断完善和发展的过程。从2013年互联网金融元年伊始，到2015年12月底网贷行业平台数量首次出现负增长，再到当前的互联网金融专项整治，这是互联网金融生态由低级向高级的发展过程。在这个过程中，形成了监管方统一认识的《关于促进互联网金融健康发展的指导意见》，成立了自律协会——中国互联网金融协会。

在探求互联网金融生态的发展逻辑前，首先，要明确互联网是一门技术，具有工具性和载体性，需要在不同的场景中切入应用、改造应用、提升应用效率、降低应用成本。从互联网“侵入”电子商务、媒体传播，到如今在金融领域不断地演绎着互联网技术的“跨界”，以至于中国成为了互联网金融的“大国”，这一过程突出体现了在中国这个大环境下，13亿多的人口基数为我国信息技术的发展储备了客户基础，在规模庞大的受众基础上，互联网技术很容易找到应用的细分人群。

其次，金融对风险有极强的敏感性，监管多集中关注大的金融机构和平台。因此，互联网对金融的入侵多是从草根互联网公司的跨界开始，悄无声息地完成监管套利。

最后，我国的金融服务存在供给的压抑。

本文为时任中国人民银行金融研究所所长（现大成基金首席经济学家）姚余栋、北京市金融工作局银行服务处处长董亮、中国人民银行金融研究所互联网金融研究中心副秘书长李博为《博鳌观察》2016年拾月号（总第18期）撰稿。

因此，从互联网金融整个生态体系考虑，不同类型的参与主体、业务种类是适应生态内外的环境发展而来，并形成了模式间的分工与合作。

互联网金融生态秩序的基石是“竞合”

生态理论中突出竞争，也就是优胜劣汰。因此，互联网金融生态也面临进入与退出、生存与死亡。监管机构要尊重这一自然过程，允许多种创新模式主体的存在，去构建公平、防止垄断，指导合理的退出。

同时，互联网金融不是无源之水、无本之木，要同原有的金融生态建立共赢共生的联系。互联网金融的出现为传统金融做了很好的补充，外延了金融生态这个大系统；而传统金融也为互联网金融做了很好的经验输出和合规示范，在新技术人力和物力的储备上，传统金融是有优势的。因此，对待互联网金融这一新兴业态，不要人为拔高，也不能在行业出现问题时肆意打压，而应不断认清其本质、尊重其作用，及时完善法律法规，依法进行规范。

互联网生态是自利系统

互联网金融生态是一个以自身利益最大化为目标的自利系统，本身存在着自适应性的调整。

其自利性主要表现在：第一，每个互联网金融参与主体或模式总是做对自己有利的事情，为此它可能开展与他人的合

姚余栋
时任中国人民银行金融研究所所长（现大成基金首席经济学家）

董亮
北京市金融工作局银行服务处处长

李博
中国人民银行金融研究所互联网金融研究中心副秘书长

作，也可能在此过程中损人利己；第二，每个参与主体不是被动消极地对待环境，它总是从自身的组织形态、业务模式、产品技术特点来进行不断的调整和迭代，以适应不断变化的环境，这种适应就是“创新”；第三，变异是自然选择的基础，反映了互联网金融企业之间组织形态、管理模式、技术特点、经营战略等诸多方面的差异或区别。以陆金所为例，其产品类型日益丰富，包括了P2P、保险、票据、公募基金、私募基金等，创新改变了陆金所的小生态，使其由单一的P2P网络借贷平台过渡到标准及非标准化的综合理财平台，并与电影、网络热播剧进行跨界，多个维度切入百姓生活，让金融与生活产生更多关联。

互联网金融生态研究的三个关注点

生态的多元性和多样性，保证了生态系统的内外部资源能够更有效地被利用，从而产生持续的创新动力，维持着生态整体的稳定性。为此，今后对互联网金融生态的研究需要关注三个方面：

生态的平衡。互联网金融生态唯有建立在相互依存、相互制约、共存共荣、协调发展的基础之上，才能形成一个良性循环的聚集效应。就前期互联网金融暴露出来的很多问题而言，其中参与的企业大多沆瀣一气：第三方支付帮着网贷行业自融和跑路，网络理财又通过P2P网贷进行非法吸储，众筹和网贷合作逃避监管，

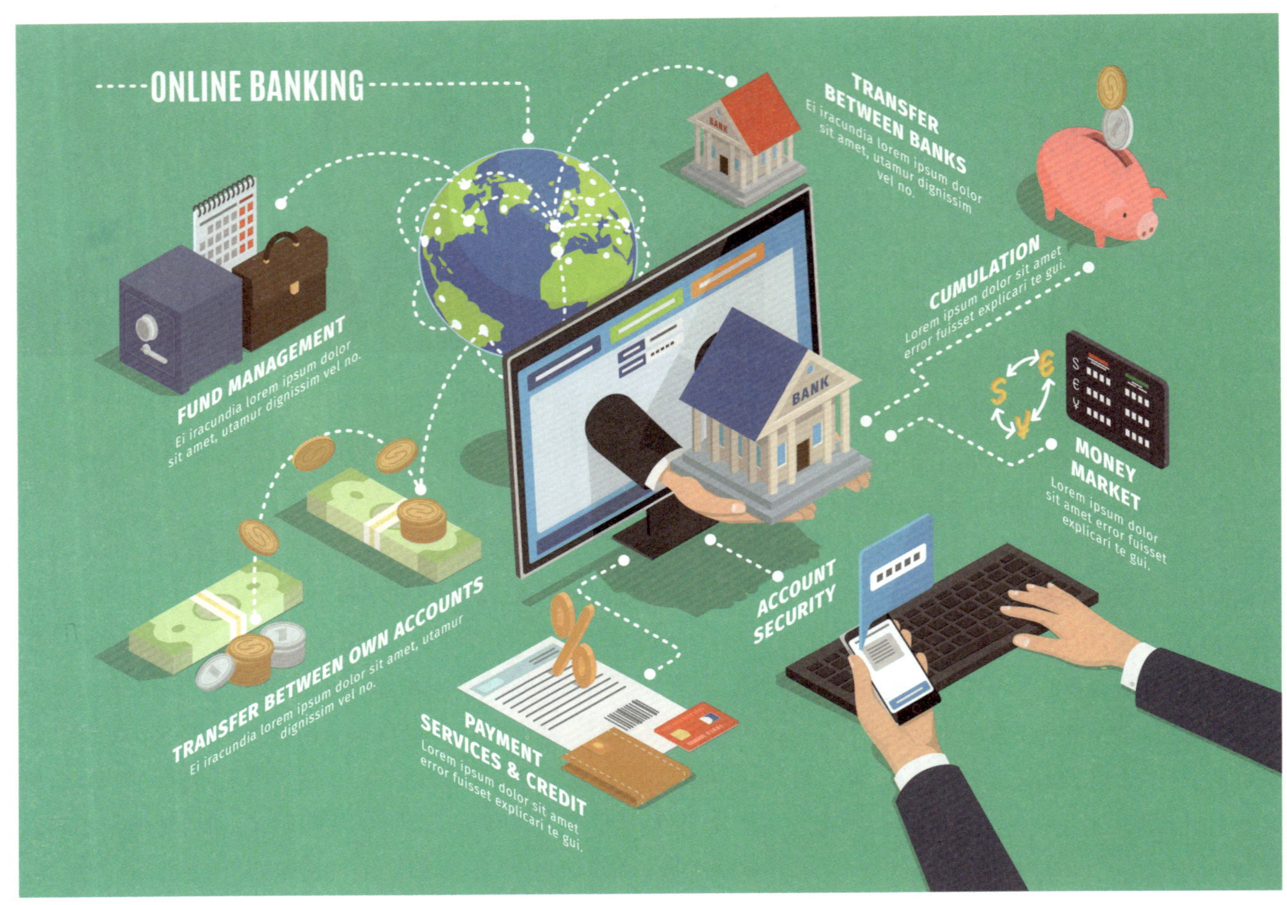

这些行为没有迎来行业本身的繁荣，只引来了当下的互联网金融专项整治。因此，生态内的平衡是整个生态日后存亡的前提，或许某个参与者目前只在互联网金融中提供某一服务，不做网贷，但网贷当前的问题频现也会引起整个生态的负面效应，参与者很难做到独善其身。

生态周期的研究。周期是一个生命体的表现，是生命力的持续过程，因此加强生态周期的研究，主要是关注：① 对互金企业成长、壮大、停滞、衰败这一过程的认识；② 企业是循序发展的，盲目扩张和“烧钱”是不可取的；③ 互金企业与监管者如何建立良性的“适者生存”；④ 基于区域、对象的不同，如何建立同传统金融的竞合关系等。

生态环境的建设。简言之，就是“游戏规则的建立”，这点符合新制度经济学的观点，涉及规则的建立、守法程序和行为道德规范。但互联网金融的特殊之处在于，它充分利用了IT技术跨时间、跨空间的传播特点，涉及面广。因此，能否及时完善法律制度是重中之重，这是一个市场走向良性或恶性的导轨。

对于新兴事物，我们常喻为“萌芽”“种子”，因为它们孕育着希望，但是种子的成长需要汗水，需要田间管理，否则颗粒无收也是常有之事。

如何构建中国金融科技监管新范式

文 | 胡滨、杨楷

分业监管的框架已经不能适应当前混业经营的快速发展，面对不断迭代更新的金融科技，中国金融监管框架改革已经箭在弦上。我们需要逐步引入创新监管手段，运用监管科技进一步提高监管对金融科技专业性的适应程度，提高金融科技监管效率，构建能够主动响应金融科技变革、拥抱金融创新的金融监管新范式。

金融科技（Fintech）被认为是未来全球金融发展的重要方向。按照金融稳定委员会（Financial Stability Board，FSB）的定义，金融科技是指科技带来的金融创新，它能创造新的业务模式、应用、流程或产品，从而对金融市场、金融机构或金融服务的提供方式造成重大影响。

当前，随着大数据、云计算、区块链和人工智能等技术的不断进步，未来金融与科技的融合会进一步加深，金融科技将成为金融业重要的变革力量。为促进金融创新，防范金融科技带来的风险，金融科技监管有必要成为我国金融监管改革的重要组成部分。

监管演进的四个阶段

我国的金融科技主要依托于互联网平台，对互联网金融的监管构成了当前我国金融科技监管的主要内容，其监管的演进大致经历了以下几个阶段：

一是互联网金融兴起前的信息安全监管阶段。

就金融业与科技融合的历程而言，网络银行、网络支付等在互联网技术得到大规模应用后就已经出现，且在国家信息化战略下，金融业与信息科技的结合不断深化。此时的金融科技主要是指金融业的信息化建设，对金融科技的监管也主要聚焦于金融业信息基础设施的完善和信息安全方面。例如金融IC卡的推广应用，移动支付技术标准的制定，以及为防范比特币风险出台的专门通知，都强调了对客户个人信息安全的保护。而这一监管思路也延续到了互联网金融的起步时期。

二是互联网金融兴起之初的风险警示阶段。

随着网络支付机构的大量增加，网络支付业务的风险虽得到关注，但监管层并未有针对性的规定出台，只是通过发布风险提示、与业界和公众沟通等方式，提出了对欺诈、诈骗等违法犯罪活动和非法集资、非法吸收公众存款以及设立资金池等行为的防范。

三是互联网金融风险逐步暴露，监管规则初创阶段。

2013年，在政府支持“互联网+”战略的大背景下，互联网理财、网络借贷、互联网保险等一系列互联网金融业态呈现爆发式增长。彼时，对于互联网金融的监管规则基本没有建立，在缺乏监管的环境下，互联网金融快速发展所埋下的风险隐患逐渐显现。从2013年底开

本文原载于FLR金融监管（中国社会科学院金融法律与金融监管研究基地主办），经作者授权发表。

胡滨
中国社会科学院金融研究所副所长、金融法律与金融监管研究基地主任

始至2015年，P2P倒闭和跑路事件频发，导致部分群体性风险事件发生。风险暴露之后，系统制定互联网金融的监管规则成为这一阶段的重点。

2015年7月，中国人民银行等十部门发布《关于促进互联网金融健康发展的指导意见》（以下简称《指导意见》）确立了互联网支付、网络借贷、股权众筹融资、互联网基金销售、互联网保险、互联网信托和互联网消费金融等互联网金融主要业态，并对监管职责进行了分工，标志着互联网金融统一治理架构的正式建立。随后监管机构针对各自的监管对象分别出台了专项管理措施（见右表）。

互联网金融分行业监管措施

监管机构	发布时间	文件名称
银监会	2016年8月	《网络借贷信息中介机构业务活动管理暂行方法》
证监会	2015年8月	《关于对通过互联网开展股权融资活动的机构进行专项检查的通知》
保监会	2015年7月	《互联网保险业务监管暂行方法》

资料来源：作者整理

四是互联网金融风险排查和集中整治阶段。

2016年10月，国务院统一部署《互联网金融风险专项整治工作实施方案》，由此，互联网金融在相应规则建立后进入到执法整治的阶段。重点整治的内容包括

P2P网络借贷和股权众筹业务、通过互联网开展资产管理及跨界从事金融业务、第三方支付业务和互联网金融领域广告等行为。为配合行动，银监会、证监会和保监会分别出台了《P2P网络借贷风险专项整治工作实施方案》《股权众筹风险专项整治工作实施方案》和《互联网保险风险专项整治工作实施方案》。

当前面临三大问题

首先，监管滞后与金融科技的迅猛发展存在矛盾。

互联网金融监管的经验表明，目前我国对互联网金融的监管相较于互联网金融的发展存在明显的滞后性。

一方面，监管措施基本都是针对互联网金融风险事件的被动响应。在部分互联网金融机构的风险暴露时通过风险提示警醒消费者，或是通过新闻发布对不规范行为进行劝导。而如P2P跑路这样的风险事件不但具有突发性，而且一旦发生往往波及众多消费者，造成较大的社会影响，对于造成的损失，事后监管往往于事无补。

另一方面，互联网金融监管规则仍有待完善。《指导意见》对互联网金融业态进行了规定，但具体到分业监管方面，只有网络贷款和互联网保险出台了相应的监管规则，而股权众筹的相关管理办法仍未正式成文。互联网理财、互联网信托等混业特征明显的互联网金融产品或服务如何监管也缺乏必要的明确确定。监管的滞后在一定程度上将造成监管的被动，同时还会影响市场预期，不利于市场的创新活力。

其次，金融科技创新与风险之间的平衡尺度难以把握。

以P2P为例，支持其发展的目的在于对小微企业的支持，弥补传统金融不足，但极低的市场准入门槛以及监管规则的缺失导致P2P中介机构资质参差不齐，经营管理混乱，道德风险和逆向选择状况严重，风险的爆发在所难免。因此，先发展后规范，对于具有很强负外部性的互联网金融创新，并不一定是恰当的适度监管。

互联网金融是中国金融市场发展的客观产物，其创新性对促进金融改革，提高金融服务效率，扩大金融服务覆盖面发挥了积极作用，在全社会受到了自上而下的鼓励和支持。尽管支持创新需要包容创新失败，但也要以尊重金融本质、防范金融风险、保护金融消费者权益为基础。以牺牲消费者利益为代价换取创新，不但会扰乱市场秩序，影响金融稳定，而且不利于创新本身的顺利进行。

最后，金融科技监管协调机制尚未建立。

互联网金融监管的实践已表明，金融科技监管将会比传统金融机构监管牵涉更多政府职能部门。协调各个部门的工作，保障协调工作长久有效开展需要建立稳固的制度保障。

专项整治活动可以由国务院总体协调部署，而金融科技常态化监管的协调机制也需关注。已出台的《关于促进互联网金融健康发展的指导意见》和P2P、互联网保险业务规范建立的备案制度，明确了信息披露要求，强化了业务规则和法律关系。但在监管措施上，通过行政手段暂停涉案机构业务，或是取消相应机构资质；在风险事件发生后提供司法救济仍是互联网金融风险爆发时的常用手段。总体上，金融科技监管在主体机构的市场退出机制、消费者保护机制等方面的建设还不完善。

监管不足的主要原因

与传统金融不同，金融科技对金融机构的内部风险管理手段、金融产品定价以及产品构成等都可以进行改造，因而可能产生与以往不同的风险特征，这对传统

杨楷
中国社会科学院研究生院博士

的金融监管框架提出了如下挑战：

其一，金融科技的多变性客观上增加了监管的难度。

如果说互联网金融主要在营销渠道上创新，则以信息技术为主的金融科技发展正深入到风险管理、定价产品和服务的实质，且大数据、区块链、云计算、人工智能等依靠计算机算法和运算能力的不断改进以及信息技术的进步，可能对提供金融产品和服务的各个环节产生影响。除了改进传统金融机构的效率，还可能创造新的商业模式或金融产品，因此金融科技发展充满了变数。

金融监管作为弥补市场失灵、维护公众利益的政府行为，在面对颠覆性的金融创新时，总是以市场发展为前提，势必落后于金融科技的发展脚步。与此同时，网络科技等的高度虚拟化，数据计算的高复杂度以及信息安全的高风险，将大大增加监管难度，对金融监管的信息技术认识水平和监管资源的配备都提出了较高要求。可见，完善金融科技监管需要进行尝试和摸索。

其二，金融科技混业特征与分业监管体制的不匹配。

互联网金融平台扁平化、综合化运营，同时开展多项金融业务。部分银行和保险机构利用互联网或移动客户端开展具有理财投资性质的产品销售活动。这些金融经营活动增加了互联网金融的混业特征，金融风险跨界传染的可能性上升。而金融科技的发展，将进一步导致金融产品或服务的重构，为同一客户提供综合化服务在技术上的实现更加容易，未来金融体系的综合化混业特征将会更加凸显。当前的分业监管体制以机构监管为中心，监管协调不够充分，在监管规则的制定和落实方面往往花费较高的协商成本，或者容易产生监管重叠、监管空白等问题。

其三，对于金融科技监管的理念尚未厘清。

鼓励金融科技创新与适度监管是相辅相成的，不监管或少监管并非包容和鼓励。金融科技使得金融产品和服务的形态或方式更加多样，变化更加频繁，仍然运用规则监管理念，就各种业务分别订立规则会大大增加监管成本，而仅仅采用原则监管，虽相对更加灵活，与金融科技的特点比较契合，但很难确保不出现监管真空与空白。

此外，支持创新可以通过更加主动的引导方式实现，事前事中监管和事后监管同等重要。单向放松监管标准，不一定能抓住创新的实质，反而让种种不规范的机构有机可乘。因此，对于金融科技而言，未来采取何种监管理念和方式，仍然有待明确。

构建中国式监管的新范式

当前，金融分业监管的框架已经不能适应混业经营的快速发展，面对不断迭代更新的金融科技，中国金融监管框架改革已经箭在弦上。我们需要构建能够主动响应金融科技变革、拥抱金融创新的金融监管新范式。

第一，进一步促进金融科技监管规则和体系的完善。

首先，借鉴“依法监管、适度监管、分类监管、协同监管、创新监管”的原则，明确金融科技监管用支持创新和防范风险两条腿走路，树立主动引导的监管理念，发挥金融监管在促进企业创新方面的作用。

其次，尝试以消费者权益保护为中心的监管方式，结合功能监管和行为监管在穿透式监管方面的作用，建立应对金融科技创新及其新型风险的长效监管机制。

最后，继续完善互联网理财、大数据征信等领域的监管规则，划清金融科技业务的法律关系和风险实质，及时调整法律法规，同时实现监管与行业自律的协同。以灵活高效的制度建设作为防范金融科技风险的保障。

第二，在现有分业监管格局下，加强金融监管协调。

坚持金融科技穿透式监管的思路与当前的金融监管架构改革具有一致性，按照分类监管、协同监管的要求，金融监管机构之间以及金融监管机构与信息管理部门、公安部门和工商部门之间的协调对金融科技而言尤为重要。

一方面，要从信息共享方面着手，建立监管协调的工作机制；另一方面，可以在未来的监管架构改革中建立专门的金融科技监管机构，负责金融科技的创新、影响评估、风险状况和具体监管，形成与传统金融监管差异化的监管体系。此外，互联网金融等金融科技的发展，作为国家互联网发展战略的重要组成部分，还应依照相关规定，协调金融监管机构与地方金融管理部门之间的关系，减少金融科技泡沫化发展。

第三，引入监管沙盒（Regulatory Sandbox），创新金融科技监管新机制。

英美国家的金融科技业较为发达，监管也相对成熟，尤其是对金融科技的灵活监管，对于如何平衡创新与风险具有积极的参考价值。

其一，美国和英国对待金融创新，采取了免强制执行函（No Enforcement Action Letters）或监管豁免（Waivers）等措施，增强了监管在应对创新时的灵活性。我国可以逐步引入这些创新的监管手段，在监管中为创新留下足够空间。

其二，英国提出的监管沙盒机制有助于鉴别真正的金融创新，降低金融科技创新成本，指导金融科技产品或服务在面世前兼具创新性和合规性。而欧洲部分国家运用的监管科技（Regtech）手段则进一步提高了监管对金融科技专业性的适应程度，提高了金融科技监管效率。这些手段与创新监管、底线思维以及负面清单管理等并行不悖。

第四，加强监管机构与市场间的知识共享和沟通。

金融科技作为新事物，首先需要得到各方的理解。正如《数字普惠金融高级原则》所建议的，监管机构和金融服务提供商之间应该定期进行知识共享，建立明确的沟通机制。

对金融科技监管而言，除了继续通过新闻发布机制与业界和社会大众沟通以外，还应建立专家讨论、行业开放等多样化的沟通机制，形成金融机构、科研机构或企业以及消费者之间的良性互动。在沟通交流中更真切地把握金融科技的优缺点，共同解决监管与创新之间的矛盾，对监管问题消除误解，达成共识，为监管规则的建立、创新方案的改进以及消费者保护、消费者教育等提供有益的思路或方法。

第五，完善金融科技行业的风险监测、预警和处置机制。

进一步建立、健全对于金融科技整体风险和个别高风险领域（如网络借贷）的预警和监测体系，以及风险发生后的应急处置预案，把防控金融风险放在更加重要的位置，确保不发生系统性金融风险。

商业应用是区块链的未来出路

文 | 秦谊

区块链技术被誉为目前最有潜力触发第五轮革命浪潮的核心科技，然而在众口一词地将“颠覆”与区块链相结合的时候，我们也需要冷静下来思考，这种所谓的“颠覆”是否是一种鼓噪或者泡沫？我们该如何正确认识区块链，如何应用区块链？

互联网的热潮最近席卷整个中国，“互联网+”模式被各界广泛推崇。这一模式几乎被应用于经济的各个领域，大到互联网银行，小到互联网外卖平台，人们纷纷认为“互联网+”模式似乎是中国未来经济转型的一剂良药。然而，当人们还在憧憬互联网在未来带来更多新的变革时，一种更具颠覆性的技术脱颖而出，这就是区块链技术。

2015年以来，这项技术在全球金融业受到了广泛的关注：麦肯锡在其2016年发布的《区块链——银行游戏规则的颠覆者》一文中指出，区块链是继蒸汽机、电力、信息和互联网科技之后，目前最有潜力触发第五轮颠覆性革命浪潮的核心科技；摩根士丹利在2016年发布的一份关于区块链在金融行业尤其是银行业应用情况的报告中透露，美国金融界在区块链研发领域已投入超过10亿美元；高盛在《区块链：将理论应用于实践》的报告中，指出了区块链在股票、房地产交易、反洗钱等领域的广泛应用，并认为这项技术能够满足监管的最新需要。

除了市场主体，众多外国政府监管机构也日益密切地关注区块链技术。如图1所示，从2015年11月开始，海外政府监管机构在公开场合对区块链技术做出的评论频率越来越高，这体现监管机构对于区块链的重视程度不断加深。

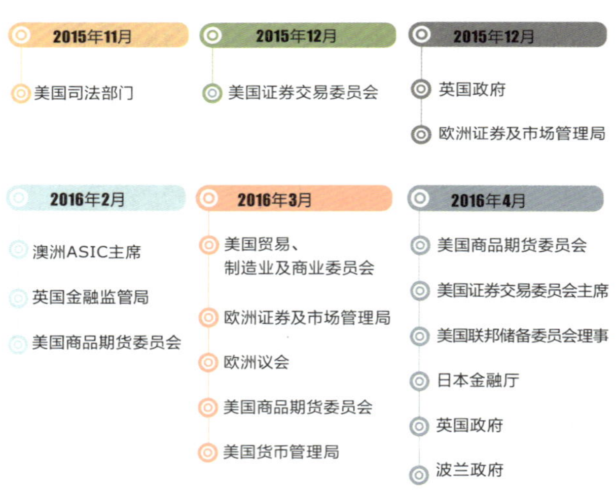

图1 海外政府机构对区块链技术的关注日益密切

本文为德勤亚太区投资管理行业领导合伙人、德勤中国区块链发起人、Rubix 德勤中国主管秦谊为《博鳌观察》2016年柒月号（总第17期）撰稿。

今天，关于区块链的评论文章层出不穷，其内容却大相径庭，对区块链的描述也大多模棱两可，这些文章往往将区块链与“颠覆”“变革”联系在一起。但是，我们冷静分析会发现，区块链作为一种新兴技术，虽然为未来商业模式提供诸多可能，但它并不是万能的，也并非能够立即颠覆整个金融业甚至现有的社会、企业组织架构。在广泛地开发、验模成功的基础上，才能走出实验室，与其他科技（包括人工智能、机械自动化、数字认证技术等）相结合。有针对性地在实施一个个实际商业场景运用的过程中创造价值，是区块链自身发展的必经之路。

秦谊
德勤亚太区投资管理行业领导合伙人、德勤中国区块链发起人、Rubix 德勤中国主管

区块链是什么?

这种在全球受到明星般待遇的技术究竟是什么?提起区块链，很多人可能会感到非常陌生。然而当提到比特币，大家则耳熟能详。区块链就是支持比特币的核心技术。

区块链可以被理解为是一个没有中央服务器的、由分布式节点共同维护的数据账本。在区块链上发生的所有交易，在某一时间段内是由算法决定的特定节点进行动态记录并更新至网络，参与记录交易的节点根据算法的设置在一段时间后进行轮换，每个参与维护的节点都能复制获得一份完整数据库的拷贝，这就构成了一个去中心化的分布式数据库。

这种分布式的数据库可以在无须第三方介入的情况下，实现人与人之间点对点式的交易和互动。同时，数据一旦被写入区块就不能被撤销，取决于不同的算法，在特定的时间间隔内（例如比特币区块链为10分钟）产生的交易信息将会被存入数据区块并广播至网络中的所有节点，实现全网数据的同步。概言之，区块链具有以下特征：

（1）区块链能够实现去中介化的信任。在区块链网络中，交易双方能够在无须第三方中介授信的情况下达成交易，这极大地节约了交易成本，提高了交易效率。

（2）区块链具有稳定性、可靠性和持续性的特征。区块链的分布式网络架构，使得它具有避免中心点（单点）故障和抵抗恶意攻击的特性，这增强了区块链网络的稳定性，提升了用户体验。

（3）强安全共识机制。区块链中的交易可以在没有可信第三方的情况下完全按照协议规则执行，这有效防止了欺诈风险，提升了区块链的安全性。

（4）交易公开透明，不可篡改。区块链中的数据记录公开透明，对所有的参与者提供审计功能，并且数据不可篡改。

区块链技术的这些特征，决定了它对金融商业模式将产生深刻影响，有估算称，区块链技术能够使美国证

券市场的交易确认耗时由“T+3”天缩短为“T+2”天，每年费用将减少27亿美元；澳大利亚证券交易所（ASX）计划将区块链应用于其清算和结算系统，纳斯达克OMX以及伦敦证券交易所都已在探索这方面的应用；世界第十大银行西班牙桑坦德银行已经规划了超过25个和已有银行系统集成的区块链应用场景，并在一份调研报告中指出，区块链技术可以为银行业节省至少200亿美元的运营成本；摩根大通也在尝试使用区块链技术为其2200个客户进行往返伦敦和东京之间的资金转移。

然而，在众多评论文章众口一词地将“颠覆”与区块链相结合的时候，我们需要冷静下来思考，这种所谓的“颠覆”是否是一种鼓噪或者泡沫？我们该如何正确认识区块链及其带来的影响？

区块链技术所面临的挑战及其应用限制

与任何一项新技术一样，处于初始阶段的区块链技术正处在一个“百家争鸣、百花齐放”的阶段，市场上充斥着大量的区块链初创公司、非标技术协议以及商业应用的原型，但并没有形成主流标准或协议。总的来说，区块链目前面临的挑战大致包括以下几方面：

技术尚处于萌芽期。区块链能否被广泛应用的关键取决于能否解决诸如交易速度、确认流程以及数据容量限制等挑战。

监管态度尚不明朗。最新的金融科技和金融监管之间的矛盾一直存在，区块链也面临着现有监管条件下的合规挑战。

安全和隐私控制尚不稳固。技术专家必须要在公众接受区块链技术前，消除公众对于自身信息安全和隐私的担忧。

现有系统整合方案尚不明确。区块链技术提供的方案很大程度上颠覆了现有系统，企业必须在实施重大调整之前制定相应的过渡方案，而市场迄今尚未提出一份合理的方案。

现有价值观的挑战。区块链技术所提出的完全去中心化的模型需要得到现有的用户和操作者的认可。

高昂成本。虽然基于区块链的技术可以大幅降低交易成本和时间，但是它的实施需要投入大量的初期建设成本。

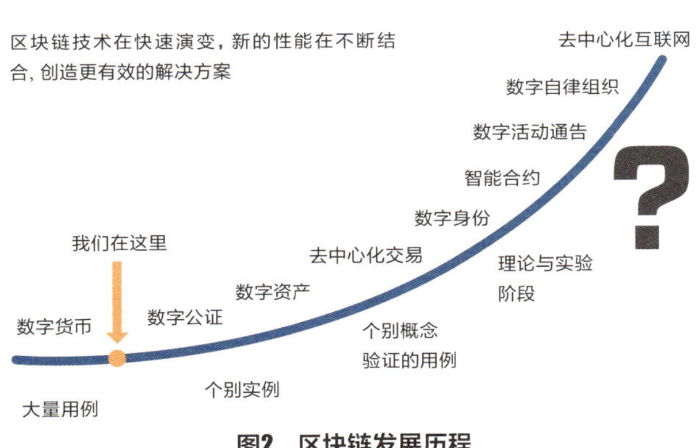

图2 区块链发展历程

如图2所示，当前区块链正处于一个从大量用例到个别实例过渡的初级阶段，在这一阶段，区块链的性能会有各种不足，但在技术人员完成无数个模型认证后，区块链的性能会得到不断补充和完善。

因此，基于区块链当前的现状，在进行区块链决策时，图3可以作为决策参考依据。

如图3所示，区块链并非适合于所有情境，即便是在适合使用区块链的情境下，使用者仍要就公有和私有区

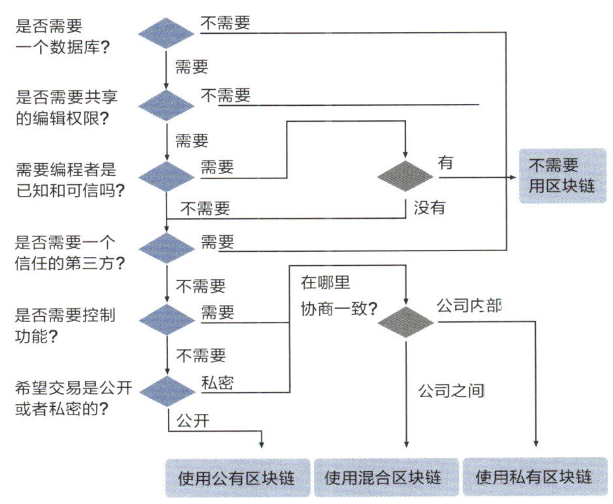

图3 区块链的适用条件

块链做区分。由此可见，现阶段区块链的应用仍然面临着诸多限制，区块链距离大规模商业应用依然有很长的路要走，现在谈区块链的“颠覆”意义为时尚早。

那么，在该阶段，我们如何应用区块链？

德勤对区块链商业应用的探索

全球范围内，德勤在区块链的商业应用研发领域拥有广泛的合作伙伴，德勤在与这些研发合作伙伴的合作中，针对区块链的各种困境不断开发新用例，目前已研发成功的新用例中金融服务行业创造了指数级的价值增长。

在合作的过程中，德勤发现，区块链技术在一些高度依赖信任，或处于高度监管状态下的行业中有着更广阔的用途。银行等大多数金融企业都处于高度监管状态下，它们需要在向监管机构的汇报上耗费大量成本，而区块链带来的实时透明的监管模式对金融监管和合规来说具有突破性意义。另外，对于高度依赖信任的领域

（如跨境支付领域），区块链也提供了便捷廉价的解决方案。德勤认为，更廉价的运营及监管成本意味着更廉价的金融服务，而这最终能够促进金融服务于社会大众，实现普惠金融。

例如，德勤爱尔兰团队在2016年为爱尔兰四大银行之一的爱尔兰银行全球投资部开发的基于区块链的全交易流程报表系统（Trade Reporting System）就是一个具有突破性意义的案例。在这个案例中，全交易流程报表系统（Trade Reporting System）基于B/S架构，为客户、客户经理和监管者提供不同的角色视图，让每个使用者通过为其定制的视图查看包括交易头寸在内的所有交易信息。由于区块链的特征，这个系统上的交易历史记录不可篡改，交易信息公开透明。这些特征，使这套系统能够实现实时和全范围的审计，使监管变得高效，也增强了客户体验。更重要的是，这个系统符合欧盟即将在2018年起执行的“欧盟金融工具市场法规”（MiFID II, Markets in Financial Instruments Directive）的监管要求，被视为未来爱尔兰银行业系统的发展方向。同时在成本节约上，这项系统整合了最新区块链技术和银行现有系统，最大限度地降低了银行重建系统的成本。

保护客户隐私和有效识别风险是金融业需要迫切解决的难题，而区块链的应用可以解决这一难题。德勤区块链团队曾帮助R3（超过45家全球主流金融机构参与的区块链研究组织）中前五大银行中的三家完成了一项智能数字身份的概念原型验证，即储存在区块链的客户数字身份信息能够迅速被银行内各个部门共享，且银行内部区块链中的客户信息具有高度安全性。这将为金融机构在挖掘潜在业务机会、识别潜在风险暴露方面提供很大的帮助，也提升了客户信息的保密性。同时，该验证如应用在各金融机构之间，各金融机构也可以通过区块链共享客户信息，减少重复性客户背景尽职调查工作，节省大量合规成本。

区块链在支付领域的应用同样具有重要意义。德勤与区块链初创公司Bluezelle合作，深度整合Ripple跨境支付协议以及Temenos银行核心系统，使跨境支付更为廉价便捷，这些应用成功获得了国外监管当局的许可，并已被超过1000家金融机构所广泛采用。德勤与初创企业Stellar合作开发的跨境支付的手机应用，主要应用于非洲地区，该应用使跨境支付减少了45%的交易费用，并且将交易时间降低为5秒，促进了非洲地区普惠金融的实现，使贫困地区民众能够享受廉价的金融服务，促进了当地的经济发展。

区块链的未来展望

未来，区块链技术将有两个发展方向：第一，全球性的区块链协议——目前还只是萌芽发端状态；第二，和物联网的结合。区块链技术被喻为互联网2.0，作为一种基础技术架构，其与物联网的结合将会对未来世界产生重要影响，如同云计算对应于当前的互联网。在这两个方向上，区块链将塑造一个全新的商业模式。

区块链是一项很年轻的技术，区块链技术作为一个底层技术与其他技术（包括人工智能、机械自动化、数字认证技术等）结合后，能够为我们展现一个更智能化、普惠化的全球金融服务景象。例如，德勤与欧洲另类投资协会最近联合发布的报告中认为，区块链与人工智能的结合，能够改变投资管理的现有模式，并深刻影响基金销售渠道；德勤最新研究表明，区块链与数字认证技术（smart identity）结合，有望实现未来银行——未来银行将没有任何实体网点，任何注册、借贷、投资行为都可以在网络上进行，这将是科技发展促进金融服务业更新换代的一重大里程碑。

太一云：大数据和区块链的创新领导企业

太一云是国内新三板第一家区块链上市企业，构建了自主知识产权的太一区块链应用体系，为各行业互联网应用层提供稳定的区块链基础设施、便捷的中间工具和可靠的解决方案，已研发包括区块链征信基础设施，区块链资产登记流转、区块链安全、智能合约、大数据中心、物联网、云计算中心、供应链金融及物流系统等领域。公司拥有区块链及云计算领域近百项核心专利技术，是科技金融领域大数据和区块链的创新领导企业。

太一云研发的区块链关键技术可以构建金融服务的基础设施，实现资产的登记、定价、存储和交易。太一构建的可信节点，可以在全国范围内进行物理环境或者云部署，具有高安全性和扩容性。太一系统具有高安全性，独有的可信身份链技术，自身具有高安全身份认证特点，已经与公安三所的eID、公安一所的多维认证对接成功，还可以与银行身份认证系统对接，支持国家、国家标准的加密算法，可根据需要选择加密算法，独创的POSS共识机制，相对既有的POW、POS机制有了更加安全的改进。其推出的可信认证(太一护照)可提供区块链的入口，为个人、企业提供实名认证。太一独创的太一底层OS，从底层就开始考虑安全措施。

在区块链的应用落地过程中，海量交易的承载量和网络节点的可扩展性是区块链产业化中必须解决的两个问题。太一自主研发的超导网络，适用于多资产的高频小额交易场景，最高设计交易速度可以到达每秒10万笔以上，是普通区块链系统的1万倍以上。太一超导网络的原理是在底层区块链上记录交易结果，确保信息存储和价值交割的可信性，同时利用智能合约技术来建立多个节点之间的微支付网络，建立链外的高速传输通道，满足网络内的高频交易需求，而且可以支持多资产、零损耗的快速交易，属于国际首创。

太一超导网络技术的逐渐成熟，使其在区块链本身的优势上扩展了它的应用潜力，为区块链进入产业化应用解决了海量交易的瓶颈，也将助推二代区块链技术在支付、交易所、物联网等领域的落地。

太一云率先于业界提出了可信区块链的概念。可信区块链是基于区块链技术进行商业化运作的基础，是现代新型商业活动的信任机制。可信区块链包括可信身份认证、可信数据存证、去中介的可信交易机制和智能合约、避免单方作恶的共识机制以及以太一超导为技术支撑的生态体系。太一超导网络可追溯、玟证生态系统中的所有交易数据，保证整个生态系统更加可信。在工业和信息化部的大力支持和指导下，中国信息通信研究院数据中心联盟联合太一云、腾讯、华为等多家区块链领域企业成立了区块链工作组，共同制定可信区块链标准。2016年10月1日，在工业和信息化部的大力支持和指导下，中国信息通信研究院数据中心联盟与太一云共同发起成立区块链开放实验室,该实验室致力于区块链技术研究和区块链在各领域应用标准的制定，并从事区块链技术及应用测试等方面的工作。太一云科技注重区块链基础设施的搭建，联合中国信息通信研究院数据中心联盟部署区块链可信节点，分布在全国各地及海外。目前，区块链开放实验室搭建的公共可信的区块链测试平台，可用于开展可信区块链测试工作。

太一云实践案例

太一云携手全球区块链委员会（GBEC）、中国区块链应用研究中心、亚洲区块链基金会、中关村区块链产业联盟、国家版权交易中心联盟、国际文化金融交易所联盟、前海国际区块链生态圈联盟、亚洲DACA数字资产协会等多个行业联盟和协会，联合推进区块链在中国社会治理、应用安全、技术标准、技术设施建设等方面的应用和落地，同时与IBM中国实验室、亚洲区块链基金会等多家区块链行业单位联合发起可信区块链联盟Creditledger,促进中国可信区块链生态圈的健康发展。

2016年4月13日，沈阳金信商品交易中心官方门户网站上线试运营，并已开启商品登记服务。该中心的系统是由太一云研发设计，是目前全球第一家基于区块链商品交易中心。太一云区块链系统在商品交易领域提供商品流通全程区块链登记、产品溯源及防伪服务，相比传统的商品交易中心，更具可信力和安全性，不仅能够实现商品的自由流通，还可以为客户提供在线金融服务。基于区块链的商品登记流转中心还可以实现跨国交易、资产流转、资产配置以及贸易金融创新等服务。

北方工业股权交易中心是国内首家运用区块链技术的股权交易所，北方股交与太一联合推出的区块链股权登记系统TERS，是继中国第一个区块链商品交易中心金信商品交易中心后，中国区块链产业的又一标杆性落地应用，标志着中国区块链在产业化发展上又迈出了扎实可见的一大步。通过TERS系统提升企业股权登记管理的效率，增加企业信息披露的准确性和透明性，为中小企业提供更为便利和高效的金融服务。

此外，太一云在工业物联网、金融监管、政务管理、金融服务、防伪追溯领域的解决方案正在成熟和落地。

工业互联网是将互联网技术融入工业领域中更多的机器设备，利用软件分析技术充分释放机器的潜能，从而更好地提高生产效率。 在工业互联网中，需要解决人与人、人与物、物与物之间的信任问题， 区块链+共识机制提供了一种共信规则，参与网络协同的各节点按照既定的规则建立起信任，而不是依赖于某一个第三方来建立信任。这种机制使得可以不需要采用高昂的成本来维持一个中心化他信机制，同时也让点对点之间的协同效率更高。工业互联网中，将会有大量的节点参与到整个信息网络，特别是在物联网中，几乎每一个物联网节点都可以是一个区块链节点，通过超导网络可以方便地实现这些节点之间的信息通信、数据共享，甚至交易计费。工业互联网中，分工精细，各部分高效协同配合，过程中会产生大量合同、记录、状态等数据，这些数据有的只需要保存在具体节点，有的则需要在参与的双方或者多方乃至全网各节点达成一致。将区块链与大数据有机结合起来，将原始数据保存到大数据中心，将关键数据和原始数据的hash值保存到区块链上，并通过智能合约来约束参数方的行为，结合大数据挖掘分析，使得整个工业行为在互联网、区块链上达成智能化高度协同。区块链与云计算、大数据的结合，将实现支付流、信息流和控制流三流合一，助推工业智能化的实现，助力“中国制造2025”的实现目标。

在金融监管方面，区块链技术为互联网金融监管提供了技术支持，太一云自主研发的区块链数据存证安全系统可用于互联网金融以及其他金融机构的监管。太一云联合工信部应急中心推出工信部互联网金融监管存证项目，中心以签约室的方式对各互金平台的签约过程进行监控存证。太一云的区块链数据存证安全系统是为各行业提供身份认证、数据采集和鉴别以及数据增值服务基础服务设施。为方便各类企业接入，提供了标准的接口，针对不同的领域给出不同的数据采集、输出的数据模型，帮助企业实现对运营平台、运营主体、运营产品以及服务客户、交易和资金流的全面监管。区块链技术在区块链数据存证公共服务平台的采用，贯穿数据采集、鉴别、分析和增值服务过程，可以建立行业数据生态，同时为政府监管提供了技术支持。目前，赣州经开区设立的“区块链金融产业沙盒园”已经启动，园区监控系统的底层技术由太一云提供，该园区是首家由政府部门引导的区块链金融沙盒监管园区，已邀请多家国内知名互联网科技型企业和上市公司入园。园区将借助多项针对性的扶持政策助力园区企业发展。

在金融服务方面，太一云充分理解并整合金融业务特性和区块链技术优势，以创新模式为商业银行创造价值。通过区块链技术在贸易金融领域信用证业务场景下的实践，充分发挥区块链多方共享共识机制优势，优化业务流程，改善客户体验；运用智能合约技术降低商业银行操作风险；通过资产数字化，降低业务成本，提高资产交易的便捷性、流动性和安全性；发挥区块链可追溯不可篡改性，有效降低商业银行法律风险。

在防伪追溯方面，太一可信区块链相对传统单一防伪技术具有极大的优势。区块链不可篡改、数据可完整追溯以及时间戳功能，可有效解决物品的溯源防伪问题。目前，太一云科技与中国画院达成基于区块链打造艺术品存证、流转平台达成战略合作。各方将发挥各自的优势，共同打造基于区块链的艺术品存证和流转平台。通过区块链可以验明和追溯每件艺术品的真实身份，并且在对艺术品备案的过程中，会完整梳理出每件艺术品都有哪些奇妙的经历，同时为艺术品防伪和防欺诈提供了新的渠道，系统地保护艺术家的知识产权，而这正有效解决了艺术品市场缺乏合适的记录保留方式和艺术品来源实时验证等需求痛点。通过区块链实现艺术品的存证溯源和有序流转，从而促进艺术品投资市场的回暖和发展。

在产权的确权、流转以及交易方面，太一与国家版权交易中心联盟和北京数字版权积极建立了战略合作并即将进入落地阶段。国家版权交易中心联盟包括北京国际版权交易中心、中国人民大学国家版权贸易基地等全国12家国家级成员单位，联盟秘书长单位北京国际版权交易中心已经与太一云达成战略合作协议。双方将联合打造基于区块链技术的新一代交易所基础设施，平台将依托国家版权交易中心联盟资源配置优势，推动版权等无形资产的区块链登记、托管、流转和变现机制的完善与创新，推进国家版权链的研发创新工作。

在大数据建设方面，太一云和新华网积极打造基于区块链的大数据解决方案。双方基于各自的资源优势和技术优势进行战略性合作，共同推动新华网战略级平台——“互联网+科技金融产品和服务”，特设立新华网国家科技金融大数据中心。下设中国基金业、互联网保险、互联网金融业、不良资产大数据中心，依托太一云的技术优势，为企业、社会公众提供具备公信力的商业数据平台，服务于上述行业信息公开、行业自律、合规运营的目标。通过综合使用云计算、大数据、区块链、人工智能等最新技术，打造新华网国家科技金融大数据库，建立行业公信链，接入全国分支机构，并为一行三会和相关协会提供接口进行监管。

太一云还推出地方政务解决方案。尽管国家大力推行简政放权，但是由于仍旧缺乏切实可行的手段，行政效率不高，而区块链技术则给简政放权落地提供了利器。使用区块链技术建设政务系统，可以有效增强行政管理活动透明度，改善行政管理和监督，协助政府实现精准扶贫，进一步提高机关效能建设。区块链技术的潜力巨大，但是能够发挥潜能还有待于政府是否将其整合到公共服务之中，并且用好这项技术。

区块链具有的透明、公开、不可篡改的特性，可以用在医疗慈善和养老等领域，推动精准医疗。太一云在医药领域的解决方案可以很好地解决数据造假和达到保护患者隐私的目标。太一护照是区块链的入口，可以实现医生与患者之间的互动，也可以帮助实现患者的交流和沟通。太一积极与上海卫计委合作交流，通过太一自主知识产权的超导网络区块链技术以共享电子病历机制为基础，对现有HIS、EHR、DRGs等多种类数据存储、数据分析、数据应用系统进行区块链升级，提升了分级诊疗、流行病防预、医疗保障体系在电子病历共享机制下的合理应用，对数据采集流程优化，数据管理便捷化，数据监督管理整体化完成多层级提升。通过区块链技术搭建的电子病历共享平台，在保证病患生物医学大数据安全的情况下，实现与临床医疗数据的安全有效对接，从而完成优化数据库有效性的自我迭代功能，使得精准医疗的数据基础不断扩大、优化、准确。

区块链技术是目前世界上最先进的金融科技技术，具有数据全网存储、交易可追溯、便于监管、交易安全性极高的特点，能够有效降低金融基础设施的成本，减少人工操作带来的高昂运营成本及各种人为错误。太一云提供的基于区块链的一系列产品及解决方案，正在逐步与产业结合、落地，引领和助力中国各行各业的产业转型和创新。

交通银行侯维栋:

双轮驱动 双策并进 双剑合璧 以互联网思维变革创新

2016年，互联网金融风云际会。为实现传统金融业务与服务互联网转型升级，在新时期更好地落实“两化一行”发展战略，交通银行将“以互联网思维发展互联网金融”列入“十三五”时期深化改革、转型发展的重要举措。其改革决心之坚、改革力度之大，就是旨在以自我革新探索普惠金融新路子，走出一条传统银行服务的重构和转型之路。

在中国经济步入“新常态”背景下，传统银行业金融机构面临传统产业去过剩产能、新兴产业有效信贷需求不足、金融“脱媒”加速、资产质量下降等一系列挑战。尤其是以BATJ为代表的互联网巨头已纷纷在基础设施、场景、平台、渠道等互联网金融四大制高点积极布局，激发释放出庞大“草根”需求，获得众多“长尾客户”追捧，并在产品、业务、组织和服务等方面对传统银行业金融机构的经营模式、盈利模式和服务模式形成一定挑战。

交通银行副行长侯维栋分析，尽管竞争格局和制胜要素不断改变，但与当前互联网金融参与者相比，商业银行仍具有雄厚的资本实力、卓越的品牌声誉、庞大的客户基础、广泛的线下渠道、完善的风控体系、严格的牌照壁垒等一系列重要优势。侯维栋强调，商业银行只有充分发挥现有优势和要素资源，紧密围绕“长尾客户”需求痛点，借助新兴信息技术，创新业务模式和组织形式，才能更好适应新常态下经济发展网络化、信息化发展趋势，主动开拓经济结构调整和转型升级带来的发展新空间。

双轮驱动，以动态适应型战略攫取新机遇

结合当前新常态的宏观经济环境，互联网金融服务的多向性、广泛性及跨界竞合的多样性，为快速适应市场转变，建立新型核心竞争力，交通银行以互联网转型作为集团深化改革、转型发展的探路者。“双引擎协同推进，动态融合发展”是侯维栋对交行互联网金融战略定位的总结，即围绕“以客户为中心”和“科技引领”两大核心理念，以“金融互联网”和“互联网金融”为“双引擎”，驱动银行互联网化转型与变革。

侯维栋介绍，“金融互联网”要依靠以端到端为主旨的流程创新战略，借助互联网技术实现传统金融服务的精细化和效率化；“互联网金融”则侧重于以客户为中心的数字型战略，依托孵化创新业务和跨界合作同时布局金融与非金融领域，实现综合服务的智能化和生态化。短期看，“金融互联网”与“互联网金融”为双引擎协同推进；中长期看，伴随两者协同的深入、业务的相融，边界将逐步模糊，最终相融相生共同构成全新的金融生态。

侯维栋
交通银行党委委员、副行长

双策并进，以客户为中心夯实业务发展基石

在客户行为习惯和体验预期不断改变的大背景下，相较新兴互联网企业，传统商业银行对具有成长性的长尾客户和潜在客户的拓展和服务尚待持续提升。对此，侯维栋也毫不回避，然而如何重构渠道优势，创新服务模式，重塑与客户的联接点成为更为关键的议题。

对此，交通银行采用“双策并进”策略。

第一策略全面实施客户分类分层分级管理策略，开展客户精细化管理。

落实“以客户为中心”的理念，在深入分析数据的基础上，针对不同生命周期、不同财务能力客户金融需求，为客户提供差异化的综合财富管理服务方案。

对于处于客户分层金字塔中下层具有成长性的长尾客群，侯维栋认为，应打造遵循客户成长生命周期由“微”至“大”的顺轨迹服务链，这也是作为一家系统重要性银行探索普惠金融实践、提升服务实体经济质效的使命。

第二策略是大力推进拓客活客留客策略，构建智能化营销体系。

打造以“高频交易、跨界共建”为特点、以“流量+场景”为手段的拓客新路径，重点围绕客户生活经营活动嫁接商业场景，通过跨界合作实现金融解决方案与交易场景、技术解决方案与合作平台的“多场耦合”，实现客户资源的批量导入，零售业务的批发销售，低成本、高质量地批量导入可画像、可触达的新客户。

“‘跨界引流’仅仅是迈出了拓展客户的第一步，如何活跃客户、挽留客户才是制胜关键。”对此，侯维栋强调打造“高频、快速、低成本、数字化”互联网金融服务模式的重要性，即从“基础性金融产品服务”和“综合化金融解决方案输出”两大方面激活客户，推动客户服务由“被动、定时、低频”向“主动、全天候、高频”转变，嵌入金融产品创新与非金融产品提升金融服务延展性，借助业务流程再造提升服务体验，强化存量客户黏性。

双剑合璧，以互联网思维变革创新

用户思维、平台思维、跨界思维、流量思维、大数据思维、极致思维等一系列互联网思维是这场互联网化转型战役的统领，然而思维由理念转化为执行，在很大程度上依赖于体制机制的保障。

为推进战略落地，交通银行先后成立了互联网金融业务中心（以下简称“互联网中心”）、线上金融业务中心（以下简称“线上中心”）两家直营机构，以“双剑合璧”共谋互联网转型之路。

互联网中心侧重打造具备大数据能力、产品分销能力、资产管理能力、大服务链能力的互联网金融综合服务平台。“创新业务孵化器”与“跨界合作资源集”是侯维栋对互联网中心的定位概述。他介绍，一方面从互联网小贷入手，全力构建创新业务孵化器，聚焦长尾客户，专注微小企业，依托互联网技术和大数据理念，采取“批量获客+O2O”模式，推行“专业化经营、集约化管理”，打造“互联网+微信贷工厂”模式；另一方面，为应对“互联网+”时代下的生态体系竞争，积极探索跨界合作，推进零售业务批发化，寻求与大型互联网企业及垂直细分行业的优势平台紧密合作，形成优势互补、互利互惠的良性合作循环，实现交叉引流、场景渗透以及综合金融服务能力的输出。

线上中心侧重整合全行手机银行、网上银行、电话渠道等线上渠道，依托事业部体制机制优势，力争用3~5年时间做大做强做优线上金融业务，打造交通银行线上客户经营能力。重点围绕“改善体验、扩大流量、提升转换”三个方面展开：一是改善体验。打造极致、极简的手机和网上银行客户使用体验，促进获客、活客、黏客，着力打造财富管家角色。二是扩大流量。着力于洞察客户，精准定位，并实施有针对性的经营策略，并积极搭建客户财富回馈体系。三是提升转换。手机和网上银行通过扩大线上触点，实现“即触即达”，并搭建理财论坛流量入口，共享“粉丝经济”红利，促成转换做大规模；电话渠道以信用卡客户转换、行外浏览客户转换为抓手，达到促成转换目的。

青岛银行郭少泉：

接口银行，有连接 有未来

青岛银行全面推进金融科技对商业银行传统业务的改造，运用交互、跨界、融合等理念搭建金融服务平台，逐步形成了独具特色的接口银行获客和服务模式。通过技术与业务、平台与产品、产品与服务的紧密结合，建立基于金融科技为底层支撑的综合金融服务体系，将银行传统分散的金融服务与政府、公共事业单位、企业等第三方机构的服务资源进行有效整合，满足用户多元化、个性化的需求，打造一个共赢互利的金融服务生态圈。

近三年，信息技术升级迭代速度呈几何级数增长，区块链、大数据、移动金融、人工智能、云计算等新兴技术的应用日益成熟。互联网企业借助信息技术的飞速发展，将业务触角不断扩展延伸到金融领域，并逐步构建出互联网金融新模式,互联网金融的快速发展争夺了银行大量零售和小微客户，银行业的经营环境日趋复杂、风险持续上升。

在这种环境下，中小银行只有克服经营地域、网点数量和业务品种的限制，利用新兴技术，创造新的服务模式和金融产品，增强服务能力，建立新的获客与活客模式，不断提升客户体验，才能做到可持续发展。

接口银行构想

市场永远是正确的，在市场的变幻面前，唯有创新才能实现夹缝生存，绝处逢生。

如何将银行的触角深入民生行业，服务民生？如何解决小微企业融资难的问题？如何使中小银行的业务发展突破地域的限制？如何用批发的思维来做零售，提升批量获客的能力？如何快速响应客户、合作企业的接入需求？青岛银行在总结以往特色发展经验的基础上，深入研究接口银行、互联网、交互和跨界在金融行业的应用，探索金融服务的新模式，创新性地确定了“接口银行”战略构想。

所谓接口银行，是指将银行的业务平台与合作方（包括公司客户、其他金融机构和其他三方平台）的服务平台实现IT系统对接；借助该模式，可以满足合作方的金融服务需求，银行则可通过系统对接锁定合作方业务并获得客户资源。

青岛银行在接口银行战略下已逐步形成以银医通、一卡通、云缴费、便民缴费、供应链金融、行业合作六大接口银行服务体系。

金融业务平台化

银行做了很多第三方对接，例如收费企业对接、支付请求对接等。传统模式多是采取业务提出需求、技术单纯对接的方式，即银行传统的代收费业务仅针对一些具备收费系统的企业，系统间专线连接、双方技术人员完成系统接口联调，对接后客户才能在银行缴费。这种对接的共同特点是：简单、直接。所谓简单，是指单纯地进行技术对接；所谓直接，是指需在专线连接的情况

郭少泉
青岛银行党委书记、董事长

下才能对接。而这种简单、直接的模式已无法满足互联网开放的需求。

为了满足开放的、多样化的互联网需求，青岛银行对传统架构进行改造，建立了OpenAPI平台，在满足开放、敏捷、高效、融合、协同、安全的要求下，提供支付、缴费、政府金融、民生等多样化的金融服务，并研究银行对外服务的规范和标准，通过标准化的规则和流程编排实现了快速应对多种业务场景的需求，更好地适应动态金融服务模式及合作模式。

目前，青岛银行已经构建云缴费体系、交通体系、医疗体系、园区支付体系、核心企业网络融资平台、资产管理体系六大接口平台。以云缴费体系为例：通过面向互联网的应用架构改造，实现了缴费功能既可以面向行内渠道发布，也支持将行内应用发布给第三方的产品模式；不仅如此，在云缴费体系中，还通过将业务产品分类，定义产品的通用流程，做到减少重复开发，新增产品的配置化管理，提高了产品的灵活性。云缴费平台既实现了对互联网的无障碍开放，又实现了线上灵活定制自有缴费模式。

通过这种接口平台模式，青岛银行打通了与多个行业间的服务通道，获得了更多的客户资源。在交通体系，青岛银行成功首发地铁联名卡，启动了“百万市民免费发卡计划”，到目前已突破107万张，公交合作成为新的客户增长点；在医疗体系，青岛银行以一卡通项目打通银医合作壁垒，拓宽批量获客新渠道。

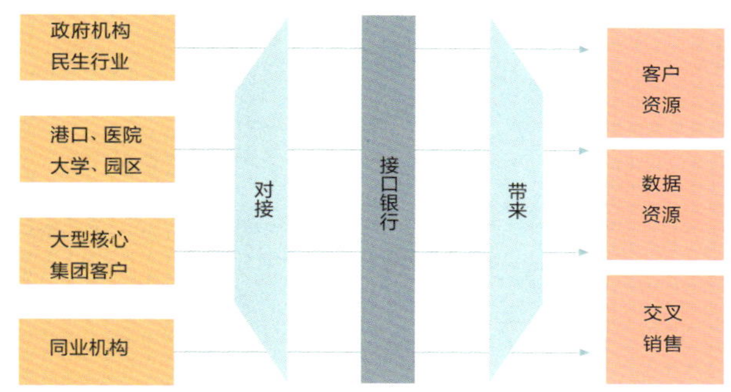

接口银行框架图

客户服务生态化

“接口银行”将青岛银行的业务平台与医院、高校、地铁、港口、政府缴费等大型集团客户的服务平台实现系统对接，打通了客户与各类服务之间的封闭环节，借助于各类服务平台，青岛银行已经逐步打造了支付生态圈、小微线上融资生态圈、幸福家庭生态圈，依靠大数据围绕客户及其上下游客户进行交叉营销，提供全方位银行服务。借助该模式，合作方可以获取到满足其金融需求的服务，银行则可通过系统对接锁定合作方业务并获得其客户资源。

例如，青岛银行与海关总署电子系统实现对接后，青岛银行成为海关总署首批批准开展海关税费电子支付业务的城商行之一，也是丝绸之路通关一体化区域中唯一具有海关税费电子支付业务资格的城商行，可以向进出口相关工商企业提供贸易金融及附加服务。借此契机，青岛银行积极谋划金融层面国家政策落地的多样可能，倡导发起了丝绸之路经济带所辖省份的24家金融机构组成 “一带一路”金融联盟。联盟成立后，青岛银行开放电子海关税费平台，与联盟成员共享电子税费支付资格实现线上缴纳海关税费。仅此一项，大幅提升了“一带一路”金融联盟成员行整体竞争力。

移动生活场景化

通过平台大量接入第三方企业，通过生态圈增加银行和客户之间的黏性，青岛银行继续将这种场景发展到移动生活中，为用户提供更加便利的服务体验。

青岛银行建立了移动客户服务中心，将传统银行服务与互联网有机结合，基于互联网的开发、共享特性，可以使客户足不出户，即可享受优质服务。突破传统网上银行、手机银行服务本行客户的局限，打造直销银行引入广泛客户资源。

通过移动客户服务模式的建立，充分发挥渠道间协同的作用，为客户提供随时随地的服务，形成了一系列移动客户服务种类和业务规范要求。目前，青岛银行已形成涵盖网上银行、手机银行、微信银行、电话银行等立体式的服务渠道，电子交易笔数替代率为 90.98%，远远高于全国72.1%的平均水平。

在青岛银行“接口银行”的业务战略执行中，通过平台服务模式，拓展了像青岛银行这样的中小银行的发展空间；通过生态圈模式，增加了银行与客户之间的黏性；通过移动服务模式，为客户打造了传统网点与移动模式协同一致的服务体验，提升了青岛银行的服务品牌。

有开放，有生态；有连接，有未来。在青岛银行的“接口银行”业务战略指导下打造的新型服务模式，建立了中小银行与客户之间的无限延展，创造了一种新的商业模式，不论是平台的商业模式、O2O的商业模式还是长尾的商业模式，都将给青岛银行带来无限的发展空间。

中国人寿，科技国寿的梦想与路径

文 | 赵峰

中国人寿顺势而为，利用大数据、云计算、人工智能等新技术不断丰富互联网保险的产品和服务内容，优化客户体验，全面打造科技国寿、智慧保险。

作为互联网金融的重要组成部分，互联网保险经过近几年的发展呈现出了巨大的发展潜力与市场空间。中国人寿顺势而为，利用大数据、云计算、人工智能等新技术不断丰富互联网保险的产品和服务内容，优化客户体验，切实增强了公司对新业态、新环境、新市场的适应能力，逐步实现“一个中心、一个网络、一网打尽、一网无前”的信息化总目标，努力打造科技国寿。

赵峰

中国人寿保险（集团）公司信息技术部总经理

互联网保险的新时代

过去近20年，互联网保险在我国的发展经历了萌芽阶段（1997—2005年）、探索阶段（2006—2011年）、全面发展阶段（2012—2014年）和规范发展阶段（2015年至今）。

2005年之前，中国人寿已建立了公司互联网官方网站，主要开展品牌宣传、产品介绍、业务咨询等业务。2005年4月1日，《电子签名法》出台，电子签名与传统的手写签名和盖章具有了同等法律效力，解决了网上交易的身份认证问题，中国人寿逐步在网站上推出部分保险产品的销售功能。

2011年8月，保监会颁布《中国保险业发展“十二五”规划纲要》，提出大力发展保险电子商务、推动电子保单及移动互联网、云计算等新技术的创新应用，正式为互联网保险的大发展开启了大门。2012年6月16日，中国人寿电子商务网站正式发布，同步发布的还有“国寿掌上保险”移动应用App和“中国人寿保险”微信公众号，从此形成网站、App、微信“三位一体”的中国人寿统一电商平台。同年，中国人寿入驻淘宝和京东，努力开拓第三方电商平台市场。2015

年7月22日，保监会印发《互联网保险业务监管暂行办法》，有力促进了互联网保险市场的快速健康发展，中国人寿的互联网保险发展进入新阶段。

互联网保险的特有优势

互联网保险与传统保险相比，在经营管理效率、用户服务体验和普惠金融价值等方面显示出了特有的优势。

一是降低综合成本，提高运营效率。互联网保险产品具有简单、碎片化、高频和长尾等特征，业务流程在线闭环运营，在业务承保、理赔等方面能够实现自动化，通过互联网技术实现资源配置更优、信息更公开透明，节省了大量中间成本和运营成本。

二是应用多维数据，优化服务体验。运用大数据和云计算，促使传统的保险精算发生质的提升，可以有效对传统保险无法承保或需高成本才能承保的风险标的进行风险管控，从而扩大了保险业的保障范围。

三是促进普惠共享，提升大众福祉。互联网保险产品因价格低廉、简单易懂、获取便捷，大大降低了用户门槛，扩大了保障人群的范围。

中国人寿积极推动互联网保险发展，于2013年12月6日成立中国人寿电子商务公司，作为中国人寿整体推进互联网保险的实施主体和抓手，大力推进“+互联网”和“互联网+”建设，不断丰富网销产品，全面提升客户体验，以客户为中心全力打造有中国人寿特色的互联网商务生态圈。

洞察互联网大势下IT发展的三个变化

互联网大潮滚滚向前，变化万千，唯有知其变，方能把握趋势，做到顺势而为。与传统IT发展路线相比，互联网大势下IT发展主要有以下几点变化：

一是应用移动化。手机、Pad等移动终端已取代PC成为最大众化的联网终端，由此带来移动化、碎片化、实时化、娱乐化的用户体验要求，使得以客户为中心由理念进入系统实现阶段。

二是全量数据化。云计算和大数据分别使得全量数据存储和分析成为可能，企业对客户的画像更趋于全面化、轨迹化、精准化，及时甚至提前洞察客户的需求变化，有助于个性化销售和服务的开展。

三是万物智能化。通过传感器、可穿戴设备等将人和物互联，使之可感知、可控制，结合大数据分析和人工智能技术，使得管控和服务步入智能化、移动化、自动化、实时化阶段，极大地提升了管理和服务的质量和效率。

中国人寿积极应对互联网带来的变化，全面实施移动化应用，研究发布云计算、大数据、智能移动互联顶层设计，成立大数据联合创新实验室，力求在变中求新、变中求进、变中突破。

中国人寿科技创新的四个级别

在坚持以客户为中心，改变自己适应客户的同时，中国人寿的信息化建设始终坚持两个基本点，即创新与整合。

中国人寿的科技创新按照影响范围不同可分为四个级别:

一是优化级创新，即在不改变现有管理机制和业务模式的前提下，通过优化流程、整合数据等技术和管理手段，实现效率的较大提升。例如投资研究管理平台整合了全集团的投资数据，实现了投资研究信息的共享，确保集团及时了解整体投资的风险和收益状况，对提升公司的整体投资能力及经营管理水平具有重要意义；中国人寿风险管理平台通过对全集团702个风险指标的监测和预警，大大提升了集团风险管理工作水平；资产负债管理系统采用量化方式开展全系统范围的资产负债管理，实现对未来财务目标的分析预测及资产负债统筹管理，为优化战略资产配置提供决策参考；全国通服务项目打通了数据的地域壁垒，实现了异地受理、异地理赔等，实现了全国通服务。

二是维度级创新，即通过升维，站在更高的维度转换观察问题、解决问题的角度，从而摆脱同维竞争，进入蓝海领域。例如全集团统一客户平台实现了全集团客户信息的汇集，以此为基础，开展留存业务客户满期转保，利用平台数据支持新渠道发展，客户资源共享成效明显；统一电子商务平台不断完善移动版、微信版等多版本的功能建设，统一并优化后台坐席服务流程，不断扩充网销产品范围，满足客户一站式金融服务需求；e宝账通过增加移动维度，拓展了客户服务的时空范围，优化了客户体验。

三是生态级创新，即从体系化角度出发，全面覆盖客户价值链，用产品和服务实现客户与企业的双赢。“国寿一账通”将货币基金增值与保险账户余额管理联系起来，实现客户保险资产的保值增值、统一缴费、生活服务等一系列金融服务功能；“国寿天财” 通过“招财猫”“微门店”“供销社”和“纷享家”四大平台，整合公司内外部资源，实现了全员移动化展业、全民社会化营销、一站式购物和风险教育公益平台，有利于保险生态圈的建立。以“统一技术路线、统一技术标准、统一技术评估”为指导建立的统一主数据管理平台、统一用户认证及管理平台、统一第三方收付费平台与统一前端销售及服务平台则构成了IT生态的基础。

四是驱动级创新，即利用新技术应用和发展极大地带动业务的发展。寿产险的新一代核心业务系统，以客户为中心，充分利用新技术、新工具，深度再造新流程、新功能，积极适应新业态、新市场、新环境，努力构建基于互联网的新型业务模式；大数据创新实验室积极孵化一线客户大数据视图、智能反欺诈、大数据驾驶舱、语音识别等各类创新智能应用，驱动公司改革创新、转型升级。

为充分共享全系统的IT资源，中国人寿大力推进集团化IT资源整合工作，成效显著。

IT基础设施资源方面，“全集团一张网”为新设成员单位分支机构的快速拓展提供了重要支撑，数据中心和研发中心为全集团提供标准化IT服务，全集团各单位信息系统都已迁移至数据中心统一运维，实现了集团IT运维的完全集中。

数据资源方面，集团内各单位主要财务、人力、业务、客户等数据均已整合至集团，特别是统一客户平台的上线使集团各类客户及业务数据的整合取得重要突破，形成完整的、有效的、实时的全集团统一客户视图，实现了客户数据资源的整合。

应用系统建设方面，“前后端整合、中间核心系统分立并有效共享”的架构已基本成型，全集团应用系统建设按照“统一技术路线、统一技术标准、统一技术评估”的要求，在充分共享基础服务的同时，又具有灵活的个性化业务功能，系统间的交互在统一的数据标准和接口标准框架下顺畅高效。

身处一个新时代开启的黎明时刻，中国人寿将进一步深化现代科技和金融业务的融合，向着行业领先、客户青睐、最具价值的现代综合性金融保险企业迈进。

互联网证券下一个制高点，人工智能

文 | 杨薇

从0开始，海通e海通财App在不到两年的时间里，实现了千万级用户的飞跃。然而互联网金融棋至中盘，需要对传统服务模式进行创新和颠覆。海通证券制定IT战略五年规划布局人工智能，意图占领互联网证券下一个制高点。

在上一轮证券业互联网金融的大潮中，不管是BAT还是券商，事实上没有哪家机构真正形成了金融领域的闭环，证券业互联网化更多的是服务模式上的创新，将一些服务从线下搬到线上，用互联网技术提高了服务的效率、质量，但本质上服务模式还是传统的，没有发生“化学反应”，还有相当多的用户痛点没有被满足，真正的互联网证券应该是对服务模式的创新和颠覆。

基于金融、科技结合的研发领域是下一个制高点，互联网证券领域的人工智能不仅仅是智能投顾，而是包含智能账户、智能交易、智能客服等真正的智能化时代。

作为海通证券互联网业务的主要载体、经纪业务体系中不可或缺的一部分，e海通财引领了海通证券移动互联网的大发展。它的成长、飞跃和突破之路，也是海通逐步构建互联网证券生态体系的过程。

杨薇
海通证券零售与网络金融部副总经理

成长：用户规模千万级的飞跃

2013—2014年，移动智能终端迅速普及，互联网金融蓬勃发展。移动端成为许多行业的必争之地，证券行业也不例外。海通证券看到了移动互联网的巨大潜力，开始布局互联网金融。在大多数券商互联网业务还停留在争夺网上开户入口端的时候，海通已经将眼光投向了互联网综合金融服务，希望协调整合全集团公司的资源，建立一个“一站式”综合金融服务平台，满足客户全方位投融资需求，打造互联网证券生态体系。就是在这样的大背景下，e海通财诞生了。

2015年，在证券行业绝大多数券商都采取外包移动金融平台开发的背景下，海通e海通财App自主版本正式上线，实现了核心系统100%自主研发。发展至今，e海通财账户拥有交易、理财、投资、融资、支付五大功能，已经成为综合型理财平台，不仅提供证券交易服务，还囊括了活期、定期、公募、私募、贵金属交易业等全市场、全品类的理财产品。e海通财2016年装机量超过1000万，全年带来新增证券用户200万，相当于一个中小型互联网金融平台的用户规模，用户活跃率和单次使用时长都居行业前列，被誉为券商系成长最快的App之一。

飞跃：从1到N，从用户视角追求产品质的飞跃

做一款好的产品，最重要的是耐得住寂寞。海通证券在过去的两年时间里，完成了从“客户”视角向“用户”视角的转变，去理解、研究用户，打磨产品满足用户痛点，通过用户口碑传播引发产品裂变。杨薇认为：“与传统金融机构的业绩考核不同，我们的文化更像是互联网公司，追求的是极致用户体验。我们希望从投资者适当性教育深入下去，帮助投资者深入分析自己的风险偏好、交易习惯、交易行为并给出优化建议。我们有自己的产品愿景，希望带给用户陪伴感，帮助用户学习、成长，提升盈利能力。”

突破：资本联动，做不一样的e海通财

自建品牌和入股创新型的科技公司，是海通证券进军互联网金融领域采取的策略。海通是最早一批开始通过股权投资的形式布局全生态链的券商，自2014年开始，海通旗下的PE子公司连续投资或参股了多家在移动终端、金融资讯和金融科技等细分领域的新锐，如华尔街见闻、界面、91金融等。

杨薇表示，强监管加上券商业务同质化，很难在单点竞争上有重大优势，通过点上布局，进行面上竞争是上策。海通通过资本布局创新前沿公司，去实现自建品牌“e海通财”和各创业企业的业务联动，让投资企业在流量、资讯、科技等多方面对“e海通财”进行反哺，将“e海通财”打造成一个平台型的金融生态圈。

先机：把握下一个制高点，布局人工智能

如今，互联网证券业务棋至中盘，多家大型券商在网络基础服务板块的竞争激烈。

杨薇认为，在上一轮证券业互联网金融大潮中，没有机构真正形成了金融领域的闭环，虽然互联网提高了服务的效率和质量，但服务模式本质是传统的，没有发生“化学反应”，还有相当多的用户痛点没有被满足。人工智能是下一个制高点，在证券互联网金融领域，人工智能不仅仅是智能投顾，而是包含智能账户、智能交易、智能客服等真正的智能化时代。海通证券希望未来能全面步入大数据时代，正在布局智能化。

为此，海通证券制定了IT战略五年规划，在硬件和软件支撑上从传统金融机构真正变成开展互联网服务模式的机构：第一，系统要支持并发用户的量级为5000万；第二，建立大数据系统。券商沉淀了大量的交易数据，交易数据其实是座金矿，然而并没有统一的标准、存储、应用场景等。这几年花大力气建设大数据系统，只有从底层完成基础架构改造才能支持互联网业务发展。

团贷网:“世界工厂”崛起的互金新锐

初创期:从失焦到聚焦

2012年7月,唐军和张林两位“85后”在东莞正式上线了互联网金融平台“团贷网”(东莞团贷网互联网科技服务有限公司),服务本地小微企业。此前,两个年轻人已经在这个“世界工厂”从事了近三年的信贷咨询中介业务。

4年多的时间,团贷网(www.tuandai.com)从小平台迅速成长为全国知名的互联网金融网贷平台,目前团贷网的累计交易额已经超过500亿元,注册投资用户近500万。2016年团贷网集团(指光影侠,股票代码831138,包含东莞团贷网互联网科技服务有限公司、东莞团贷网资产管理有限公司和深圳正合普惠金融服务有限公司)资产近5.256亿元,营业收入9.76亿元,利润1.66亿元,纳税金额9846.79万元。

团贷网第一次声名鹊起,缘于2013年1月史玉柱午餐时间拍卖。唐军以2130915元的价格拿下了史玉柱的“黄金3小时”。团贷网刚刚上线,200多万元对刚刚创业的公司来说并不是小数目。不过唐军称:“我并不把这次拍卖看成商业行为,200多万元大部分都会捐给慈善事业。我把此次竞拍当成与史玉柱一起做一场慈善。”

正是这次午餐时间拍卖,让唐军进入了史玉柱的朋友圈,史玉柱后来还成为团贷网的股东之一。

这次午餐时间拍卖曝光后,受益于史玉柱的“名人效应”,各地媒体蜂拥前来采访。随着媒体的高密度曝光,团贷网在全国的知名度迅速提升,午餐时间拍卖也意外成为团贷网成功的事件营销。

2013年,是互联网金融的春天。政府正在摸索如何对互联网金融进行监管,同时也鼓励互联网金融的发展。团贷网业务增长迅速,投资用户增多,平台信任度和关注度增强。

为了合规经营,团贷网适时启动了股份制改革,成为全国首家注册资本过亿的互联网金融平台。

2014年,整个网贷行业进入一个野蛮浮躁期。团贷网CEO唐军去北京发展房地产众筹项目,总裁张林则在深圳发展“你我金融”,团贷网的互联网金融业务则是维持运营,并未投入精力。

但是由于房地产周期长、时间成本高,还不是发展房地产众筹项目的时机,最终此项业务受挫。而团贷网业务由于被搁置,2014年5月到12月期间,停滞不前,没有创新。

新战略发展受挫,团贷网两位创始人经过反思,决定将业务“聚焦、再聚焦,聚焦到一根针”,将服务小微企业的P2P作为核心业务。

发展期:布局精品资产战略

“聚焦到一根针可以捅破天。”2015年,战略聚焦后的团贷网发展迅速,并迅速地推动了精品资产战略的全面布局。

2015年8月,团贷网筹建并控股深圳前海俊拓金融服务股份有限公司,开始切入电商及跨境电商供应链金融。同年10月,针对电商及跨境电商的供应链产品正式上线,为东莞电商及跨境电商企业服务,甚至依托团贷网在全国各地的分公司,为全国的同类型企业服务。

团贷网的供应链产品为淘宝网、天猫、维品会、京东、Amzaon等平台商家提供一种无抵押信用借款。受制于应收账款回款的及时性,电商企业流动性资金一般较为紧张,如遇重大促销活动可能出现无采购资金可用的现象,企业扩大经营备受制约。通过电商企业店铺账号授权,以及生意参谋等第三方工具协助,俊拓金融准确获取商家真实交易数据,严谨评估周期应收账款,并利用大数据风控模式对商家进行合理授信。俊拓金融同时配合团贷网严审各项授信资料,一起助力优质电商企业快速融资、扩大经营。

供应链产品从上线至2016年11月30日,团贷网已为2000多家电商及跨境电商企业撮合融资金额20.2798亿元。

2015年12月18日，团贷网集团在北京、天津、济南、长沙等10个城市的分公司开业，团贷网的全国战略布局也在这一天达到了一个高潮，而这只是团贷网布局全国的一个缩影。

自2012年成立以来，团贷网一直专注于优质资产端的建设。2012年11月，团贷网上线不久，东莞线下营业厅即开业；2013年12月，上海分公司开业；2014年5月，成都分公司开业；2015年，资产端的布局加速推进，7月，华南5家分公司开业，9月，华东5家分公司开业，11月西南6家、华北10家分公司开业。

2016年，虽然团贷网放慢了全国布局的脚步，但仍然在稳步推进中。2016年3月，团贷网在呼和浩特、厦门、大连、广州等9个城市开设的资产端分公司相继举行了开业庆典。

2016年，团贷网运营主体变更为东莞团贷网互联网科技服务有限公司，与东莞团贷网资产管理有限公司、深圳正合普惠金融服务有限公司成为新三板挂牌公司光影侠（股票代码831138）旗下控股子公司，原广东俊特团贷网络信息服务股份有限公司变更为派生科技集团股份有限公司。

截至目前，团贷网资产管理有限公司有40家分公司，深圳正合普惠金融服务有限公司有175家分公司，总计215家分公司，与团贷网平台运营公司是战略合作关系。

2016年10月下旬，团贷网参股“三农”金融平台沐金农，和沐金农达成战略合作，一起扶持“三农”产供销上下游产业链及农户金融服务，解决“三农”融资难等问题。

团贷网平台依托自身的影响力和已有的渠道优势，着力细分市场，围绕借贷或投资的需求、类型、期限、利率、风险和门槛等多个维度展开多层次、差异化的产品线开发组合，具体包括小微企业、微团贷、分期宝、供应链等产品体系，在资产端则已覆盖小微企业信贷、房产金融、汽车金融、供应链金融、小额信贷、消费分期、仓储金融、按揭服务、“三农”金融、小额现金贷等10条业务线。

初创期（2012—2014年）
聚焦P2P

- 2012年7月成立，服务小微企业。
- 2013年1月，结缘史玉柱。
- 2013年11月股改。
- 2014年创始人尝试转型不利，决定聚焦P2P。

发展期（2015—2016年）
布局精品资产战略

- 2015年10月，筹建控股前海俊拓，上线电商供应链金融。
- 截至2016年3月，团贷网资管共成立40家资产分公司。
- 2016年1月，创建深圳正合普惠175家分公司。
- 完成三轮融资累计6.75亿元，投资机构和股东包括九鼎投资、巨人投资、久奕投资、宏商光影、史玉柱、沈宁晨、王利芬等。

转型期（2016年至今）
确立综合科技金服战略

- 2016年10月，战略合作连交所，参股沐金农，宣布综合金融服务平台转型战略。
- 2016年11月，以收购方式，获得达商小贷的网络小贷牌照。
- 2017年2月，全面上线银行存管。
- 上线数据智能风控决策系统：天秤系统和云镜系统。

团贷网综合科技金服路线图

公司未来的资产战略是：多元化、线上化、精品化。

团贷网的资产端扩张中除了自建团队，还采取了收购策略。收购对象必须符合三个要求：一个是符合政策鼓励的方向，比如小微贷、供应链金融、“三农”金融。二是符合公司业务板块的需求，比如公司资产未来要小额分散，一系列的资产战略布局后，目前团贷网的资产端单均件从最初的200万元，降到了20万元以内。三是财务投资，现在收购和参股的资产业务，因为发展迅速优质，都远远超过了当初的估值。

转型期：确立综合科技金服战略

2016年10月，团贷网宣布获得C轮融资，三轮融资累计融资6.75亿元人民币，投资机构及股东包括九鼎投资、巨人投资、久奕投资、宏商光影、史玉柱、沈宁晨、王利芬等；同时，公司宣布与连交所达成了战略合作，向综合型金融服务平台转型。

同年11月，团贷网母公司新三板企业光影侠（831138）发布公告称，以收购达州市通川区达商小额贷款有限公司（简称“达商小贷”）股权的方式获得网络小贷牌照，团贷网平台也成为全国首个拥有网络小贷牌照的网贷平台。

目前团贷网集团已经参股或控股了达商小贷（四川第二大小贷公司）、沐金农，与连交所达成战略合作，成功切入网络小贷、金融资产交易、“三农”金融等板块。对于其他互联网金融业务，团贷网集团坚持走合规路径，将依托各大投资方雄厚的资金支持、优质金融资源、立体的业务及风控体系，打造一个强大的互联网金融牌照化运营的综合金融服务品牌。

2016年，团贷网针对风控、运营自主研发出了人工智能双核决策系统，大大提升了团贷网运营效率，降低了风控成本。

其中大数据智能风控决策系统包括天秤系统和针对供应链金融的云镜系统，团贷网自主研发的大数据智能风控决策系统，覆盖了贷前、贷中、贷后整个流程，实现了风控的标准化、智能化、模型化，形成了独具特色的风控体系。团贷网的大数据智能风控决策系统维度非常广，不仅有200个基础维度，还有500个变量维度。

在大数据上，与国内多家大数据、征信及反欺诈解决方案公司建立了友好合作关系，包括鹏元征信、芝麻信用、前海征信、百融金服、同盾科技等；同时与中国互联网金融协会、上海资信、中国支付清算协会（人民银行旗下）、安融、蜜蜂数据等国内顶尖的大数据及征信机构展开信用信息共享平台合作。

团贷网自主研发的BI经营决策系统，利用人工智能和大数据等技术手段，为公司在经营层面、决策层面提供更多依据和支持。

团贷网一直不断加强对技术的投入，致力于让团贷网成为一个金融科技服务平台。过去三年，团贷网立项并转化了26个科研项目，团贷网年平均科技成果转化约达9项，科技成果转化率100%。团贷网系统已获得公安部信息保护安全等级三级认证，拥有30项软件著作版权、6项软件产品称号、8件高新技术产品，荣获国家高新技术企业称号等。

自2013年以来，团贷网投入的研发资金累计超过3500万元，其中，2016年，投入的研发资金达到了1545.24万元。团贷网是中国互联网金融协会的首批会员，国家高新技术企业、广东省政府及广东省经信委授予的广东省“互联网+”金融项目试点、广东省商务厅授予的广东省电子商务创新示范企业，东莞市政府授予的东莞市电子商务纳税十强企业、东莞市成长型企业。

2016年12月，东莞市政府常务会议发布《东莞建设金融强市总体规划（2016年—2025年）》明确提出将推动东莞成为广州、深圳两个区域金融中心的主要衔接点、支撑点和有机组成部分，扩大东莞金融业辐射能力，提升地方金融品牌优势，力争在未来5~10年时间内建立起统一、开放、竞争、有序的现代金融体系，推动新型金融业态快速发展，实现由“金融大市”向“金融强市”的转变。

作为广东互联网金融行业的领军企业，未来三年，团贷网将响应规划，筹建属于自有物业的总部基地，聚集综合多元的互联网金融业务，形成总部经济规模化效应，并带动区域互联网金融行业发展。

2017年1月26日，团贷网母公司、新三板挂牌企业光影侠（831138）发布公告称，为配合公司战略发展规划，拟申请在全国中小企业股份转让系统终止挂牌。集团将旗下业务分为资产端和互联网端，资产端基本涵盖小微企业、供应链金融、小额信贷、消费分期、仓储物流、“三农”经济等领域；互联网端将启用主域名tdw.cn，成为一个综合流量入口，为旗下P2P板块、私募基金、代销基金、保险经纪业务、网络小贷等业务引流。各业务模块经过重新梳理、充分整合后，集团将分为P2P板块和其他相关有牌照的金融板块，分拆、分步在港股或A股上市。

好车贷：从汽车金融生态链倡导者到智能财富管家

文 | 余肖肖

凭借精准的市场定位、多年的线下车贷行业实战经验，以及自主研发的NFC管理体系，好车贷已经成为中国互联网汽车金融领域的佼佼者。2017年，面对新的金融环境，新的金融需求，好车贷将继续立足汽车金融市场，并从粗放型的金融信息中介机构向精细型的财富管理机构转型。

从“P2P”到“消费金融”到“智能投顾”再到“区块链”以及现在的“金融科技”，近几年互联网金融领域的创新层出不穷、光彩熠熠。也正是由于这样的创新，世界经济的发展才会拥有源源不断的动力。

互联网金融的本质从根本上来说还是金融，是时代发展的产物，而金融所要做的非常简单，就是为资金需求方和资金供给方提供一个连接的服务。

作为全国首家互联网汽车金融服务平台，好车贷凭借精准的市场定位、多年的线下车贷行业实战经验，以及自主研发的NFC管理体系，目前已经成为全国互联网汽车金融领域的佼佼者。2017年，面对新的金融环境，新的金融需求，好车贷将继续立足汽车金融市场，并以此为基础，不断深化产业结构，并从粗放型的金融信息中介机构向精细型的财富管理机构转型。

精准定位，建立多层次垂直细分市场

互联网金融的本质是金融，如果没有扎实的金融实践经验，谈创新只能是昙花一现。好车贷涉足互联网金融领域三年，取得了辉煌的成绩，160万注册用户，20多亿元成交额，中国互联网金融百强品牌……这些成果得益于好车贷精准的市场定位、长达十年的金融行业经验沉淀，以及抓住了金融的核心——风控。

早期P2P网贷市场，业务模式较为单一，缺乏征信支撑的纯信贷业务步履维艰。相比较而言，传统车辆抵押业务则能充分发挥其安全优势，好车贷基于自身线下车贷经验，将传统线下车贷业务与互联网基因进行融合，并根据互联网汽车金融的独特属性研发出NFC风控体系，该风控体系在好车贷长期业务实践中不断验证与完善，已经在国内信用借款、汽车金融、不动产融资等众多领域发挥出积极的推动作用。

互联网金融模式下，汽车金融的内涵和外延也在蜕变，不仅是给购车用户提供分期付款，还包括为汽车产业链公司提供融资，如基于库存的融资、基于应收账款的融资等，以及在汽车售后服务市场，为车主抵押贷款、个人消费提供金融服务，这都会导致汽车金融的市场规模进一步扩张。

“P2P行业资金端的用户需求已经远远大于资产端，面对白热化的行业竞争，平台首要考虑的是如何增加优质可靠的资产端。”安徽省长天资产管理有限公司常务副总裁、好车贷负责人余肖肖表示，各从业机构正在尝试将传统行业引入到互联网金融来，包括供应链金融、融资租赁及新兴的消费金融，“资产端的争夺才是决定P2P企业能否长期走下去的关键因素。”

对于一家成熟的P2P企业而言，不仅需要专注某一个垂直细分领域，更要深入建立一个多层次的垂直细分市场。2015年好车贷获得前海中达信的千万级美元入主，在雄厚资本实力的推动下，好车贷开始进行汽车金融垂直领域的探索和创新，先后与辉恒汽车、速嘉融资租赁、百事通汽车、广景二手车等多家专业汽车金融服务机构合作，拓宽了汽车金融业务的深度和广度，为好车贷后续发展和战略部署打下坚实的基础。

风险定价能力是第一核心竞争力

无论是传统金融机构、线下借贷还是P2P网络借贷，风险定价能力是第一竞争力。在互联网金融发展的早期，各大平台尚处于获客阶段，因此对于资产端的挖掘还处于粗放型阶段。审核、放贷过程比较宽松，出现了不少成交量惊人的平台。但随着经济增长的下滑，2012年以来，由于过度放贷以及风险定价能力不足的原因，不少前期发展较好的平台开始出现坏账、挤兑等问题。

一直以来，好车贷始终秉承小额分散的原则，在汽车金融产业链上进行创新与探索的同时，不断完善和升级风控体系。其自主研发的NFC管理体系，在长达三年的业务磨砺中不断进化和完善。目前该系统包括：三大审核机制、五大风控流程以及二十五道风控措施，从源头把控风险，提高资产质量，从而降低逾期风险。

风险控制的源头不仅仅体现在直接借贷的个体上，对于平台与第三方机构合作的债权类项目，好车贷在做风险控制时主要考虑以下两个方面，一是合作机构的资质以及业务能力，二是合作机构提供的债权是否具有潜在的风险。“互联网金融创新与产品研发更新迭代的速度惊人，网贷从业机构需要根据不同金融产品的特性来调整自身的风控体系，这样才能在不断创新发展的时代大潮中站稳脚跟，一味地追求创新而忽视金融本身的风险属性，只能是昙花一现。”

余肖肖
安徽省长天资产管理有限公司常务副总裁

此外，好车贷在平台经营以及资金安全保障方面还有四大优势：一是平台坚持信息中介的居间身份，撮合投资人与融资人实现资金的融通，避免出现资金池的风险；二是平台与徽商银行合作，建立完善的资金存管制度，规避平台自融风险；三是平台金融产品均有实物抵押，一旦发生逾期，可迅速回收资金，避免了挤兑风险；四是平台与多家资管公司、金融公司以及汽贸公司合作，资产优质，盈利性强，有效避免了经营性风险。

从粗放型理财到精细化财富管理转型

面对日益高涨的消费需求，“场景化金融”“消费金融”也逐渐崭露头角，而随着“蚂蚁花呗”“京东白条”等消费金融模式的不断冲击，P2P网贷也在逐渐向该领域渗透。作为汽车金融生态链倡导者，好车贷在传统汽车抵押变现模式的基础上，开始进行汽车消费金融领域的布局和尝试。比如，2016年好车贷与互金信用的合作，不仅为了提高平台的资产获取能力，更多的是为深入布局汽车消费金融领域做准备。

当下，金融消费者的财富增值渠道越来越多元化，这就对互联网金融的发展提出了新的要求，如何让更多的中小微企业和投资人获得更好的连接和金融服务是2017年整个互联网金融的核心命题。互联网财富管理必将成为互联网金融的下一个风口。

作为一家专注于互联网汽车金融的信息中介平台，好车贷在打好发展基础的同时，正在进行未来产业转型升级的战略部署。2015年8月，经过为期半年的准备，好车贷正式推出了旗下首个移动财富管理品牌——快车财富，快车财富平台专为精英理财人群提供智能财富管理服务，倡导全民理财的理念。

从战略规划来看，快车财富未来将会朝着“理财管家”的方向发展，成为个人专属的智能理财管家，根据每个投资人自身的资产情况、风险承受能力、风险偏好等实际情况，通过大数据进行分析研判，为客户提供适合的理财产品。

立足实体经济，发展普惠金融

互联网金融以其快速、高频、小额、分散等特点与银行服务形成错位竞争，是满足中国中小微企业发展的金融生力军。因此，互联网金融发展第一个要面对的问题,就是如何发挥好优势,更好地为实体经济服务。

普惠金融是互联网金融最能施展优势和发挥作用的一个领域,支持中小微企业、创新型企业的发展,是互联网金融最大的优势。引领着产业结构转型升级的“四新经济”,过去传统的金融服务很难覆盖，同样也是互联网金融服务的优势领域。而互联网金融和基于实体经济的“互联网+”的融合,则代表了互联网发展的大方向。从一定意义上讲,“互联网+”催生了互联网金融,反过来也一定能够和“互联网+”融合发展。比如网上购物,淘宝催生了支付宝,支付宝又成就了余额宝,这就是互联网金融和“互联网+”融合发展的明证。

无论是普惠金融还是“互联网+”，在互联网金融的创新路上，科学技术的更新迭代直接影响人们的理财习惯和生活习惯。随着金融体系融入更多元的科技因素，如智能机器人、VR、生物验证技术等，未来人们的理财环境将更加智能化。因此，“金融科技”必将成为未来的主流趋势，如何利用大数据进行风险定价和平台管理，将成为所有从业者应该思考的问题。

对于金融科技领域的研究，好车贷现阶段将着重对NFC管理体系进行优化，未来将在风险评估模型以及智能投顾领域进行实践和操作。同时，凭借资本力量进行多元化产业布局，好车贷也将从粗放型的个人理财平台转为精细型的财富管理平台。

2017年，互联网金融将以服务为主导，以科技促发展。未来随着时代的进步，还会有更多新的思想和趋势出现。这是个最好的时代，我们有幸见证并参与金融行业的变革，并将迎来金融服务业的新纪元。可以肯定的是，互联网金融的本质是立足实体经济，发展普惠金融，服务于广大消费者和中小微企业，公正、公平、透明、高效是其最根本的特征。只有抓住这一点，从业者才不会在时代发展的浪潮中迷失方向。好车贷也已做好准备，持续创新、推动金融健康发展，帮助民间资本撬动中国经济，实现普惠金融！

以“互联网+”助推经济转型和普惠金融

文| 井贤栋

新一代金融基础设施正在给金融带来深刻的变革。“互联网金融”或者“金融互联网”都是过渡性词汇。未来互联网将与金融深度融合，无论是传统金融机构还是互联网企业，都会深度利用互联网改善金融服务。我们未来将要面对的是一个“新金融”时代，而“新金融”的核心就是消费金融、大众金融、普惠金融。

近年来随着中国经济步入“新常态”，经济增长的动力开始从投资驱动的“传统经济”向消费驱动的“新经济”转变。在转型的过程中，以“互联网+”为代表的新金融体系已成为中国经济转型的助推力量，并促进农村用户、小微企业等缺少完善金融服务的群体获得普惠的金融服务。

新经济需要新金融、新金融助力新经济

众所周知，过去二三十年来中国的经济增长模式是“投资+出口”驱动，而传统金融服务体系则是以服务大企业的间接融资体系为主导。这个体系较好地适应了传统经济增长模式,但在中国向消费转型的背景下，已经面临越来越大的挑战。表现之一是企业总体债务水平过高与小微企业融资难并存。根据麦肯锡的报告，2014年末中国的总债务水平相当于GDP的282%，其中企业部门高达125%，表明中国企业部门存在负债过高的风险。但是，小微企业融资难现象仍然较为突出，根据工信部和银监会的数据，小微企业解决了近70%的就业，但只获得了不到25%的贷款。截至2015年6月底，全国小微企业中有贷款的户数只占全部小微企业总数的两成左右。表现之二是居民财富过度集中于存款，长期回报偏低。目前银行存款在中国家庭金融资产中的比重接近60%，而美国的这一比例不到15%。表现之三是农村金融尚需突破。截至2014年末城镇和农村每万人拥有银行类金融服务人员的数量比达到了329:1，仍然有大量的农村地区处于金融服务的空白地带。

正是在中国向“新经济”转型的背景下，中国的金融体系也在利用“互联网+”的契机向“新金融”转变，两者的关系总结为“新经济需要新金融、新金融助力新经济”。

以第三方支付行业为例，可以说是电子商务的兴起产生了对支付旺盛的需求，同时，第三方支付又有力地推动了电子商务的蓬勃发展。在第三方支付的支撑下，中国的网络零售交易额从2003年的不到10亿元，占社会商品零售总额的比重不足千分之一，持续呈现“井喷式”增长，发展到2014年交易量已超过2.8万亿元，占社会商品零售总额超过10%。以2015年天猫“双十一”为例，在11月11日当天，天猫及淘宝的交易金额达到912.17亿元，同比增长59.74%，创造了历史新高。根据麦肯锡的测算，网络零售经济间接和直接创造了1000

本文为时任蚂蚁金融服务集团总裁（现蚂蚁金融服务集团首席执行官）井贤栋为《博鳌观察》2016年肆月号（总第16期）撰稿。

万人以上的就业岗位。没有第三方支付发展，很难想象今天中国电子商务会有如此成就。

除了网络零售外，在线上线下融合的趋势下，移动支付开始帮助传统线下商业拥抱“互联网+”，实现转型升级，焕发新的活力。针对传统线下商家和消费者存在的痛点，第三方支付搭建移动互联网平台，让线下商家和消费者更好地连接起来，不仅解决支付问题，还解决营销、会员、风控、服务等全链路的问题，让用户的消费体验更好，可以说移动支付的作用已经从“服务于消费”变成了“创造更多的消费”。

移动互联网、云计算和大数据使普惠金融成为可能

移动互联网、云计算、大数据作为新一代金融基础设施，正在给金融带来深刻的变革，使普惠金融成为可能。总体来说，移动互联网可以让金融服务触达更多的用户，实现“普”，包括云计算在内的各种技术创新可以大幅降低成本，实现“惠”，而大数据能够帮助甄别风险，让信息更加透明。

首先是“普”，移动互联网的普及给金融服务的普及带来了机会。根据中国互联网络信息中心（CNIC）的报告，截至 2015年末我国网民规模为6.88亿人，其中手机网民规模达6.20亿人，网民中使用手机上网人群的占比达到 90.1%，值得注意的是，在手机网民中，仅通过手机上网而不使用PC的网民人数达到了 1.27 亿，占整体网民规模的 18.5%。随着移动互联网的快速发展，未来每一个人都将拥有可以移动上网的手机，也就使得每个人都能通过手机这个入口获得包括金融在内的多种服务。特别是对于农村地区的用户来说，由于经营成本较高、辐射范围有限，传统的以营业网点为核心的金融服务模式难以渗透到偏远的农村地区，这些地区的金融服务仍然较为欠缺。随着智能手机的普及，广大农村地区可以直接跳过PC时代、进入移动互联网时代，通过移动互联网获得更方便的金融服务，有利于金融普惠。

其次是“惠”，技术创新能够大幅降低成本，使得消费者能够得到更好的金融服务。以支付宝为例，伴随着云计算和大数据安全的发展，支付宝也经历了脱胎换骨的蜕变。特别是最近5年，经过每年“双十一”大促的考验，支付宝的支付峰值已从300笔/秒提升到8.59万笔/秒，交易资损率不到十万分之一。并且，在彻底去掉了IOE后，支付宝使用自己研发的数据库，将单笔交易的技术成本降到不到2分钱。成本的大幅下降，能够使金融服务提供者向更多的小微企业和普通个人消费者提供更加优质、低成本的金融服务。

最后是大数据帮助甄别风险，让信息更加透明。在传统金融服务模式下，信息不对称、缺乏透明度是阻碍普惠金融和公益的重要障碍，尤其是农村地区用户，他们缺少信用数据积累，想获得金融服务是非常难的。随着大数据的发展，信息透明度不断提高，使得基于大数据的自动化风险识别成为可能，让传统上缺乏信用数据的用户也能得到金融服务，在兼顾商业可持续性的同时，实现金融服务的公益性。例如，蚂蚁金服通过互联网、大数据的方式建立了新的风险甄别体系，能够快速、有效地服务小微企业、中低收入群体以及农村用户。在过去5年来，蚂蚁金服累计投放贷款超过5300

井贤栋
时任蚂蚁金融服务集团总裁（现蚂蚁金融服务集团首席执行官）

亿元，在"3分钟申请，1秒钟到账，0人工干预"（即"310"）风险控制模型的支持下，累计服务了200多万家小微企业和个人创业者。不久前，河北清河县农民马玉明已经体会到了这个模式给他带来的好处。蚂蚁金服旗下的网商银行，通过互联网给马玉明发放了8万元的"旺农贷"贷款，马玉明用这些钱买了一辆拖拉机，仅仅20天就收入了7.5万元。目前"旺农贷"已经覆盖了中国17个省份的65个县、近1000个村，像马玉明这样的故事正发生在中国各个地区。

正是由于互联网技术的应用，以及监管机构的有效监管，中国基于互联网的普惠金融实践已经走在了世界前列，特别是中国在无卡支付领域的经验，可以为世界上其他的发展中国家所借鉴，帮助这些国家的人民通过互联网享受到普惠的金融服务。

互联网金融要有准入门槛，以分级监管促进行业健康发展

互联网金融没有改变金融的本质，做金融就必须具备相应的资质和能力，遵守金融业务的内在规律，否则就会非常危险。我们注意到近期互联网金融行业良莠不齐的现象很突出，典型的有两种现象。

一种现象是打着"互联网金融"的旗号做违法违规的事情，特别是一些跑路的P2P平台，用诈骗的手法给投资者带来了巨大的损失，这是非常恶劣的。

另一种现象比较隐性，是持续大幅亏损的互联网金融企业。虽然互联网企业在发展初期一般会出现亏损，但如果是持续大幅亏损，也没有找到长期可持续的盈利模式，只能靠不断融资来输血，就不可能成为一个健康的企业，最终将会毁灭股东价值，同时给其客户、合作伙伴带来很大的伤害。

因此我们认为，合格的互联网金融企业必须具备以下基本条件：第一，经营者必须具备相应的资质和能力，包括风险管理能力、数据、技术等。第二，经营过程必须是依法合规的，不能越过红线。第三，经营成果必须是可持续的，能够靠自身盈利实现发展，而不是持续亏损、依赖资本输血。

特别是上述第一点——经营者的能力，我们认为，具体来说应该包括：一要具备低成本触达资金供需两端

的能力。网络支付是互联网金融的起点，其核心能力是打破传统支付模式，实现海量小额交易的支付结算，降低支付成本，提高支付效率。二要具备有效的风险甄别能力和风险控制流程。互联网的虚拟性提高了风险甄别的门槛，从业企业要对风险本质有更深刻的认识，具备相应的技术能力，积累足够数据和分析能力，这样才能构建基于网络足迹和信息流的风险筛查机制以及风险控制流程。三要有强大的技术保障能力。在互联网环境中从事金融，不仅要面对来自金融本身的风险，还要能应对海量、零碎交易带来的对系统稳定性的挑战，以及高频的外部攻击对系统安全性的挑战。

总之，互联网与金融的结合，兼具互联网和大众消费者的特质，对于从业者秉承初心以及能力提出了更高的要求，缺一不可。如果达不到金融的基本门槛，反而可能产生负面影响。

同时我们也必须看到，即使达到了准入门槛要求，不同互联网金融从业者的经营能力和风控水平仍然存在着巨大的差异，简单的“一刀切”监管模式显然无法适应互联网金融的发展现状。事实上，我国在证券、信托、银行等金融行业已经积累了丰富的分级监管实践，既促进了行业发展，又兼顾了风险防范。央行在最新发布的《非银行支付机构网络支付业务管理办法》中也引入了分级监管的做法。我们建议在互联网金融各个行业引入分级监管体系，从企业治理架构、财务健康度、科技实力和系统运维、业务风险水平、信息安全等多个维度评估从业机构的经营能力和风控水平，根据不同机构的评级，在监管规则和监管强度上体现差异性，促进行业的长期健康发展。

以“互联网推进器计划”促进金融与互联网的深度融合

我们认为未来“互联网金融”或者“金融互联网”都将是过渡性词汇。随着互联网的发展普及，未来互联网将会与金融深度融合，无论是传统金融机构，还是互联网企业，都将会深度利用互联网改善金融服务。我们未来将要面对的是一个“新金融”时代，而“新金融”的核心就是消费金融、大众金融、普惠金融。

蚂蚁金服推出的“互联网推进器”计划，可被看作我们对这个理解的一个实践。我们认为，未来互联网企业与传统金融机构的关系将会从互利到深度融合、从合作到开放共享，并且聚焦创新红利，为新经济、新业态服务。因此，蚂蚁金服在2015年10月推出了“互联网推进器计划”，希望在未来5年内助力超过1000家金融企业实现转型升级。

除此之外，我们也将秉持“稳妥创新、拥抱监管、服务实体、激活金融”的指导方针，积极配合监管部门搭建基于新一代金融基础设施的监管体系，推动新金融时代的行业自律和消费者权益保护，让“互联网+”金融的各项业务创新完全置于透明有效的监管之下。例如，支付宝开发了备付金透明监管平台，使得监管机构能随时掌握备付金的存管和流转情况，以大数据作为监管的基础设施，不仅有利于提升企业自身的透明度，也有利于行业的长期健康发展。

展望未来，蚂蚁金服将会与生态中的所有伙伴一起做“小确幸”的普惠金融，让金融的赋能作用帮助人们插上梦想的翅膀，帮助人们充分发挥潜能，从而构建一个更加平等、更加美好的世界。

互联网资管的能力、趋势和监管

文 | 张旭阳

互联网公司在互联网大数据、人工智能等领域具有优势，在充分挖掘自身海量特色数据潜在价值的基础上，推动互联网与资产管理的融合和提升，为专业的金融机构提供投研数据、算法支持，参与基金产品设计等特色金融服务。互联网金融公司也在持续推动金融产品创新，提高自身对于资产的风险识别和价值评估能力，从而丰富可投资产的类别，摆脱资产荒对资管行业发展的束缚。

2015年开始，中国传统金融业开始进入线上创新模式探索的加速阶段，互联网资管是这一过程的必然产物。然而，不同于可以线上获客、线上服务的互联网财富管理业务，在真正的数字资产形成一定规模之前，资产管理行业的核心能力仍是线下生成、管理资产，所谓互联网资管距我们仍有时日。

伴随着互联网大数据和人工智能技术的兴起，互联网已经开始对传统资产管理行业的发展路径与模式产生了深远影响。当前，无论是在改善资产配置效能、提升大类资产投资绩效，还是在拓展资产类别和投资半径等方面，都可感受到互联网和人工智能技术所带来的进步。同时，互联网金融或金融科技的领军企业，凭借自身强大的技术实力和数据优势，也在致力于研究和促进互联网大数据与新兴技术对传统资产管理的改革和创新，推动真正互联网资产管理时代的快速来临。

张旭阳
百度副总裁

百度、腾讯、阿里等互联网公司自身在互联网大数据、人工智能等领域具有优势，也都在充分挖掘自身海量特色数据潜在价值的基础上，推动互联网与资产管理的融合和提升，为专业的金融机构提供投研数据、算法支持，参与基金产品设计等特色金融服务。百度金融更是致力于成为一家真正意义的金融科技公司，利用人工智能等技术优势，升级传统金融，实现普惠金融的梦想。

互联网金融公司也在持续推动金融产品创新，提高自身对于资产的风险识别和价值评估能力，从而丰富可投资产的类别，摆脱资产荒对资管行业发展的束缚。目前，百度资产证券化、智能投顾、面向个人和机构投资者的资管能力以及金融云解决方案等多项业务正在积极布局和建设中，未来将通过多种渠道和产品服务使投资人与融资人更加安全、快速、有效地对接。

资产配置的核心是宏观分析能力

资产管理行业的长期投资收益大部分来自资产配置的能力，而宏观经济的周期性驱动着大类资产投资的轮动效应，对经济所处周期的准确判断以及宏观经济政策的精准判断决定了资产配置的效果。因此，宏观分析能力是资产配置能力的核心要素。在传统金融环境下，数据种类有限、数据关联性弱、数据更新滞后等问题制约着对宏观形势的及时有效解读，进而限制了资产配置表现。而在互联网大数据环境下，强大的数据生成、采集、整理能力与新兴人工智能量化分析能力的结合，正是宏观分析难题的“破局妙手”。不仅电商销售数据，互联网用户的其他行为数据也可以有效体现宏观经济的变化趋势，用以调整改善资产组合配置。

例如“百度中小企业景气指数”就是运用百度大数据和人工智能技术，反映宏观经济形势下中小企业景气程度的经济指数。该指数利用百度海量搜索数据中的企业需求和用户行为信息，深度挖掘网民对中小企业产品和服务的需求情况，进而得到中小企业的景气程度。“百度中小企业景气指数”更新频率为每月3次，统计对象包含了百万级的中小企业，覆盖所有省份区域以及主要行业。相比传统的宏观经济数据，该指数充分体现了大数据在宏观分析中的重要意义。

此外，在宏观经济指数的基础上，资产管理机构还可以借助互联网的大数据分析，通过关键词提取、语义分析等多种手段加以补充，形成更及时、全面的宏观经济分析结果，寻找最佳投资机会并优化资产配置，实现投资绩效的提升。

“互联网+大数据”提升资管机构配置效率

进行科学高效的资产配置决策是资产管理机构通过宏观分析、行业分析的落脚点与出发点。而互联网与大数据的运用，更可以在资产端提高资管机构的配置效率。

在权益类资产方面，一方面投资者需要在变化莫测的市场中准确把握热点主题，另一方面要对个股基本面充分了解，以分析其增值潜力。即使是对专业投资机构来说，这也是无比繁杂的工作。借助互联网技术，投资方可以通过大数据分析，描绘全面的个股基本面知识图谱，建立对市场和个股的实时且长期的追踪体系，挖掘传统数据无法学习的股票市场特征，形成对热点主题的预判，从而找到独特且可持续的Alpha来源。资管机构可以借助互联网公司或者大数据公司的数据抓取与分析技术，建立各种与自身投资理念相吻合的多因子量化模型，这与传统金融选股因子之间具有较低的相关性，因而在更好地捕捉市场热点的同时，应增强选股因子的多样化和系统化，以及风险的分散化。

在债券投资方面，随着中国经济结构转型以及去产能、去杠杆的进程加快，债券违约现象屡屡发生，刚性兑付的打破又使信用风险溢价波幅加大。在债券评级滞后的现状下，债券主体信息不对称是债券投资者急切希望解决的问题，债券违约预警和债券真实价值评估成为投资者的重要需求，这也正是互联网强大数据采集分析能力可以展现的重要舞台。资管机构可以通过结合互联网技术建立债券市场信用风险评估模型，参考市场宏观经济指标、市场资金面、行业及地域景气情况等数据进行大数据的整合。百度正在建立这样的债券市场风险评估模型，通过百度大数据技术进行整合，发挥自身在舆情实时监控、分析方面积累的丰富经验，对违约主体相关情况进行动态追踪与分析，从而可以为机构投资者提供债券信用风险的预警信号。

在量化投资方面，引入互联网的搜索数据（点击量、流量等）、全网网页数据以及UGC数据等非结构化数据进行数量分析，可以形成独特的新型因子库，辅之以先进的机器学习技术，可以进一步强化量化模型对市场的解释能力，进而实现更加精准的资产选择、风险预测和交易择时，提升模型表现。

在智能投顾方面，依托“百度大脑”通过互联网人工智能、大数据分析等手段，精准识别和刻画用户，提供专业定制化财富管理服务。针对企业信息管理需求和避险、对冲需求，为金融行业合作伙伴提供更智能专业的金融辅助决策服务。

可以说，互联网及信息技术的革命在四个方面对资产管理行业产生深刻影响：一是降低信息不对称性；二是提高了信用违约成本；三是降低了行业壁垒，加速了金融深化；四是改变了生产的资源配置流程。

为互联网资管构筑新型监管框架

由于互联网金融在我国出现时间较短，发展速度快，而法律、政策监管没有及时跟上，因此暴露出很多问题。所以，无论是“互联网+资产管理”，还是“资产管理+互联网”，只要从事的是金融业务，就应纳入相应的监管体系。但作为一个新兴领域，互联网金融在数据、技术、理念等方面都与传统金融行业不尽相同，需要在“守卫基本原则、支持创新模式、探索新型监管、推动共享机制”四个方面构筑新型监管框架，指导并帮助互联网金融业务生态健康快速发展。

一是构建一个以能力匹配、信息披露和个人隐私数据安全为基础原则的监管体系，制定颁布完善的互联网资产管理政策制度作为指导纲领，并与其他监管体系在政策层面保持一致性。在对行业运行数据统一监控的基础上，把握互联网金融的整体杠杆水平，避免重大系统性风险。

二是监管机构可以借鉴“监管沙盒”模式，划定试点特区，给予税收、法律责任等方面的政策优惠，对于创新的业务遵循“明确规则、保持门槛、给出指导、备案管理”的原则，保持监管弹性鼓励健康发展，推动试点成功并逐步推广。

三是开放适用于互联网财富管理的新型牌照，明确监管边界，推动从“主体监管”到“功能监管”的转变，建立不同“功能监管”主体之间的联动协调机制。

四是推动黑名单、反欺诈等安全数据资源的共享机制和平台建设，提升互联网金融创新的效率和效能。

尊重金融本质，回归科技竞争

文｜ 陈生强

金融科技企业并非是要颠覆传统金融机构，恰恰相反，金融科技公司真正的价值，应该是与持牌机构紧密结合在一起，回归金融本质，积极拥抱监管，跟持牌机构一同改善金融行业的成本效率，这样才能做到价值的最大化。因此，我更愿意将金融科技公司定义成：遵从金融本质，以数据为基础，以技术为手段，为金融行业服务，从而帮助金融行业提升效率、降低成本，提高收入。

在过去的2016年，“金融科技”概念热得发烫。越来越多的企业用这个概念标榜自己，甚至有过度消费的倾向。这是因为金融科技本身处于高速发展的初期，不免出现真伪难辨、效果难估的问题。但同时我们也应该看到，一大批科技企业在金融科技这条路上不断向前，成为引领全球FinTech创新的先头部队。2017年，随着穿透式监管的逐步加深，金融科技将褪去浮躁，沉淀之后回归本质。

那么，金融科技的本质是什么?

维基百科里对FinTech的定义是：它是由一群通过科技，让金融服务更高效的企业构成的一个经济产业。FinTech公司通常是那些尝试绕过现存金融体系，而直接触达用户的初创企业，它们挑战着那些较少依赖于软件的传统机构。

陈生强
京东金融CEO

虽然国内的金融科技概念与海外的FinTech有很大的相同点，但在国内的市场环境中，其内涵却有着极大的不同。金融科技企业并非是要颠覆传统金融机构，恰恰相反，金融科技公司真正的价值，应该是与持牌机构紧密结合在一起，回归金融本质，积极拥抱监管，跟持牌机构一同改善金融行业的成本效率，这样才能做到价值的最大化。

因此，我更愿意将金融科技公司定义成：遵从金融本质，以数据为基础，以技术为手段，为金融行业服务，从而帮助金融行业提升效率、降低成本，提高收入。

尊重金融本质，提升风控能力

金融的本质是资金的融通，其核心是风险定价。做一家金融科技公司，如果不遵循金融行业的本质——坚持风控为战略核心不动摇，那就有很大的危险。金融产业极大的外部性决定了这个行业必然是处于强监管之下。只有在强监管之下，市场才会产生良币驱逐劣币的现象，真正的金融科技公司才能专注于通过技术提升效率，整个市场才能出现良性循环。

所以，金融科技与监管是相互促进的关系。金融科技让企业重视数据、风控和新技术的应用，推动行业创新和转型，为企业拥抱监管与合规创新提供了内在驱动力。而监管则可以为金融科技的创新提供政策性指导，为企业的发展指明方向。我们一直坚信，对金融要有敬畏之心，才能走得更长久。

基于这一认识，我们认为建立更高效的风控体系是金融科技企业真正的竞争壁垒。如果一家金融机构的风控能力得到了市场的认可，资金成本就能够变得很低。而这一壁垒的建造依托于数据能力和技术能力。

举例来说，京东积累了十年的用户数据和交易数据就是我们搭建核心风险定价模型的基础，目前这个模型涵盖了超过三万个变量，为超过两亿人做了评分。但仅靠京东的数据想做到很好的风险定价是不足够的，我们通过购买、合作以及投资几个方式来加强数据能力。在数据的基础上，我们应用了机器学习、人工智能、图像识别、区块链等技术。除了风险定价模型，我们还开发了防欺诈、防套现、防洗钱模型、用户洞察模型等。整套系统还在不断优化，慢慢形成核心能力和壁垒。所以，京东金融的第一个核心壁垒是数据驱动下的风险定价能力。我们现在可以做到每个人不同的额度、不同的利率水平。

开放生态，降低行业成本

在新技术爆炸的时代，用户的需求和习惯已经发生极大改变，金融行业所面临的市场环境也已经发生了质的改变。所以金融机构也需要做出改变，完善自身的能力。而金融科技所坚持的模式和方向，恰好能帮助传统金融完善基础设施建设，为金融机构提供能力补充。

金融科技企业应该做一个开放的生态，把自己所有的能力开放出来，为广大金融机构、非金融机构提供菜单式、嵌入式的基础设施服务。这里所说的不仅是大型的、全国性的金融机构，还包括小型的、地方性的、偏向于服务农村农业的金融机构。

生态开放主要包括五个层面：

第一，在开放技术层面，金融科技企业可以根据自身的数据优势，对外部输出在供应链金融、消费金融、保险等领域的风控和系统能力，为第三方企业提供算法、大容量存储功能以及外延功能产品的快速开发及上线服务。

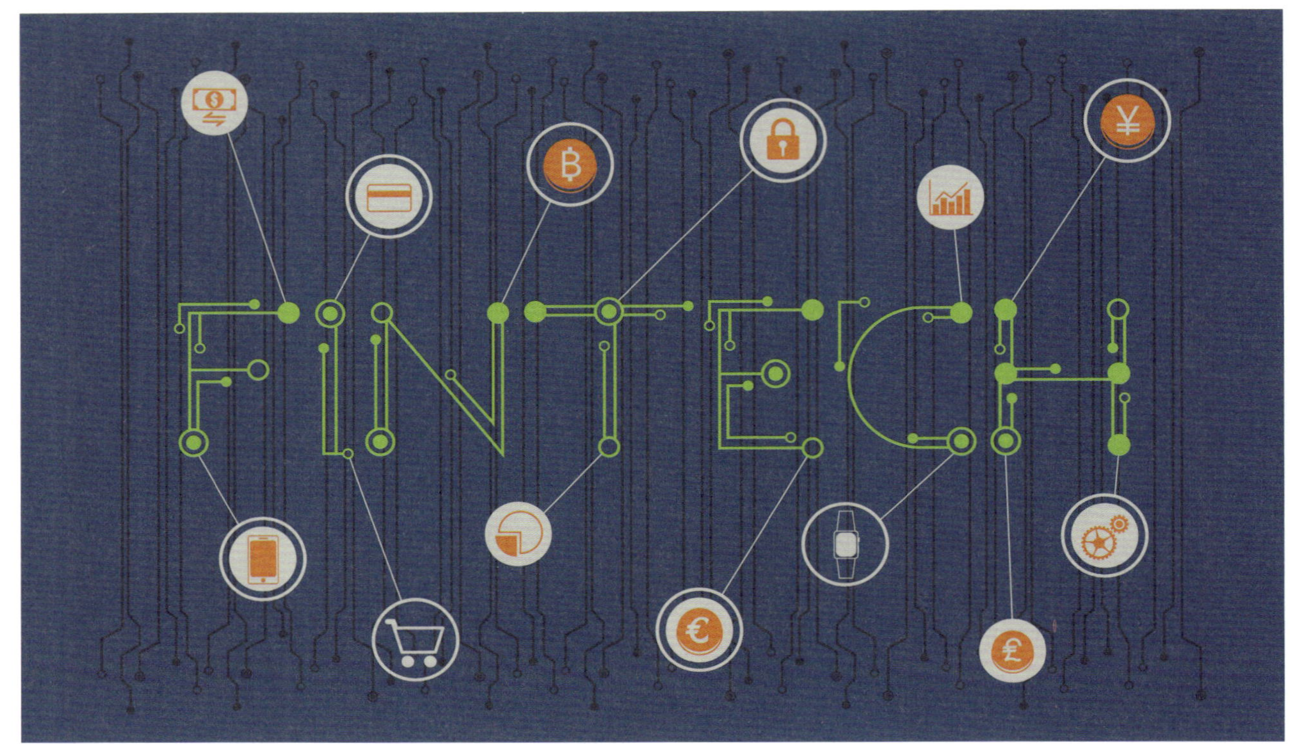

第二，在开放互联网产品能力层面，金融科技企业通过数据及科技能力，能够提供很多创新产品，为传统行业提供及时、深入的信息支持和更加定制化的服务。

第三，在开放用户能力层面，金融科技公司通过互联网平台的持续运营，已经在用户运营方面积累起了壁垒优势。帮助传统金融企业加快用户获取，优化用户体验，这就是金融科技和传统金融合作的财富。

第四，在开放资产端层面，基于优质高效的风控能力，金融科技可以为资金富余的金融机构提供优质资产。例如京东金融将消费金融现金贷产品——”金条”的资产端开放给上海银行，“京东白条”和“京保贝”的ABS也基本开放给传统金融机构。

第五，在开放资金端层面，金融科技通过财富管理产品沉淀了大量优质用户，他们已经习惯在互联网平台进行资产配置。这样优质的资金端也可以开放给更多的金融机构。

因此，金融科技的价值核心就是为传统金融机构赋能，降低行业成本，提高行业效率，这不是所谓的“互联网+金融”的模式，而是“金融+互联网”的模式。

几百年来，从阿姆斯特丹建立了全球首家证券交易所到现在，现代金融的本质从未发生变化，只有技术进步一直推动着效率的提升和成本的降低。说到底，金融是核心，科技是手段。当前的金融科技，被认为是全球第四次科技革命的一部分。如果中国的金融科技公司，抓住了这一历史机会，就会成为全球金融行业变革与进步的驱动力。我相信，一定会成就世界级的伟大公司。

知识图谱驱动投资

文 | 陈利人、尼克

知识图谱的发明和壮大，在某种程度上就是解决人类的联想，而且是因果关系的、可解释性的联想。有别于现在大数据很大程度上强调相关性，深度学习很大程度上强调难以解释的结果。尤其在投资决策领域，没有因果关系，不可理解的投资，那叫投机，不可持续。

先设想这样一个场景，平静的水面上漂着一片树叶，一个小孩往水里扔了一个石子，激起的涟漪一圈一圈地散开，最后都聚集到叶子的周围，因为水波的能量被阻断而无处扩散。

水面的各个部分是相互连接的，就像一个图谱，叶子就是其中的一个异常点。当图谱中发生一个事件时，能量或破坏力一定会体现在异样的地方。这种破坏力，可能发生在近邻，也可能发生在远邻，甚至可能是发生在千里之外的蝴蝶效应，因为世界是相互连接的，而图谱能够描述和表示这种世界的抽象和连接。

知识图谱，革新人类思考方式

AlphaGo在围棋比赛中完胜人类，颠覆了人类对围棋的认识，实际上是颠覆了人类对自己思维方式的认识。由于大脑的容量和计算能力是有限的，人类的思维受深度和广度的限制，所以，只好用一些定式来减少思考的深度和广度。

比如，看到某个定式时，人类对于这一着棋就不用再往下想了。因为按照定式、按照经验、按照棋手们的共识，大家应该这么走。同时，对于某些可能的广度搜索，有些棋子，至少对当前的棋局影响不大，至少对于人类棋手能预料的短期来看影响不大，所以也不用浪费带宽思考。而电脑，也就是AlphaGo，只要有计算能力和计算时间，完全可以大幅度地摆脱这种限制，能有更深的深度和更广的广度。

更甚的是，AlphaGo可以在人类休息时，通过自己和自己对弈，提前探索更多的搜索空间，这也就是现在很火的强化学习。那么，在天生不平衡的情况下，如何能扩大人类的联想？知识图谱就能完成这一使命。

先看看Google的PageRank模型。

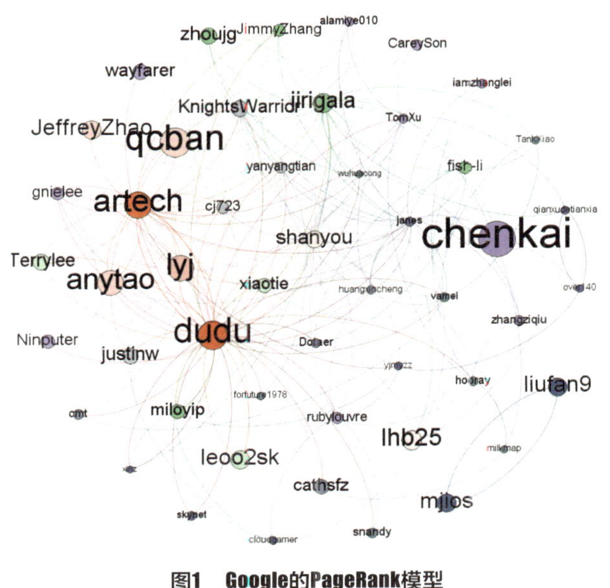

图1 Google的PageRank模型

陈利人
乌镇智库首席科学家

尼克
乌镇智库理事长

由于网页是相互链接的，一个高能量的网页会将能量顺着链接，传播到其他的网页，最后，能量会聚集到真正有价值的页面上。这也是图谱的一种表现形式，只是在这里，节点是一个个的网页，边是网页之间的链接。别小看这些链接，它们是人类智慧的结晶。只有当人觉得这两个网页相关或重要时，它们才会给出一个链接。

PageRank正是挖掘了人类智慧，通过随机行走模型和算法，让所有的网页有了自己的重要性指标，让它们有序。有序之后，很多任务就好办多了。比如，抓取网页知道先抓谁，索引时知道谁先处理，搜索结果排序时知道谁在前，等等。之后，Google进一步将PageRank算法进化成BrainRank，考虑了更多的特征和关系。有了图谱，加上先进的算法，将知识图谱中的节点和关系有序化，人类能够做很多的事情。

知识图谱怎样描述现实世界

简单来讲，知识图谱，就是一张由知识点相互连接而成的语义网络。它是一种人工智能技术，是基于现有数据的再加工、结构化，再通过各种数据挖掘、信息抽取和知识融合技术形成一个统一的、逻辑上全局的知识库。一个知识图谱描述了世界里概念和概念之间的关系。

一般图谱中有实体、事件和关系。这些因素都有很多属性。实体一般是“物”，在语言中一般以名词形式出现，比如人、车、地点等。事件一般是在某个时间发生的行动，在语言中一般体现为动词，比如招聘、收购、发财报等。属性一般包括名字、标签、重量、高度、价格、时间、地点等，能以数字或具体值标识。关系表示了实体和实体、实体和事件之间的联系。

来看一个具体的例子：“2016年6月22日，腾讯86亿美元收购芬兰手游公司Supercell。”

实体：腾讯公司（名字：腾讯；营业地点：中国；主营业务：娱乐），Supercell公司（名字：Supercell；营业地点：芬兰；主营业务：手游）。

事件：公司收购（名字：腾讯收购Supercell；收购

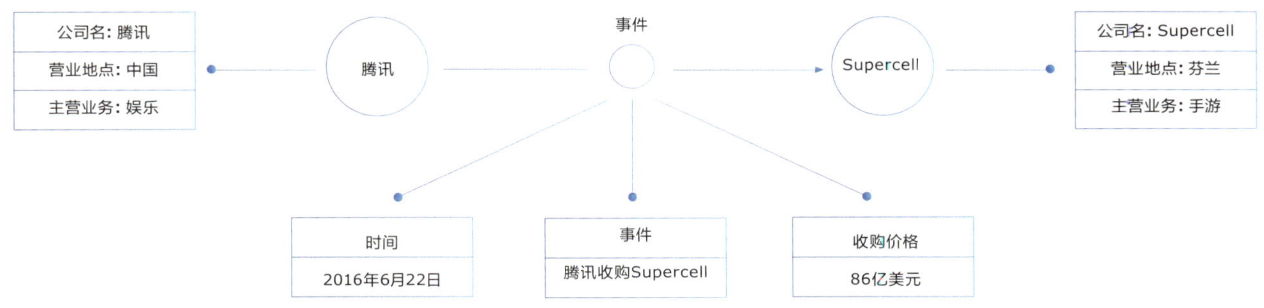

图2　腾讯收购芬兰手游公司Supercell

时间：2016年6月22日；收购价格：86亿美元）。

关系：（A）收购了（B），（B）被（A）收购了。

属性：名字（标签）。收购时间，收购价格，主营业务，营业地点 。

对于投资，各个股票、公司、事件等之间是相互连接和影响的。一个事件的发生会影响与它直接相关或间接相关的方面。比如，一款新电池进入市场，会影响它的上游，比如原材料、原材料厂商；也会影响它的下游，使用电池的商家，比如电动汽车、手机。而且还会影响与它相关的间接行业，比如通信、运营商，甚至电商、内容提供商等。

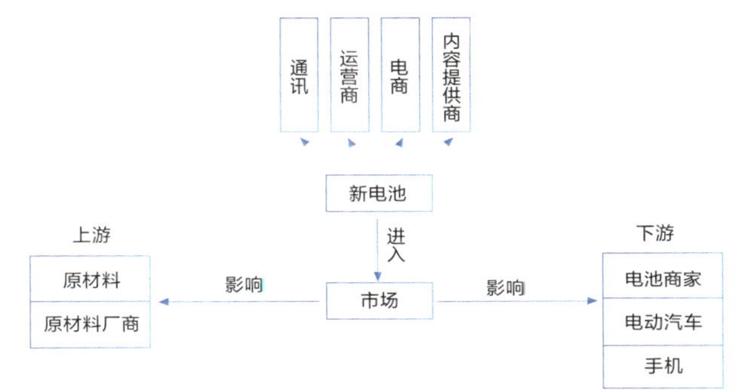

图3　一款新电池进入市场带来的影响

知识图谱驱动投资的成功案例

现在，我们来看两个将知识图谱用于投资分析决策的成功案例。

Kensho是一个市场数据分析系统，它能扫描90000多个可用户定制的行为，然后回答6500万个以上投资相关的问题。那些行为包括财报发布、全球数据环境、经济报告、公司产品发布、FDA药品批准，等等，也能监控股票价格变动，比如一个股票上涨了10%，明天将会怎样。来看看一些实际操作中的问题：

当Netflix超出盈利预期，Amazon明天表现将如何？

Apple发布新产品前后的股票交易如何？

美联储发布stress test结果后、大银行的股票交易会怎样？

在过去十年，从感恩节到年底，哪些零售股票表现最好？

Kensho系统中，对于事件的抽取和表示，充分利用了知识图谱。它们有实体，主要是公司与公司相关的股票信息；有事件，这些是有可能影响股票交易价格的行为，比如管理层的变动、新品的发布等。然后，这些实体和事件通过关系连接起来，任何一个事件的影响都可能是连锁反应。分析师和交易员可以通过它们来验证假设或是警示风险。

Palantir Metropolis平台非常适合大规模的量化数据分析和调研。它整合了多个数据源，将不同的信息统一到一个量化分析环境中。至今，它部分解决了跟踪和分析保险赔付数据、网络流量分析和金融财务交易模式分析。通过Metropolis提供的丰富的统计和数学操作模块，分析师可以在模型上建立和执行计算来加深

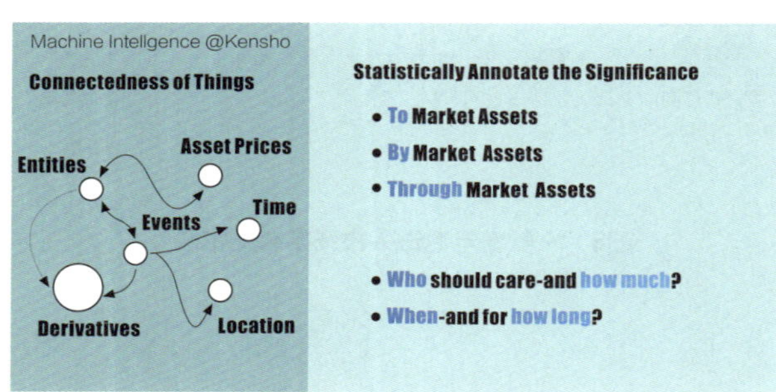

图4 对Kensho系统的说明

理解他们所拥有的数据。简单的模型可以作为复杂模型的构建模块，从而使复杂高深的分析变成流线化、模块化的处理过程。任何分析师能想象的分析都能够容易和迅速地表达。

Palantir投入了很大的精力去开发系统创建和管理知识图谱，它们甚至有一个自己的名字叫动态知识图谱。基本上它只定义了一个知识图谱的框架，类似于编程中的interface或是virutual，然后不同的应用，可以在这个框架下创建自己特有的图谱。

这样做的好处是可以开发大量不依赖于领域的算法、模块、工具和应用。比如，对于金融投资分析，它们在大的动态知识图谱的框架之下，定义了通用的金融股市相关领域的框架，然后框架上定义和实现了很多的分析模块。之后，对于特定的公司、特定的股票，只要按照这个领域框架实例化，那些通用的、在大的和领域实现的模块就可以随便使用了，不用再从头实现。

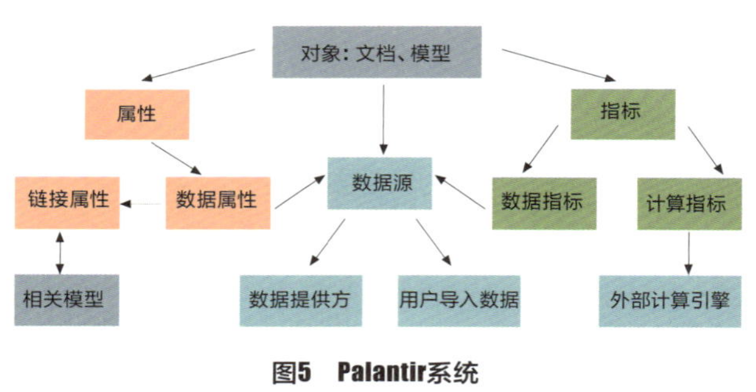

图5 Palantir系统

解决人类的联想

“人类失去联想，世界将会怎样。”知识图谱的发明和壮大，在某种程度上就是解决人类的联想，同时也让世界有机地数字化，让计算机能够思考，让人类能够快速全面地联想，而且是因果关系的、可解释性的联想。有别于现在大数据很大程度上强调相关性，深度学习很大程度上强调难以解释的结果。尤其在投资决策领域，没有因果关系，不可理解的投资，那叫投机，不可持续。

微众银行“微粒贷”：“微小”一步　探出大路

微众银行正在探索将区块链技术应用到联合贷款对账场景中。未来，“微粒贷”联合贷款平台的合作银行可以选择将部分信息写入区块链中，由微众银行提供统一标准的链上对账服务与统一的操作视图和交互接口，更大程度地提高联合贷款的清算对账效率。

2014年，国内第一家互联网银行——深圳前海微众银行正式成立。作为一种新事物，互联网银行的发展之路才刚刚起步，微众银行经过两年多的运营和发展，不断在“普惠金融”方向上探索，其发展经验对整体银行业来说十分宝贵。

两年多的实践中，微众银行作为国内首家互联网民营银行，成就颇丰。2015年1月，微众银行在李克强总理的见证下，完成了第一笔放贷业务。2015年5月以来，微众银行陆续推出了“微粒贷”、微众银行APP、“微动力”开放平台等产品，初步形成了完善的“普惠金融”产品结构。截至2016年11月末，“微粒贷”累计发放贷款总金额超1600亿元，总笔数超2000万笔，最高贷款日规模超10亿元，最高日贷款笔数超10万笔。

方便快捷的“微粒贷”

微众银行于2015 年5月推出的“微粒贷”，是国内首款全程实现互联网线上运营的信贷产品，它为用户提供最低500 元、最高30 万元的贷款服务，可满足客户在日常生活中个人消费的资金需求。贷款申请无抵押无担保，整个操作流程在微信或手机QQ上即可完成。

由于极具互联网属性，“微粒贷”产品为普罗大众用户提供了方便快捷的金融服务。“微粒贷”目前从客户申请、开户到最后成功借款已实现100%线上操作，7×24小时无间断服务；实现授信审批时间最快仅需2.4秒，资金到账时间仅需40秒。

在方便快捷的体验下，“微粒贷”的业务量也出现了急速增长。2015年全年，“微粒贷”发放贷款100亿元，到2016年底，“微粒贷”最高日贷款规模已经超10亿元，最高日贷款笔数超10万笔。

这无疑对“微粒贷”产品的后台支持提出了更高的要求。微众银行具备互联网特性的全分布式架构，在这一架构的基础上，微众银行将生物识别技术和视频身份验证运用于客户身份识别和反欺诈场景，降低了“微粒贷”的产品风险；同时利用自身技术实力，为“微粒贷”提供了2300TPS的交易处理能力，单笔交易耗时低于300毫秒；微众银行自主研发的智能支付路由技术使跨行支付成功率达到99.9%。

微众银行依托科技创新，为“微粒贷”客户降低了金融服务的成本，提供了更多低门槛、易得到的普惠金融服务，从而提高了金融服务的效率。

去IOE的底层构架

微众银行安全可控的分布式架构是相对于国内传统银行普遍采用的“IOE”构架而言的一种新模式。作为一家新兴的互联网银行，微众银行自启动IT架构搭建工作开始，就把建立安全可控的架构列为目标。

微众银行早在2014年底，就搭建了全国银行业第一个通过安全可控技术实现的全分布式架构。目前已建成95个系统、511个子系统，共有58项新技术应用申请国家发明专利。

微众银行的分布式开源架构，使用了X86平台的标准PC服务器构建基础平台，使用深度定制的开源技术，从硬件服务器，到操作系统，到虚拟化技术，再到诸如数据库、分布式缓存等各个层级的基础平台技术都安全可控，无须依赖外部厂商。

与此同时，微众银行安全可控的全分布式架构，在支持处理亿级海量客户和高并发交易的同时，彻底改变了金融服务的成本结构，每个账户IT运营成本降低到传统银行的10%。系统架构的弹性和可扩展特性，也确保银行在提供多样化金融服务的同时能兼顾信息安全性、业务持续性和银行IT风险的可控性。

区块链技术的应用和发展

微众银行一直坚持“连接者”定位，自成立起就致力于与中小型金融机构广泛合作，共享资源和收益，同业合作共同推进普惠金融。为此，微众银行“微粒贷”建立了同业合作模式下的联贷平台。目前该平台的合作金融机构数量已经达到25 家，在“微粒贷”联合贷款业务中，80%的贷款资金由合作金融机构提供。

针对这一业务，考虑到未来合作银行将不断增多，为省去数据交换及清算对账带来的繁杂工作，微众银行正在探索将区块链技术应用到联合贷款对账场景中。未来，“微粒贷”联合贷款平台的合作银行可以选择将部分信息写入区块链中，由微众银行提供统一标准的链上对账服务与统一的操作视图和交互接口，更大程度地提高联合贷款的清算对账效率。

具体来说，传统金融交易合作的方式是双方银行各自记账，然后交易完成后再对账。而基于区块链系统的交易和清算，在加密算法的保护下，所有信息都记录在区块链网络上，双方同步更新，交易过程和清算过程是实时同步的。

因此，基于区块链系统完成的交易，资金结算清算效率得到极大提高，成本也可大幅降低。

2016年9月，微众银行与华瑞银行携手共同开发并上线试运行了基于区块链的联合贷款备付金管理及对账平台，用于两家机构的“微粒贷”结算、清算业务。

微众银行始终沿着既定方向和战略稳步推进建设，利用创新的科技优势和先进的大数据分析能力，寻求与同业形成合作和动力，共同服务客户。

195

Fostering Innovation for a Smart Financial Centre

By Ravi Menon

MAS is helping to nurture a wider FinTech ecosystem. We believe that a clear, enabling regulatory environment to support innovation while maintaining a level playing field and ensuring proper safeguards is an area of common interest.

Technology will fundamentally transform the financial services sector in the years ahead. FinTech – financial technologies or the integration of finance and technology – is already changing the way how financial services are delivered and consumed. Non-financial players are using technology to offer innovative solutions that mirror the services traditionally offered by financial institutions ("FIs").

While the US is widely acknowledged as the leader in technology and innovation with such household names as Apple, Google and Amazon, Emerging Asia is also an avid adopter of digital technology in financial services. This is enabling these economies to leapfrog into more advanced channels for providing banking services.

China is already home to several successful and dynamic info-communications, social media and online payment giants.

Alibaba, Tencent and Baidu are leaders in their respective spheres of e-commerce, social media and Internet search, with market capitalizations and domestic customer bases that dwarf many of their international counterparts.

Manufacturers like Xiaomi are able to produce quality smart phone models priced at a fraction of other global brands.

The Chinese appetite for digital and mobile products has allowed financial service innovators to scale up rapidly.

Take for example, online and app facilitated financial services: On Singles Day on 11 November 2015, Alibaba clocked up over US$14 billion of sales on its online shopping platform within 24 hours.

In lending, alternative finance platforms have proliferated: Some 980 billion yuan of loan transactions were done last year via the country's 2,600 P2P platforms.

Responding to the challenge posed by FinTech companies, FIs are stepping up their game too. Leveraging on their size and networks, they are using technology much more intensely to enhance their product offerings and service delivery.

Smart regulation for a Smart Financial Centre

Singapore has been closely following developments in FinTech. Indeed, at the national level, Singapore has set its sights on becoming a Smart Nation – one that embraces innovation and harnesses info-comm technology to increase productivity and improve the welfare of Singaporeans. A Smart Nation needs a Smart Financial Centre. Indeed financial services offer fertile ground for innovation and the application of technology.

In 2015, the Monetary Authority of Singapore (MAS) shared its vision of a Smart Financial Centre: a financial centre where innovation is pervasive and technology is used widely to increase efficiency, manage risks better, create new opportunities, and improve people's lives.

MAS will seek to achieve this vision together with the industry through two broad thrusts:

a regulatory approach conducive to innovation while fostering safety and security; and

development initiatives to create a vibrant ecosystem for innovation and the adoption of new technologies.

MAS formed a new FinTech & Innovation Group (or FTIG) to spearhead its drive towards a Smart Financial Centre.

MAS' regulatory approach towards fostering innovation and the adoption of new technologies will take three forms.

• First, innovation owned by FIs. FIs are free to launch

本文为新加坡金管局局长Ravi Menon（孟文能）为《博鳌观察》2016年肆月号（总第16期）撰稿。

Ravi Menon
Managing Director, Monetary Authority of Singapore

new ideas without first seeking MAS' endorsement, as long as the FIs' board and management are satisfied with their own due diligence. MAS stands ready to offer guidance on specific issues but the FI must perform its own risk assessments and take ownership for its decisions.

• Second, innovation in a "sandbox" . It may not always be clear whether a particular innovation complies with regulatory requirements. In such cases, FIs could adopt a "sandbox" approach to launch their innovative products or services within controlled boundaries where the consequences of failure can be contained.

• Third, innovation through co-creation. On some initiatives that may have wider ramifications for the industry, MAS is prepared to work with the industry to develop common technology infrastructure.

Development Initiatives for a Smart Financial Centre

Besides providing a conducive regulatory environment, MAS will work closely with the industry to chart strategies for a Smart Financial Centre.

MAS has committed S$225 million over the next five years under the Financial Sector Technology and Innovation (FSTI) scheme. FSTI funds can be used to set up innovation centers, catalyze institution-level projects for innovative solutions and support industry-wide projects to build technology infrastructure for the delivery of new, integrated services.

The response from the industry has been encouraging. Several global and domestic banks and insurance companies have set up innovation labs in Singapore and several other FIs have plans to establish and expand their analytics and innovation teams in Singapore.

MAS is also helping to nurture a wider FinTech ecosystem. There is already a vibrant FinTech start-up community in Singapore. MAS has started engaging FinTech start-ups more actively – to better understand emerging innovations as well to help them design their solutions bearing in mind the regulations and risk considerations that apply to the financial industry.

MAS is also actively leading several initiatives together with the industry to:

make digital payments swift, simple and secure;

create an interactive, technology-enabled regulatory reporting framework;

build a natural catastrophe data analytics exchange; and

develop and extend learning pathways relevant for a Smart Financial Centre.

Cross-border FinTech collaboration

MAS welcomes exchanges and collaboration with our international regulatory counterparts to promote innovative use of technology to improve financial services and enhance end-user experience and transactions security.

MAS and financial regulatory agencies in China have already established strong partnerships in a range of initiatives. These include promoting the international use of the Renminbi to support trade and investment.

Harnessing the promise of FinTech could be yet another area of co-operation.

As a global trading and financial hub with strong international representation, Singapore is an ideal market place for Chinese FIs and FinTech companies to set up innovation labs to design, develop, test-bed new innovations and applications.

The dynamism and vast potential of the IT-savvy Chinese consumer market holds tremendous interest for Singapore-based FIs and technology firms seeking overseas markets for their products and services.

A clear, enabling regulatory environment to support innovation while maintaining a level playing field and ensuring proper safeguards is an area of common interest.

RateSetter CEO Rhydian Lewis:

What Next for Peer-to-Peer Lending?

"Only five years ago, the term 'peer-to-peer lending' was rarely heard outside of UK's financial circles. Although platforms had started to attract their first borrowers and investors, awareness of the sector was low and so were lending volumes. In 2010, members of the industry's trade body, the P2P Finance Association lent roughly £40m. Six years later, the industry's total lending amounted to more than £5bn, roughly half of which was in 2015 alone. With the changes we've seen in the industry, the obvious question is: what's next? What will the next five years hold for peer-to-peer lending?"

—Rhydian Lewis

RateSetter is a British peer-to-peer (P2P) lending company. It was the first globally to launch a "Provision Fund" in P2P lending, and the first globally to launch a monthly and 1 year lending market. As of May 2016, it has over 39,000 active lenders and approximately 230,000 active borrowers. Since its launch in 2010, it has matched more than £1.2 billion in P2P loans and has never lost its lenders a penny.

It is Boao Review's great honor to invite the CEO and co-founder of RateSetter, Mr. Rhydian Lewis, to share with us what he sees as the future of P2P lending, in terms of product innovation and regulation, credit assessments and information sharing, and sustainable growth.

Rhydian Lewis

CEO and Co-founder of RateSetter

Product innovation and regulation

Boao Review: RateSetter was the first globally to introduce the concept of a "Provision Fund" into P2P lending and has made many innovative attempts during the years. In February 2016, RateSetter was the first lender to publish details of the tax-free Innovative Finance ISA, could you please tell us more about this?

Rhydian Lewis: The biggest imminent development in P2P lending is the launch of the Innovative Finance ISA (IF ISA), which allows investment in P2P loans as part of a tax-free Individual Savings Account. Although the legislation is in place for platforms to offer IF ISAs, the major platforms are still waiting for the nod from the FCA and Treasury before they are able to launch their products to investors.

When the products do launch, we're not expecting a tidal wave of money to flow in, as some commentators have suggested, but we are expecting a positive effect on levels of investment over the next few years.

The availability of ISAs is likely to introduce many new in-

本文为《博鳌观察》对RateSetter创始人兼CEO Rhydian Lewis（雷迪安·刘易斯）的独家专访，首发于2016年柒月号（总第17期）。

vestors to the sector, and open up the enormous ISA market—the total value of money currently held in cash and stocks and shares ISAs is nearly £500bn, half of which is languishing in low-interest-paying cash accounts.

Boao Review: You mentioned that the major platforms are still waiting for the nod from the regulatory bodies. In your opinion, is regulation helping or hindering the P2P lending industry's growth?

Rhydian Lewis: Ultimately, regulation will help us to grow in a measured way. Of course, it has an impact on the industry; however, well-designed regulation means that platforms grow in a way which is sustainable over the long term. It also improves consumers' trust in the industry—partly because they see the FCA's regulation as a sort of badge of approval, but also because good regulation holds all platforms to minimum standards, which makes it less likely that other individual platforms will fail and shake consumer trust.

Credit assessments and information sharing

Boao Review: The credit investigation system in China is still underdeveloped, asymmetric information makes it hard for Chinese P2P lending platforms to assess the creditworthiness of their borrowers, while RateSetter has never lost its lenders a penny. How do you make credit assessments to eliminate any potential losses?

Rhydian Lewis: UK platforms such as ours have access to a good deal of credit information. Much of this comes from credit scoring bureaux such as Equifax and Callcredit, but we're now getting to a scale where some of our own data, based on more than £600m of repayments, is proving useful. Of course, some of our loans have defaulted in line with our expectations, but as you note, our Provision Fund has built up a 100% track record to date. In the case of larger business and property loans, we have teams of experienced underwriters who can visit the borrowers in person as well, which helps us to build up a more complete picture before writing a loan.

Boao Review: One of the biggest challenges for Chinese P2P lending platforms is information sharing. They have limited channels of gathering information. What about the UK?

Rhydian Lewis: Platforms like ours are getting to the point where they have meaningful data of their own to analyze, which makes it possible for them to supplement third party information. That's an exciting prospect: by combining third party information from credit agencies such as Equifax with the data that they are accumulating themselves, platforms can make increasingly accurate assessments of credit.

Sustainable growth

Boao Review: In recent years, quite a lot of Chinese P2P lending platforms closed down. How can a P2P lending company sustainably grow in the long-term, especially during an economic downturn?

Rhydian Lewis: Of course, as the industry grows some companies within it will grow faster than others. It is inevitable that not all existing platforms will be successful in the long term, particularly as operating costs have increased with greater regulation for example. As a result, we anticipate that there will be some consolidation. There has been one case to date of a platform taking on another's loan book, when RateSetter took on loans written by GraduRates, which is a peer-to-peer platform specializing in loans to students, but consolidation will certainly be interesting for the industry and smooth transitions will help to cement its reputation and build trust amongst investors.

The big question that platforms are frequently asked is whether the sector can successfully trade through an economic downturn. We began our existence at a relatively benign stage of the credit cycle, so it's certainly fair that people question whether platforms are well-equipped to weather a full cycle. Ultimately, the only way that platforms can prove themselves in this regard is by actually going through a cycle—in the meantime though, platforms are doing a good deal to show that they understand and are prepared for whatever should happen next in the economy. This includes taking on very senior, experienced risk professionals, opening up loan books to scrutiny and lending prudently based on the very best available information.

Boao Review: What do you see as the biggest challenge for RateSetter, and how would you overcome it?

Rhydian Lewis: The biggest challenge not only for RateSetter but for the marketplace lending industry, is to build up consumer trust. We often say that there are no shortcuts to trust: the most effective way for us to become more trusted is simply for us to earn it by continuing to build up our track record. We've come a long way and awareness is increasing, but there's certainly more for us all to do in this regard.

Why China is Poised to Leapfrog the World in Consumer Credit

By Douglas Merrill

China is undergoing a transformation in consumer credit. Although the lack of credit data on more than 500 million people in China makes it difficult for lenders to predict the risk of a loan, Chinese lenders are still able to provide effective ways to offer credit by utilizing innovations in machine learning and big data, forming the backbone of a new credit infrastructure. Both JD.com and Baidu have invested in ZestFinance to transform vast amounts of complex data into credit scores. China is about to leapfrog the world in consumer credit.

The FinTech industry has seen massive growth around the world, but in China it is expanding at an unparalleled rate. According to an Accenture analysis of CB Insights data, nine billion dollars have been invested in FinTech ventures in China and Hong Kong in just the first seven months of 2016. That's twice the amount that was invested in all of 2015. These funds are fueling new developments across the board, but the most profound advancements are in consumer credit.

Credit granting hurdle in China

China is undergoing a transformation in consumer credit. For the first time, companies like JD.com, Baidu, Tencent, Alibaba, and others have begun to make consumer loans and provide credit services to other entities. This is a significant change in policy.

However, as China builds out its national consumer credit infrastructure, it faces a major hurdle: there are more than half a billion people in China with no credit history. This lack of data makes it difficult for lenders to predict the risk of a loan.

While it sounds impossible to grow consumer credit under these conditions, it is just the opposite. With no legacy infrastructure, Chinese lenders can leapfrog the credit systems currently in place in established markets, and they can provide more effective ways to offer credit to consumers.

In established markets, the vast majority of lenders use an approach to making credit decisions that was developed 50 years ago and uses very few data points. That approach is predicated on the assumption that it's hard to get large volumes of credit data, expensive to store it, and nearly impossible to use it.

All three assumptions are wrong. It's not hard. Nor expensive. Nor impossible. Nevertheless, most lenders in established credit markets still use this antiquated approach, meaning that people who have incomplete or incorrect credit files can't get fair credit.

This simply won't work in China. If China were to rely on traditional credit scoring methods, the more than 500 million people without credit histories would all be denied for loans. Or, just as troubling, lenders would make loans to people without effectively predicting credit risk.

But even if China could implement a traditional credit scoring system, why would it? Most emerging markets did not employ cell phones based on analog technology, as the U.S. did early on; they skipped directly to the next version of cellular technology. Chinese lenders should approach scoring in the same way.

本文为ZestFinance创始人兼首席执行官（CEO） Douglas Merrill（道格拉斯·梅里尔）为《博鳌观察》2016年拾月号（总第18期）撰稿。

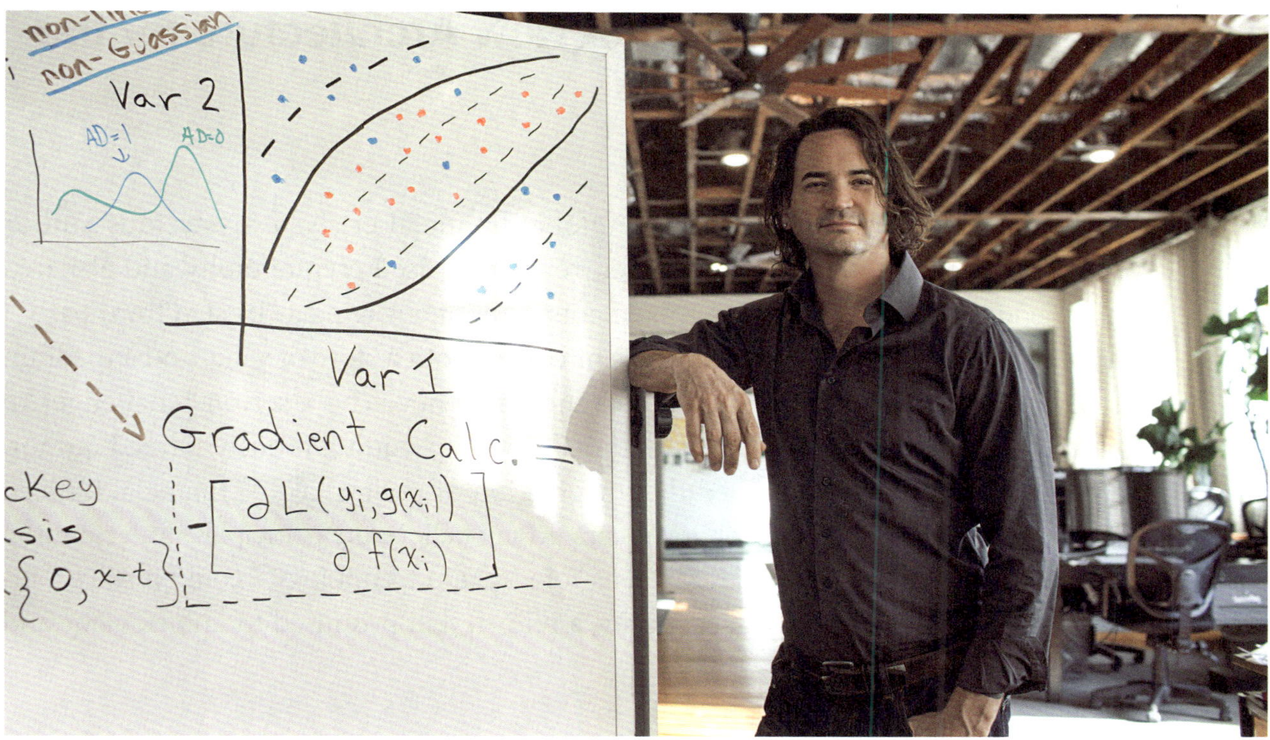

Douglas Merrill
Founder and CEO of ZestFinance, Inc.

The next generation of credit granting

Innovations in machine learning and big data make it possible to predict who will repay and determine who should receive loans, even for people who are failed by traditional credit systems due to missing or incorrect data. Instead of analyzing the limited number of credit variables most traditional underwriting methods consider, advanced models analyze tens of thousands of data points to effectively evaluate creditworthiness. This could include how an individual researches a loan or fills out an application, or how they make retail purchases. Such a big data approach can consider information that traditional underwriting methods cannot.

This is the next generation of credit granting, and it's working in China. JD.com and Baidu are proving it. Both companies have invested in ZestFinance to transform vast amounts of complex data into credit scores.

JD.com and ZestFinance announced last year a joint venture that will leverage ZestFinance's technology platform and JD.com's reservoir of consumer data to provide credit risk evaluation services to companies in China. The joint venture will enable lenders, including JD.com, to effectively predict risk, which in turn, will expand Chinese consumers' access to fair credit.

Separately, artificial intelligence experts and data scientists at Baidu and ZestFinance are working together to apply ZestFinance's underwriting technology to Baidu's search, location, and payment data in order to improve credit scoring decisions in China. This marks the first time search data is being used for credit scoring.

By using these more advanced credit models, companies in China are taking the first steps to leapfrog established credit markets, and as a result, increasing consumer spending. Lenders in China are beginning to use these advanced techniques that analyze non-traditional variables, whether search, shopping or other data, to form the backbone of a new credit infrastructure.

The credit landscape in China is about to change drastically. While this new credit system is certain to drive economic growth in the region, its impact will be even further reaching.

The Internet Plus Blockchain: A New Architecture for the Global Economy

By Michael J. Casey

In October 2008, at the height of the global financial crisis, a mysterious author published a paper describing a digital currency that used cryptography and a shared public ledger to allow peer-to-peer payments without engaging a "trusted third party." Eight years later, millions worldwide use bitcoin as both a store of value and a medium of exchange. And while the digital currency may never be a serious challenger to the dollar, yuan or euro, the ideas outlined by the pseudonymously named author, Satoshi Nakamoto, have sparked the imagination of policymakers, financial leaders, industrialists, economists and philosophers. Many believe the principles underpinning bitcoin's core software, often described as "blockchain technology," could inspire a re-architecting of the entire global economy, a reform that promised to unlock value and drive prosperity worldwide.

Technology aiming at trust

To start, what is blockchain technology? Why does it matter? And can it live up to this promise?

The core problem that bitcoin addresses is trust. It's a problem that, for millennia, has been at the heart of all systems of social exchange. Because human beings don't inherently trust each other to meet our promises, we have developed institutions – Nakamoto's "trusted third-parties"– to manage central ledgers that track our exchanges. That way, we need not trust each other; we instead trust the managing institution. The problem is that these institutions accrue great power and, as they manage our ever-growing ledgers, are vulnerable to errors, cyber-attacks, manipulation, corruption and fraud. Their involvement in virtually every form of economic activity adds friction to commercial operations, adding transaction costs and inefficiencies that exclude billions of people from commercial activity and making it too expensive to carry out a variety of exchanges.

This "Trusted Third Party " problem is most starkly evident in banking. Ever since the Medici introduced double-entry bookkeeping to banking in the 14th century, we've trusted banks to coordinate payments whenever we can't make them person-to-person with cash. But throughout that time, banks have been vulnerable to failure, fueling financial crises. Lehman Brothers' bankruptcy was, in effect, a "trusted third-party" problem – its ledger was opaque, known only to the institution itself.

Bitcoin directly tackles this problem by relying on an algorithmically managed public ledger that became known as the blockchain. Rather than empowering a self-interested institution to decide what can and can't be added or deleted from the record, this ledger is shared among, and updated in unison by, a network of autonomous, independent computers. Anyone can add computing power to that system and so "verify" the validity of all new information added to that ledger. In doing so, they submit to the economic incentives and disincentives built into the managing "consensus" algorithm, which compels them to truthfully validate transactions. That's why this program amounted to a profound breakthrough in governance, as it gets resolves the fundamental dilemma of "who audits the auditors?" In this case the ultimate authority on the record truth lies with a math-based program in which all participants can have confidence.

On a practical level, the result is that holders of bitcoin cur-

Michael Casey is a Senior Advisor at the MIT Media Lab, where he works on blockchain opportunities and digital currency initiative.

rency can send funds to each other directly, knowing that the system will protect them and their currency from fraud since no-one can tamper with the shared blockchain ledger. Instead of having to trust the multiple banks, credit card issuers and payment processors involved in online consumer payments, for example, they can choose to lodge their trust in the immutable, mathematical properties of the blockchain.

Far more than that ...

What's really valuable, however, is not necessarily the notion that a new, stateless currency might challenge those issued by governments, but that people can now share vital and valuable information in a decentralized manner that everyone trusts. This has shone a light on how deeply ingrained the fundamental problem of trust is in our economy and on the far-reaching costs of the outdated, centralized solutions society has developed to address it. Perhaps, people are saying, we can use this system to fix problem that go far beyond currency and payments.

If transactions recorded in blockchain-managed software systems are used not only for currency transfers but also as vessels for communicating other valuables – incorporating someone's encrypted personal data, for example, or their claims to a property deed – then this decentralized system of publicly verifiable proof becomes very powerful indeed. It starts to look like both a universal system for proving society's attestations of fact and an ecosystem that gives all assets a digital form so that they can be trusted and traded in real time. When we add the notion of smart contracts, which allow parties to reach an agreement to confer its execution to an automated, decentralized software-driven system that's owned by no-one, the cost of managing relationships between otherwise non-trusting entities could be dramatically reduced.

There will be millions of jobs lost and many millions more added as these systems develop. But in many areas there are unambiguously positive, real-world impacts, especially for the people and businesses worldwide that, for the first time, can share now data about their activities and their assets in formats that others can trust. Since more than half of the world lives in an informal economy with a weak rule of law, this offers a real chance to achieve the development community's long-held goal of financial inclusion. It directly tackles the core challenge of how the poor prove who they are, what they've done and what they own.

With these goals in mind, startups like BanQu are exploring new blockchain-based identity systems that allow refugees and others without reliable forms of official ID to turn the digital data they gather from their economic and personal relationships into immutable proofs of creditworthiness and other attributes. The idea is that by registering this information in a tamper-proof blockchain environment, it might be portable, with users able to offer irrefutable proof to any bank or business that they are worthy clients. A similar idea of proof is behind the property registry pilot that Peruvian economist Hernando de Soto is leading in Georgia with blockchain startup BitFury. A blockchain-based registry could allow homeowners, even in regions with poorly managed public title records, to proffer a reliable form of collateral for loans and other transactions.

At the corporate level, much of the attention has been on business-to-business efficiency. Just about every major global bank and Fortune 500 company is engaged with an internal or consortium-led external "blockchain lab." It's not clear how viable many of their initiatives are, especially given that the underlying technology requires significant development before uses cases can be viable. But there is a lot of money invested in the idea that blockchain technology – including ideas that depart from bitcoin's purist notion of a truly decentralized architecture – can streamline back-office processes and lower costs.

The R3 CEV consortium of 60 major banks and insurance companies, for example, aims to create systems to allow securities to be transferred over shared ledgers, potentially freeing up hundreds of billions of dollars that are held daily in wait for settlement. Another consortium has aligned tech companies such as IBM, Microsoft and Intel with financial firms and "fintech" startups within the Linux Foundation-led Hyperledger project to develop common open-source standards for blockchain technology. There is also a music industry-led consortium looking into blockchain-like decentralized trust systems to turn music into tradable digital assets that artists directly control. And in the medical field, there's a push to build a blockchain-based permissions system so that patients can authorize the sharing of their encrypted information with hospitals, laboratories, doctors, insurance firms and other entities. Meanwhile, technologists are using the blockchain to design Internet-of-Things solutions for autonomous devices that transact "trustlessly" with each other. One key area is in solar energy, the goal being the development of self-contained microgrids in which member households trade power among themselves without the intermediation of public utilities.

For Asia, with its giant manufacturing and export base, perhaps the most exciting prospect lies in supply chain management. A decentralized, blockchain management system could track and execute changes in title to inputs and goods. This could allow end-customers to prove the provenance of their purchases, a use case that's invaluable for organic, halal and fair-trade products. It could also let small and medium-sized enterprises (SMEs) independently control the disclosure of their production data, rather than submitting to centrally managed vendor inventory management (VIM) systems controlled by large multinationals. When coupled with RFID tracking chips and currency-like tokens of value assigned to goods in transit, this highly scrutinized and traceable information could also be used to improve supply chain liquidity. It could permit, for example, importers or exporters to claim and trade ownership of goods in transit, even when they are in shipment across the high seas – a solution that might have made South Korean shipping giant Hanjin's bankruptcy less complicated. Most importantly, systems like this, which would do away with the outdated use of untrustworthy paper documents such as bills of lading and letters of credit, could give greater confidence to financial institutions that exporters and importers have sufficiently firm contractual rights to deserve credit. For the 50 percent of SMEs that can't access reasonably priced letters of credit, it could be a godsend.

These concepts are not just beneficial to the private sector. If emerging-market governments develop digital national currencies – an idea already being pursued by dozens of central banks – one can imagine smart contract-driven real-time trade settlement that would revolutionize the international monetary system. If Chinese exporters could directly trade both goods and funds with their foreign counterparts, with blockchain-based transactions treating payment and settlement as one and the same, there would be no need to clear multi-day payments through dollar-based correspondent banks. By extension, dollar-based invoicing could become irrelevant, which would in turn challenge the U.S. currency's dominance as the world's leading trading and reserve currency.

Challenges ahead ...

At this stage, these ideas are entirely speculative. The obstacles lying in the path of blockchain revolution are not insignificant. For one, resources must be dedicated to the development of the underlying protocols, standards and basic infrastructure. Bitcoin and other fully decentralized solutions, such as Ethereum, remain limited by their capacity to operate at scale in a secure, robust manner. Yet the consortia-led alternatives offered by R3 CEV, albeit able to process many more transactions, are vulnerable to manipulation by the controlling entities, which diminishes the principle of an immutable shared ledger. The concern is that their closed platforms won't permit the kind of competitive innovation that the open Internet allowed.

This law surrounding this technology must also be addressed. Reams of financial and other regulation that have their roots in the pre-bitcoin, centralized economy are out of touch with the collective, leaderless structures of blockchain systems. Laws must be realigned, but in such a way that they don't kill the possibility for smart innovation. We must also re-conceptualize the role of government agencies in systems that are inherently borderless and unconstrained by geographic jurisdictions. This can be an opportunity, more so than a threat. How might well-regarded port authorities and customs offices, for instance, use the trust they have developed to become reliable authenticators of goods and digital token transfers along a blockchain-based supply chain?

There is a great deal of work to do. But in a period of global economic stagnation and great uncertainty about the commitment of Washington, London and the European capitals to the global economic agenda, it's incumbent upon global business and political leaders to work with, rather than against, this technology and ensure that it develops in a way that's beneficial to all. If we can get that right, the blockchain could herald a new heyday in global growth.

FinTech Integration in Latin American and the Caribbean

By Sergio Navajas, Verónica Trujillo

The integration of FinTech into LAC's financial sector is essential to ensure its promise of transformative and positive disruption is realized. Such integration is not a matter of further innovation but of close collaboration with the public sector (regulation, digitization, payment systems), and between incumbent financial institutions and the global Fintech community.

FinTech is touted as a major force that will downright revolutionize the financial sector as new digital technologies become commonplace. The availability of digital technologies coupled with increased customers' expectations has propelled a new cadre of technology-based companies –FinTech start-ups and ventures - seeking to alter the landscape of financial services. This is boosted by significant funding resources flowing to this sector. Only in 2015, a record US$19.1 Billion were invested globally in FinTech deals which is over eight times the amount registered in 2011[1,2] . Most of these resources are now provided by a confident venture capital industry betting on the success of a financial industry enhanced by FinTech.

FinTech, a different innovation story for LAC?

The Latin American and Caribbean (LAC) region is no stranger to innovation coming from the outset of the formal financial sector. In fact, microcredit and agent banking illustrate innovations developed by non-regulated institutions and later on mainstreamed into the fabric of LAC's formal financial systems. Microcredit, for instance, came to age once integrated as a viable lending activity for formal financial institutions. Today, the lion's share of microcredit is provided by formal financial institutions. According to our estimates[3], close to 90% of total portfolio and 60% of borrowers are served by regulated microcredit providers. Microcredit is a US$40+ Billion business that was practically non-existent in the early 1990s.

FinTech, however, is different. Since its foundations are digital, once a new concept is proven then scaling up possibilities are enormous and much faster than any previous innovation. A FinTech innovation goes beyond improving an existing financial service or enhancing back-office operations. FinTech entrepreneurs are testing new ways to interact with clients, establishing new type of institutions or even coming up with new concepts (e.g. P2P, crowdfunding, etc). WeChat app in China[4] and the M-Pesa mobil e operator in Kenya[5] are prime examples of how disruptive, nimble and massive a FinTech venture can be.

An initial step to grasp LAC's potential synergies with FinTech is an understanding of its financial sector. First and

1.Pollaris, Ian. 2016. "THE RISE OF FINTECH: opportunities and challenges." The Finsia Journal of Applied Finance (3): 15–21.

2.Initial figures for 2016 indicate that Fintech raised globally about US$35Billion.

3.Trujillo, Verónica and Sergio Navajas. 2016. Financial Inclusion and Financial Systems in Latin America and the Caribbean: Data and Trends. Washington DC: Multilateral Investment Fund, Inter-American Development Bank.

4.This Chinese app was created in 2011 and now–only after five years– has over 800 million users. It bundles messaging with mobile payments, in-store payments, among other features (China' s mobile internet: WeChat' s world. (2016, August). The Economist).

5.In only ten years, M-PESA is Kenya' s most dominant mobile money operator and used for at least one individual in 96% of all households In coordination with partners, M–Pesa also offers deposit and credit services, as well as retail payment facilities (Suri, Tavneet and William Jack. 2016. "The long–run poverty and gender impacts of mobile money." Science 354 (6317): 1288–1292.

Sergio Navajas is Senior Specialist at the Multilateral Investment Fund (MIF), member of the Inter-American Development Bank (IDB).

Verónica Trujillo is consultant at the World Bank (WB) Group.

foremost, the financial sector in LAC is dominated by banks, which hold most of the assets and lending portfolios. Second, the outreach of its financial services – especially formal ones– is still limited. According to the Global Findex[6], access in LAC – 51% of adults with an account- pales in comparison with the East Asia and Pacific region or High-Income OECD countries, which register 69% and 94%, respectively. A third characteristic is a still underdeveloped retail payment system that has not yet reached smaller merchants or low-income populations in a significant scale. Another important feature of this region is that its cautious regulatory framework which has ensured systemic stability but will require additional built-in flexibility for a new era.

The development of LAC's financial systems is also influenced by elements such as lack of trust in financial institutions, limited levels of financial (and technology) literacy and a rather inadequate infrastructure in rural areas (transportation, communication, etc). Conversely, there are other elements that signal the emergence of a favorable setting for FinTech innovation, including a growing middle class, rapid urbanization, and an ever-increasing mobile and internet usage[7]. Furthermore, LAC shares strong cultural and legal traits that make this region particularly attractive to cross-country initiatives. [8]

Ways to accelerate FinTech integration

FinTech is a force that can complement, enhance and diversify LAC's financial offering, hoping that some business models will be dramatically modified or even replaced with better ones. To make this happen FinTech needs to become an integral part of LAC's financial system. FinTech integration is essential for massive scaling up of financial services. Next, we will explore some suggestions to accelerate this process:

Regulatory adaptation. LAC regulators have a long tradition of dealing with innovations. Examples include the pioneering regulation for microcredit developed in Bolivia and Peru, and the regulation for non-banking agents advanced in Brazil and Colombia. Nonetheless, a FinTech innovation presents different challenges such as the rapid pace of change, the cross-border nature of new technologies (e.g. cloud computing, blockchain), the new "digital" client and an emergent type of service providers. Regulators must also look at whether they have the necessary authority, analytical capacity, and responsiveness to serve this changing sector. An interesting approach to deal with this problem is the creation of confined regulatory spaces to understand the possible risks of an operation or business model based on technological innovation. The so-called "regulatory sandboxes" are an interesting option in which to try out new alternatives in a real but controlled environment to evaluate in a real but controlled scenario, impacts on prudential issues and customer rights. This is particularly important to prevent unacceptably risky operations and avoid regulators investing scarce resources in unproven initiatives. Initial approved "sandboxes" in UK include blockchain-based payment services, a microsavings mobile application and a new mobile app for customers better manage their finances.[9] In the next few months a specific FinTech regulation will be enacted in Mexico, and will probably serve as a blueprint for others in the region. Nonetheless, the evolving and global nature of FinTech makes general regulatory guidelines for

6.Demirguc-Kunt, A., L. Klapper, D. Singer and P. Van Oudheusden. 2015. "The Global Findex Database 2014: Measuring Financial Inclusion around the World." Policy Research Working Paper 7255, World Bank, Washington, DC.

7.Between 2005 and 2014, the number of internet users has tripled, going from 16.6% to 50.2%. However, internet bandwidth is far below the average for OECD countries (UIT. 2014.Obtained from World Bank Data Website).

8. I-DEV INTERNATIONAL. 2016. #LATAM Digital. Lima.

9. FCA (2015). Regulatory sandboxes. UK.

FinTech difficult – maybe too early for that- and what should be supported is close cooperation between LAC regulators and those peers with initial but significant experience (Singapore, UK, USA or China).

•Digitization supported by government policies. Public policies can range from building the basic infrastructure for digital financial services to the actual provision of some services. Governmental payments, for instance, have contributed to the digitization of financial services as the experiences of some LAC countries has showed. The massive number of people that can be reached is staggering. Only in Mexico more than 3 million people (half of the total recipients of conditional cash transfer -CCT) receive their payments through electronic account with associated debit cards (Prospera Program)[10]; in Colombia as well, through the program "Más Familias en Acción" more than 2.3 million CCT beneficiaries receive their payments using electronic wallets. [11]Other policies encourage the use of digital financial services as it was engineered in Uruguay. In this LAC country, the government established tax incentives to increase the use of credit and debit cards, as well as improving market efficiency of agents by enforcing interoperability of POS and ATMs. In Uruguay, it is also mandatory that government workers and CCT beneficiaries have access to accounts to receive their payments.

•An Efficient and Reliable Retail Payment System. The adoption of digital transactions is only possible if there is a way to efficiently and massively deal with cash-in and cash-out transactions, and even better with an ample network of businesses (e-commerce). It is also important to establish the trustworthiness and legitimacy of digital platforms, technological and operational risks as well as the ability for different systems to connect with one another (interoperability). An important step in the digitization of financial services is through the use of transactional accounts and e-money. Peru has showed that it is possible to create an ecosystem that is inter-operable, connected with the mainstream banking system and fed with issuance of new e-money. A single branded platform was created to connect banking and non-banking e-money issuers to facilitate mobile-based transaction. The ultimate goal is for mobile financial transactions to flow without friction - between banks and other approved entities, across telecommunications networks, while making use of existing financial infrastructure- banks, branches, agents, ATMs, online channels, so that a payment can be accepted by anyone, everywhere, at any time; in person, at distance, and online.[12] The Peru experience is still in development and is evolving from a limited P2P service to a more expanded network with merchants. It is a step in the right direction but needs to prove that it can be profitable, and improve on current systems being attractive to both financial institutions and clients.

•A Global FinTech community connected with financial institutions. Probably the most important discussion on FinTech today is how to partner with incumbent financial institutions. The Business to Business (B2B) function is a stated goal of close to half of 2015 (about 37 in 2011) of FinTech companies as reported in the 3,000+ global database maintained by McKinsey.[13] The same dataset shows that only 12% of FinTech seek to fully disrupt the current financial system. It does make sense to work with established institutions that are already reaching millions of clients. But how can partnerships be made? How can financial institutions select the best FinTech companies? Large financial institutions like BBVA and Citi by outsourcing innovation thorough challenges, alliances, buy-outs and other creative mechanisms to attract the best. However, more local and medium size LAC financial institutions are no equipped to do this, and alliances are being created in a more ad-hoc basis or through motivated venture funds that see a potential on this. There is a need to accelerate this process and connect medium-and-small LAC financial institutions with the global FinTech community. This includes developing a strong LAC Fintech but as we discussed, FinTech has long arms and an ability to cross borders and multiply as never seen before.

In this short note we reviewed some of the elements that can help integrate FinTech into LAC's financial systems. This integration is not only a matter of further innovation but of collaboration with the public sector (regulation, digitization, retail payment systems), and between incumbent financial institutions and the global FinTech community. These synergies will increase the likelihood of massive scaled-up and improved financial services, while preserving the stability and reliability of LAC's financial systems.

10.See: http://www.worldbank.org/en/news/feature/2016/06/23/mexico-to-accelerate-path-to-financial-inclusion

11.See: http://fundacioncapital.org/wp-content/uploads/2016/03/María-Alen-Vargas_DPS.pdf

12.Bower, Jeffrey. "Modelo Perú: A Unique Approach to Financial Inclusion". Better than Cash Alliance Blog.

13.Dietz Miklos and Jared Moon. 2016. "Fintechs can help incumbents, not just disrupt them." Our Insights. McKinsey.

透视FinTech——中国与全球的热力对比

Finance+Technology，寥寥数年，FinTech从鲜为人知到家喻户晓

支付、众筹、区块链、比特币、P2P，FinTech五大领域谁是“领头羊”

融资热度的全球冷暖表，中国行业的融资是否同步全球

耕耘与收获，五大领域专利硕果几何

一起感受 FinTech 的温度吧！

中国与全球FinTech企业数量对比图（单位：家）

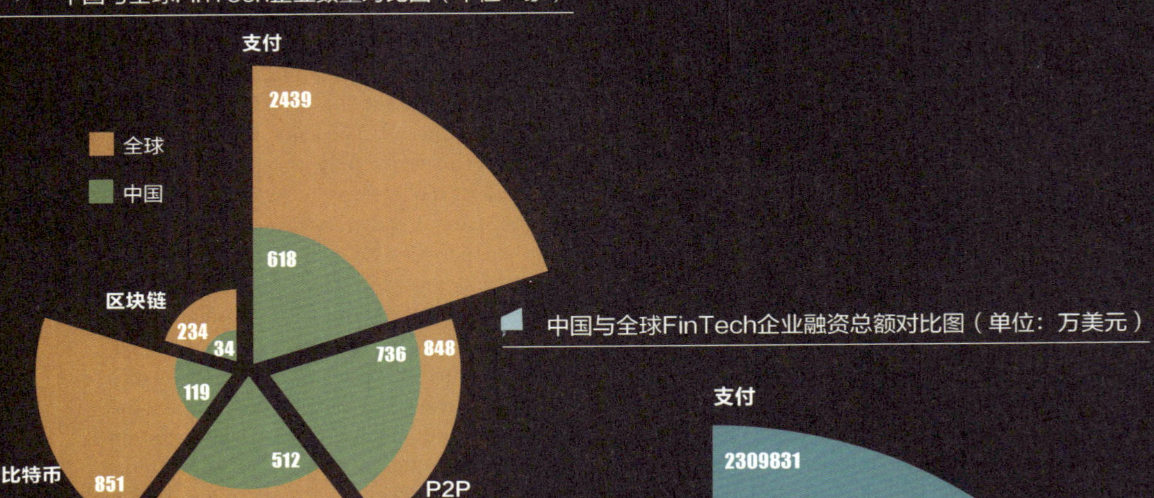

中国与全球FinTech企业融资总额对比图（单位：万美元）

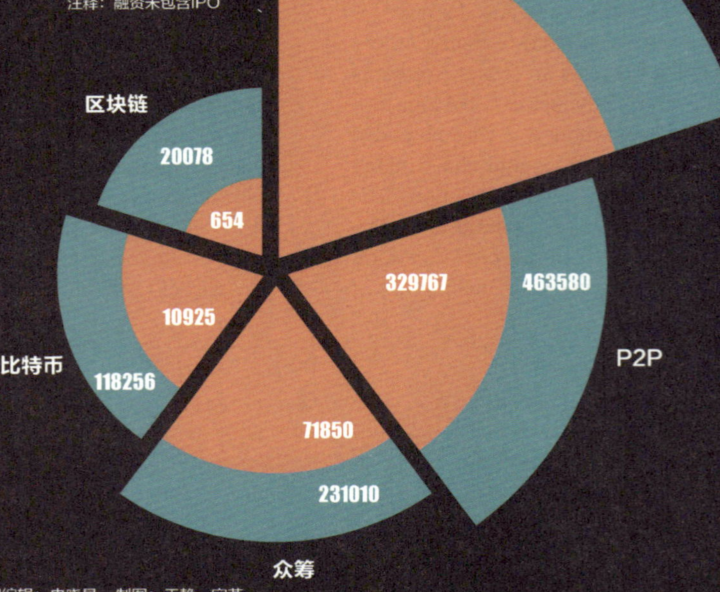

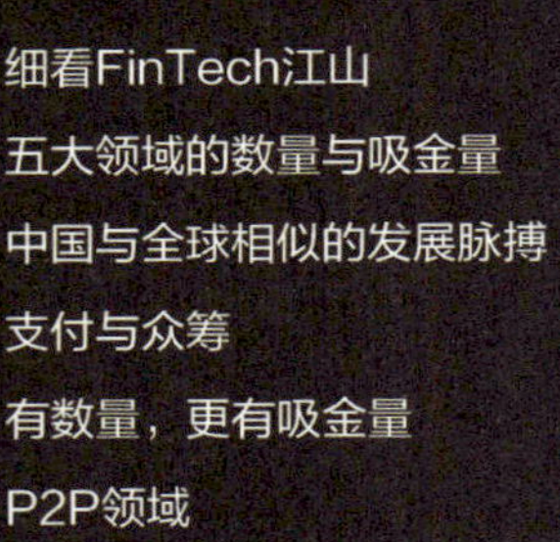

细看FinTech江山

五大领域的数量与吸金量

中国与全球相似的发展脉搏

支付与众筹

有数量，更有吸金量

P2P领域

中国独领风骚

Blockchain & Bitcoin

FinTech的新热点

FinTech五大领

P2P

2500

比特币

FinTech企业专

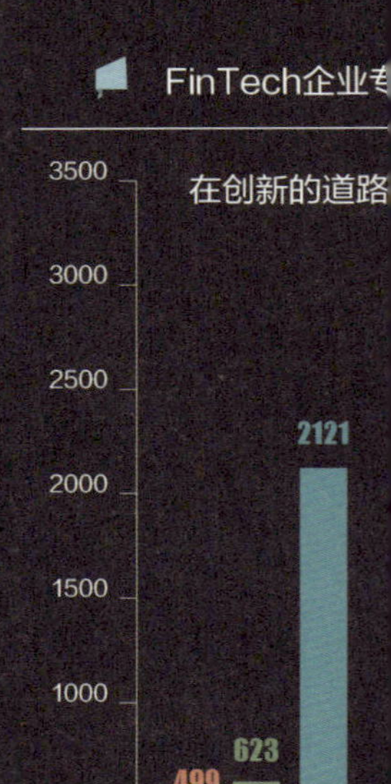

数据来源：乌镇智库（时间截至2015年12月31日） 数据新闻编辑：史晓晨 制图：于静、宫燕

数量结构

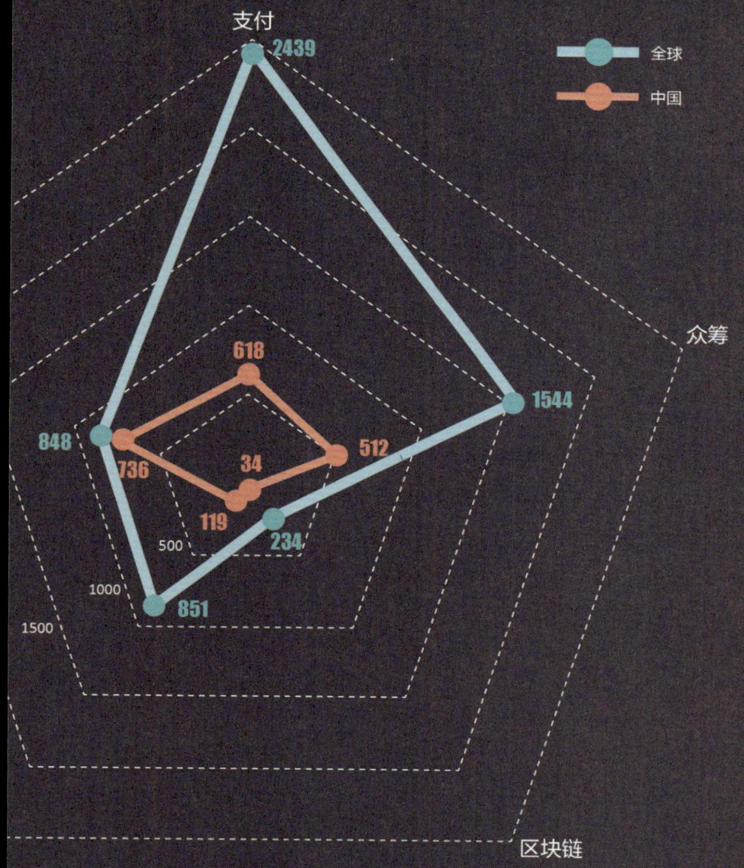

支付 2439
众筹 1544
区块链 851
234
848

618
512
34
119
736

全球
中国

500
1000
1500

支付、众筹、P2P

FinTech行业的“三巨头”

比特币与区块链，要赶的路还很长

量

中国FinTech一直在加速，开始引领世界的FinTech潮流。

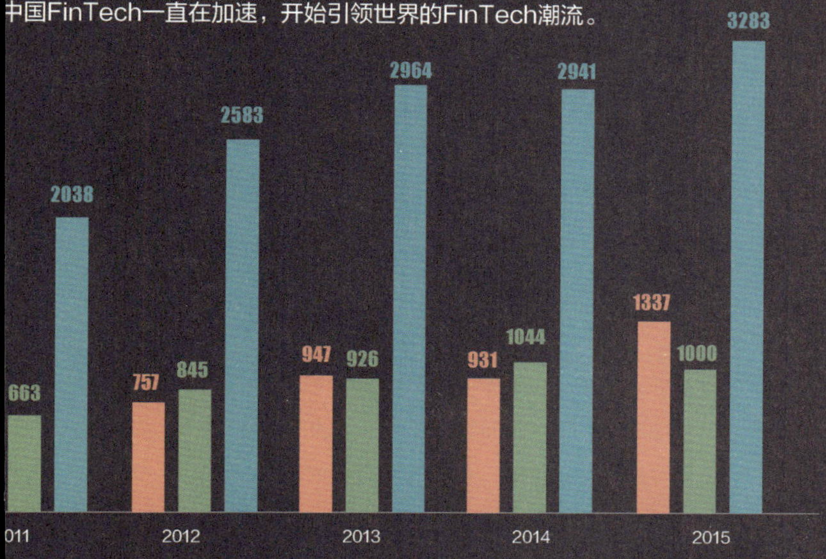

年份			
2011		663	2038
2012	757	845	2583
2013	947	926	2964
2014	931	1044	2941
2015	1337	1000	3283

不包括传统银行涉及FinTech技术的专利数据

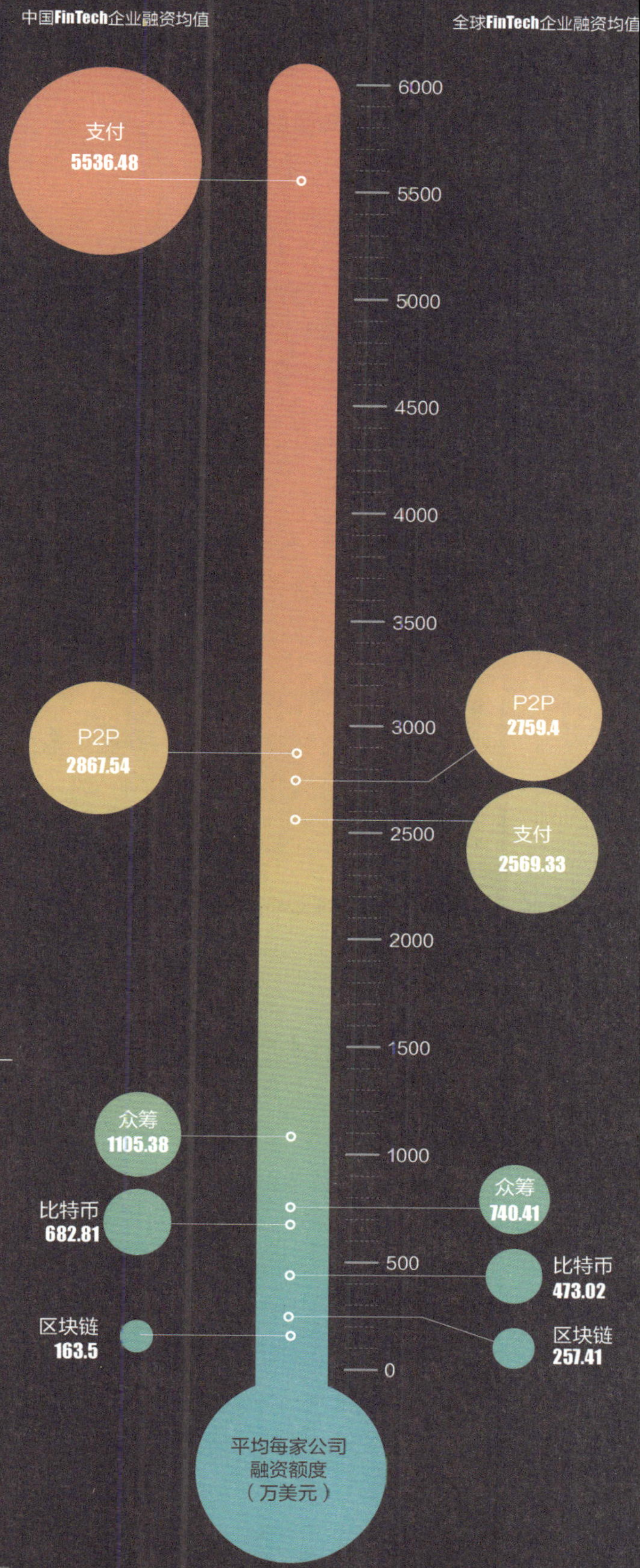

中国FinTech企业融资均值

全球FinTech企业融资均值

6000
5500
5000
4500
4000
3500
3000
2500
2000
1500
1000
500
0

中国：支付 5536.48；P2P 2867.54；众筹 1105.38；比特币 682.81；区块链 163.5

全球：P2P 2759.4；支付 2569.33；众筹 740.41；比特币 473.02；区块链 257.41

平均每家公司融资额度（万美元）

中国与全球，一样的FinTech，不一样的温度

独占鳌头的融资均值，雄霸全球的中国FinTech支付

2016博鳌观察金融创新峰会

科技如何让金融更美好？

2016年9月23日上午，在“新科技、新理念构建新金融”2016博鳌观察金融创新峰会“科技如何让金融更美好”分会上，侯本旗与胡滨、贲圣林、张辉、卫威、蒋德、Sheel Mohnot就科技所带来的金融创新及未来发展机遇、中美发展对比等话题展开讨论，主要观点摘编如下：

在谷歌输入“互联网金融”，有2600万条检索结果，而“FinTech”却少于2000万条；在中国百度里检索“互联网金融”，有大约3000万条检索结果，而“金融科技”却不到2000万条。互联网金融在全球话语体系里已占领了一定的高地。

无论是互联网金融、金融科技，还是数字普惠金融，其核心均在于使金融可以更好地服务普通大众。现有的传统金融体系无法解决大众的所有需求，需要新金融企业来弥补短板，为更多的人提供更为便利可得的金融服务。

然而，科技在带来创新的同时，也为监管带来了挑战。随着行业的发展、基础设施的完善，监管也会不断地演进，而行业亦需遵循原则，按照监管所规定的道路发展。新金融将有无限的机会和潜力。

主持人

在中国，关于金融与科技的融合创新，一年前提到的是互联网金融，现在更多的是谈金融科技，在美国叫FinTech。新金融的概念非常好，颇具发展潜力，新兴机构和主流机构都有机会，这是一个新旧机构共生的过程。

侯本旗

英凡研究院研究员

互联网金融、金融科技和中国在2016中国杭州G20峰会上所提出的数字普惠金融拥有共通的核心理念——让金融更加便利、方便、便宜地服务于大众。金融科技的未来发展方向一定是普惠，在发展过程中需要平衡好金融创新与风险的关系，并打造一种开放式监管体系。

胡滨

中国社会科学院金融研究所副所长

做金融的最终目的是以科技驱动效率提升、降低成本、推动普惠。中国正经历着一种金融压力，这种压力为互联网金融的发展提供了沃土。与欧美相比，在互联网金融应用场景上，中国已经走在了世界前列，但我们仍需继续努力。

贲圣林

浙江大学互联网金融研究院创始院长

随着创新事物的出现，各种各样的问题会随之浮现，监管框架也会不断演进，就像汽车一样，时速会慢慢提升，道路调整也会越来越好。目前监管对于网贷平台的定位是信息中介平台，行业需遵循监管框架，并坚守自己的底线、把握自己的原则。

张辉

普惠金融信息服务（上海）有限公司创始合伙人、董事局主席

科技让金融变成了普通大众触手可及的事物。互联网的科技创新可以帮助传统金融解决四个方面的主要问题：第一是智能投研，第二是大数据征信，第三是电子货币，第四是通过云计算带来的边际成本为零的成本摊薄。

卫威

向上金服合伙人、COO

不论是互联网金融还是金融科技，都只是个词汇，应被赋予实际意义。科技的创新和金融的创新都正在酝酿、发酵，将在未来十年持续升级。所有的事物都在不断演进，各行业亦需不断努力，以获得更大、更广泛的资源和利益。

蒋德

硅谷银行亚洲总裁、浦发硅谷银行行长

Sheel Mohnot

500 Startups 合伙人

在某些金融科技领域，中国比美国领先。美国的技术主要应用在信用卡系统中，而后向移动端转型扩张，而中国在移动支付领域的发展前所未有。此外，金融科技对于美国保险业来说是一个良好的机遇。这个行业的规模很大，10%的美国互联网金融企业都在保险领域。

数字普惠——可持续的普惠金融

2016年9月23日下午，在“新科技、新理念构建新金融”2016博鳌观察金融创新峰会“数字普惠——可持续的普惠金融”分会上，杨涛与杜晓山、王永利、魏伟、夏令武、王晓婷、周治翰、Matthew Gamser就数字普惠的概念和创新空间等话题展开讨论，主要观点摘编如下：

普惠金融概念至少包含两个层面的含义：一是针对特定人群，为贫困、低收入人口和小微企业提供金融服务，这是比较狭义的定义；二是利用数字化技术，提升金融服务效率，降低风险，使整个社会的金融服务水平迈上新台阶。

数字普惠金融可拓展创新的空间很大，而不仅限于融资。不同的角度看数字普惠金融会得到不同的见解，哪些是真正支撑数字普惠金融持续发展的节点非常值得关注。随着普惠金融叠加数字技术，场景金融应运而生，其背后蕴藏着的巨大市场需求也亟须讨论。

杨涛

中国社会科学院金融研究所所长助理

主持人

在谈到数字普惠金融的时候，不仅要着眼于融资活动，而且要着眼于新兴的支付手段、新兴的风险分散方式，看这些手段和方式能否让老百姓在一个风险可控、低成本的环境下得到以前难以获得的金融服务。另外，无论在中国还是在其他一些国家，普惠金融似乎面临着一些类似的挑战，消费者享受的金融服务不足，而移动金融手段能够提供一个有力的支撑，所以数字普惠金融带来的机遇是全球性的。

杜晓山

中国小额信贷联盟理事长、
中国社会科学院农村发展研究所研究员

普惠金融有丰富的存在形态，所谓数字普惠主要是依靠数字技术来推动普惠金融解决“最后一公里”的问题。数字普惠金融使金融服务的门槛降低、成本压缩、效益提高，能够惠及更多低收入群体。

农村地区整体数字化水平低，无论是硬件和软件都与城镇地区存在较大差异，中西部贫困地区与东部沿海地区的差距更加明显，这是数字普惠金融发展的难点和痛点。此外还有安全问题，终端安全、平台安全和网络安全缺一不可。现实与理想是有距离的，我们在现实生活中推进数字普惠金融仍然面临诸多重大挑战。

王永利

乐视金融CEO

普惠、共享、绿色，是金融发展孜孜以求的方向。互联网技术的发展，特别是移动互联网的发展，使数字普惠金融成为可能。值得注意的有两点：第一，不管是传统金融机构还是新兴互联网金融机构，都要积极利用新技术，不断创新金融模式，提高效率，降低成本，控制风险；第二，切忌盲目乐观，数字普惠金融对底层技术和风险控制的要求更高。

夏令武

光大云付副董事长兼总裁

以往监管部门推动普惠金融主要在两个方面：一是服务网点，服务网点要深入社区和边远地区；二是降低标准和准入门槛，让金融服务能够惠及更多层面的人。但是普惠金融的发展依然面临五个瓶颈：第一是地域瓶颈，普惠金融在边远地区的推广力度不够；第二是客群瓶颈，即始终存在盲点人群无法从普惠金融中获益；第三是审核标准瓶颈，采用标准化的风险分析方法对财务风险进行处理是最难做的，因为需要大量非结构化的数据；第四是审核效率瓶颈，即对于需求特别急切的融资人应当如何审批；第五是标准化瓶颈，普惠金融服务的群体是多元化的，产品很难做到标准化。克服这五个瓶颈的根本就是数字化，然而这需要一个过程，因此普惠金融的数字化不会一蹴而就。

魏伟

PINTEC集团联合创始人、首席运营官

金融构建在数据之上，近年来涌现出来的新技术主要作用就是在高效获取数据的基础之上降低了成本。技术的初期阶段一定存在不足，可能会让部分人浑水摸鱼，但不能因噎废食，不断优化技术才是真正的解决办法。

大量热钱涌入也可能引发一些行业乱象，甚至出现“劣币驱逐良币”的情况。一个平台想要获得真正的发展就必须保持清醒，始终要把风险控制放在首位，对盈利模型进行冷静地测算分析。

王晓婷

捷越联合联合创始人兼首席风控官

普惠金融作为包容性的金融，应当具备四个特点：第一是可承担性，普惠金融需要考虑自身的经济性；第二是可覆盖性，即应能够覆盖足够广泛的需求人群；第三是产品丰富性，从微贷走向微金融；第四是可持续性。这四个特性决定了普惠金融的发展方向。

数字化对普惠金融的作用主要体现在三个方面：一是让交易成本趋零；二是在风控方面；三是资产定价方面。

周治翰

开鑫贷总经理

普惠金融需要解决两个层面的问题：一是让低收入人群能够获得服务；二是优化现有服务。数字化技术对于这两个问题，尤其是后者正是对症的良方。

金融本身是通过分散风险和促进经济的流动来创造价值的，未来发展的重点之一就是降低成本。尤其是普惠金融需要面对的是把风控成本降到足够低才能够保证商业的可持续性。

对于传统金融机构而言，普惠金融的本质要回归到客户需求上，提高金融生产效率。

Matthew Gamser

中小企业金融论坛首席执行官兼

世界银行集团首席运营官

中国的普惠金融走在世界前列，便利的支付工具和社交媒体结合起来，让便利性和时效性大大增加，同时也增加了潜在的风险。数字普惠金融让交易量激增，风险也随之增加，并且开始从金融市场的金字塔上方开始向下方移动。政府和金融机构之间的合作需要加强，对数字普惠金融的监管势在必行，以规避行业泡沫。

数字普惠金融的出现对于金融教育也是一个挑战，有必要设置相关专业。数字普惠金融带来了更多具有个性化的问题，而按照传统的解决途径逐一解决是不可行的，解决这些问题需要专门的金融人才，这也将是未来金融专业的发展潮流。

从大数据到人工智能：真正风口已经到来？

2016年9月23日下午，在“新科技、新理念构建新金融”2016博鳌观察金融创新峰会“从大数据到人工智能：真正风口已经到来？”分会上，黄聪与张晓东、郑毓栋、王德英、王鹏虎、卜凡德就人工智能与大数据的应用及未来发展等话题展开讨论，主要观点摘编如下：

人工智能是一种算法，需要与实际应用相结合才能产生价值。例如，人工智能算法与准确的大数据信息相结合，才能帮助人们形成有效的判断和决策。人工智能与大数据两者相辅相成，缺一不可。

中国大数据行业的应用更偏向消费者，特别是在征信和风控领域。随着人工智能、大数据的不断深入应用，其在征信和风控方面的积极作用也将在短期内初见成效。

金融的核心在于对风险的控制。风控是大数据在金融领域最重要的应用。例如，在征信方面，以往银行收集信息都是通过客户经理进行线下人工收集，现在有了大数据，未来将更多地依靠线上、依靠第三方特别是社会的征信数据。未来征信更将是社交大数据的概念，不仅包括信用卡还款、企业还款、违约等数据，还包括电信诈骗、话费欠费，甚至频繁更换手机都将是与信用风险相关的数据。

主持人

金融充满着不确定性，而人工智能恰恰可以帮助解决这个问题。金融可被划分为两大部分：投资和融资，人工智能在这两方面都能起到很好的作用。例如，在融资方面，人工智能最普遍的应用是对风险的识别和对征信的积累。

黄聪

博鳌观察智库特邀专家、小赢理财总裁

早在20世纪五六十年代，金融领域就开始将科技手段运用于征信和风控领域，但由于数据少，模型较浅，基本无法形成一个成熟的数据模型。如今，通过对自然语言理解技术和知识图谱的应用，就可以将人与人、公司与公司、公司与人关联起来，并对潜在问题形成判断。

张晓东

国家千人计划专家、乌镇智库理事长

智能投顾的目的不是为了赚最多的钱，而是帮助所有的中产阶级家庭、客户做财富规划。美国的智能投顾强调个性化，可以通过人工智能学习进行预测，获取长期收益。在数字化资产配置的监管上，从算法、科技到体系的全程监管，是中国目前需加快步伐的事。

郑毓栋

璇玑公司CEO

在金融系统里，最难以解决的问题是各种不确定性。能解决这些不确定性的，才是真正的人工智能。例如，征信领域的人工智能需要能够引用分析模型来帮助判断和决策；投资领域的人工智能则需要能够运用计算机技术帮助人们进行股票交易的预测和分析。

王德英

博时基金常务副总经理

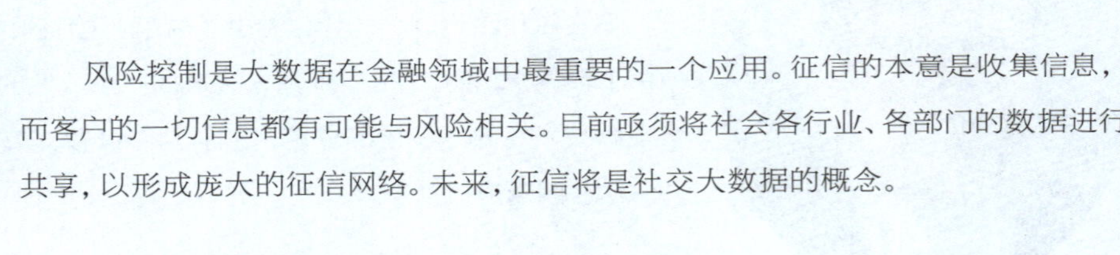

风险控制是大数据在金融领域中最重要的一个应用。征信的本意是收集信息，而客户的一切信息都有可能与风险相关。目前亟须将社会各行业、各部门的数据进行共享，以形成庞大的征信网络。未来，征信将是社交大数据的概念。

王鹏虎

中信银行公司银行部副总经理

人工智能是随着IT技术的发展而进步的，是一个不断从量变到质变的过程。金融的核心在于风控。未来，人工智能将更多地被应用于风控领域。一是替代人工的基本操作和决策，提高决策效率；二是建立大数据模型，形成对风险的判断和控制，使决策更加精准。

卜凡德

飞贷金融科技副总裁

超越虚拟货币，区块链如何改变金融？

2016年9月23日下午，在“新科技、新理念构建新金融”2016博鳌观察金融创新峰会“超越虚拟货币，区块链如何改变金融？”分会上，高挺与Nicholas Cary、徐明星、Brent XU、Ahmed BALADI、徐红伟就区块链在金融领域的应用等话题展开讨论，主要观点摘编如下：

区块链技术是比特币的核心底层技术，随着比特币的风靡全球而为人所知。各种虚拟货币诞生的背后也都离不开区块链技术的支持。随着区块链技术的进一步发展，这一技术的应用不再拘泥于虚拟货币领域，个人征信、股票交易、网络借贷等都纷纷开始引入区块链技术。不少人认为区块链将引发新一轮金融革命，对整个金融行业产生巨大的影响，甚至会动摇传统的金融理念和业务模式。

区块链技术在金融领域的迅速发展，也让整个行业逐步发展出两大业务领域：一部分企业专注于虚拟货币业务，而另一部分企业专注于区块链业务本身，致力于成为金融底层技术公司。有业内人士认为，区块链技术从虚拟货币中独立出来十分必要，各国政府对于虚拟货币的态度尚不明朗，区块链技术将在其他金融业务领域大放异彩。

主持人

区块链目前在市场上有很多不同的声音，其中混杂着一些泡沫和夸大的成分。从德勤的角度讲，我们希望建立区块链的生态圈，把一些区块链公司或者他们能够做的事情整合起来，为客户提供不同场景下的技术支持。

高挺

德勤中国区块链技术总监

区块链技术本身可以称得上是第四次产业革命的支柱之一，但是大众对于区块链技术的认识还十分有限，因此需要建立一个互信系统，向大众展示区块链技术的运作模式和基本理念，以此来吸引更多的行业引进区块链技术。

区块链的技术特点决定了其体系的非匿名性，对于资金流动的监管将更加全面。传统金融体系下，资金被提现后，很难监控到这笔资金的具体流向，而区块链技术则可以做到全方位的资金流向监管。金融监管机构对区块链技术有充分的了解，有利于对虚拟货币进行有效监管。

Nicholas Cary

Blockchain联合创始人、总裁

中国在2013年就对比特币有了明确的规定，即比特币在中国是虚拟商品而非法定货币，公民可以自由买卖但需要自担风险。美国的商品期货交易委员会则把比特币定义为大众商品。作为一种不受控制的加密货币，比特币若想获得政府支持仍需努力。

如今的金融世界，中心化的信用已经做得很好，但是效率低下。区块链采用分布式记账，虽然可以大大提高效率和安全性，但是由于传统的中心化信用已经存在几百年，想要彻底取代还需要在技术应用方面走很长的路。

徐明星

OKCoin OKLink创始人兼CEO、
中国区块链应用研究中心创始理事兼理事长

区块链技术的出现对传统金融产生极大的影响，但是这一技术能否在金融行业全面展开还需要其他的底层技术的支持，仅凭区块链技术本身是不够的。

区块链技术为金融的智能交易奠定了基础，也为全球金融市场的融合打开了窗口。把区块链技术植入社交媒体或者其他App中就可以打造个人的交易记录并且把成本大幅降低，这对于金融行业而言是具有变革性的。此外，区块链本身在保险行业也有巨大潜力，可以降低参保者的评估成本，提供更加多样化的服务。

Brent XU

ConsenSys企业总监、结构性金融总监

区块链技术可以促进交易透明程度的提高，想要打造使用这一技术的环境就必须让政府决策者对这一技术有更加透彻的认识。

区块链在技术推广过程中还要注意保持技术的开放性，避免垄断情况的出现。还有非常重要的一点就是数据安全问题，区块链技术的开放性会让交易方对于具体交易数据的私密性感到担忧。克服这一问题需要对相关法律体系进行完善。企业、政府各司其职才能建立和谐的行业发展环境。

Ahmed BALADI

安理国际律师事务所巴黎分所合伙人

区块链作为金融底层技术的前景非常乐观，但是比特币的发展可能不及人们想象的那样迅速。中国政府对于比特币的保守态度不足为奇，比特币的诞生对于传统货币体系确实有特别的意义，但是想要取代传统货币还有很长的路要走。

当前区块链技术发展的热点应当是基于P2P网络借贷的征信业务，这一业务对于大众而言更为熟悉，也更加考验区块链的技术安全性。虽然也有区块链安全问题曝光，但也不能因噎废食。区块链作为新兴技术在各行业全面开展是不可能的，它的生命力只有交给时间来考量。

徐红伟

盈灿集团董事长兼总裁、网贷之家创始人